都市と建造物

（上左）**ニネヴェ外城壁（復元）** 大きな石灰岩が積み重ねられ、頭頂部は鋸歯状。

（上右）**復元されたネルガル門** ニネヴェ、2008年現在（図8－6参照）

カルフ、アッシュル・ナツィルパル2世宮殿遺構

カルフ、アッシュル・ナツィルパル2世宮殿玉座の間 レヤードによって発表された復元図。細部は不適切な箇所もあるが、全体として妥当と考えられている。

ニネヴェ、北宮殿浮彫壁画復元想像図 バビロンの空中庭園のモデルか（図8―7参照）

王の姿あれこれ

ティグリス河の水源を訪れるシャルマネセル3世　イムグル・エンリル（現代名バラワト）宮殿門扉（図6―13左）は板を王の軍事遠征などの功業を刻んだ青銅の帯でとめられていた。図はその一部。イムグル・エンリル出土、青銅、高さ27cm、大英博物館蔵

左手に弓、右手に杯をもつ王　王も従者たちもロゼット文（図8―23参照）の衣服を着ている。奉献の場面か。カルフ北西宮殿出土、前875―前850年、彩釉煉瓦、高さ30.6cm、幅20cm、大英博物館蔵

アッシュル・ナツィルパル2世丸彫立像　王の丸彫立像は出土例が少なく、貴重である。本文185頁参照。カルフ出土、石灰岩、高さ106cm、大英博物館蔵

サルゴン2世が手にしたであろうガラス瓶　明るい緑色のガラス瓶で、「アッシリアの王、サルゴンの宮殿」と楔形文字が上部に刻まれている。カルフ北西宮殿出土、前721―前705年、ガラス、高さ8.8cm、直径6.2cm、大英博物館蔵

馬とライオン（獅子）

瀕死のライオン　小品ながらも、矢を射られ、血反吐を吐くライオンの姿が活写されている逸品。ニネヴェ北宮殿出土、前645—前640年、石膏、高さ16.5cm、幅30cm、大英博物館蔵

若者を餌食にする牝ライオン　フェニキアの職人によってつくられた家具の装飾部品。カルフ出土、前900—前800年、象牙、黄金、紅玉髄、ラピスラズリ、イラク国立博物館（バグダード）にも同じものがある。大英博物館蔵

貢物の馬　アッシリアへの貢物として、引かれていく飾り立てられた馬。先頭の男の手には服従をあらわす都市を囲む城壁の模型（262頁参照）がある。ドゥル・シャルキン出土、モスール大理石、高さ162cm、ルーヴル美術館蔵

女性たち

女性像頭部　火で変色した、凝った頭飾りと首飾りで装ったアッシリア女性たち。カルフ南西宮殿出土、前900―前800年、象牙、高さ4.5cm、3.2cm、5.4cm（左から右へ）、大英博物館蔵

窓の女　エジプト風かつらをつけた女性は神殿娼婦といわれている。カルフ北西宮殿出土、前900―前700年、象牙、高さ9.7cm、幅8.8cm、大英博物館蔵

黄金の冠と首飾り　「ニムルドの秘宝」と呼ばれるヤーバー后妃墓出土の副葬品（191頁参照）。カルフ北西宮殿出土、前9―前8世紀、黄金、貴石など、イラク国立博物館（バグダード）蔵

中公新書 2841

小林登志子著

アッシリア全史

都市国家から世界帝国までの1400年

中央公論新社刊

はじめに

アッシリアの浮彫と粘土書板と

図（次頁）を見ていただこう。

図はじめに—1は、絶頂期のアッシリア帝国のアッシュル・バニパル王が馬上で弓をひく浮彫の図像である。古代オリエント史関連の図書などでよく紹介されている。

戦闘ではなく、狩猟の場面だが、王は腰帯に二本の葦《あし》ペンを差していることを見てほしい（図8—23も参照）。古代メソポタミアの王のなかでも識字力（リテラシー）がある珍しい王で、このことを自慢している。この図を見ると、「文武両道の王」との印象を受けてしまうが、はたして王の実像がどうだったかは第八章で確認してもらうことになる。

図はじめに—2はバビロニアで編纂《へんさん》された『ギルガメシュ叙事詩』の第一一書板である。シュメル語で書かれたビルガメシュ（ギルガメシュ）を主人公とした複数の短編を取捨選択して、アッカド語で一一枚の書板にまとめたのが『ギルガメシュ叙事詩』である。のちに一二枚目の書板が追加された。追加の理由は第七章末尾で話すとする。普遍的な主題、死と友情が主題として扱われていて、アッカド語が伝わった国々ではこの物語が好まれた。いわば古代オリエント世界のベスト・セラーである。一二枚の書板はニネヴェ遺跡の「アッシュル・バニパルの図書館」から出土した。

第一一書板には『旧約聖書』の「ノアの大洪水」とよく似た「大洪水」の話が書かれていることがわかって、考古学に興味のない人の間でも知られるようになった。

二枚の図はアッシリアを語る際に欠かせない図である。アッシリアは武力ではバビロニアを凌《しの》ぐことになるが、バビロニア文化には憧れつづけていた。アッシリア人は粘土板を戦利品とし、バビロニアで創作された物語をアッシリアの図書館に収蔵していたからこそ、現代の人間にメソポタミアの最古の物語などが伝わっているのである。

はじめに―1　馬上で弓をひくアッシュル・バニパル王　ニネヴェ出土、前668―前627年、石膏、大英博物館蔵

はじめに―2　『ギルガメシュ叙事詩』第11書板裏面　新アッシリア時代後期、粘土板、高さ15cm、幅13.5cm、大英博物館蔵

一四〇〇年もつづいたアッシリア

本書は副題のとおり、都市国家の起源から世界帝国の消滅までの、厳密にいえば約一四〇〇年もの長い歴史をたどっていく。たとえば、アッシリアに近い地域や時代に興った以下の国々の長さを見てほしい。

アッカド王朝（前二三三四―前二一五四年頃）　約二〇〇年間
バビロン第一王朝（前一八九四―前一五九五年頃）　約三〇〇年間
アケメネス朝ペルシア（前五五〇―前三三〇年）　二二〇年間

統一国家はなかなか長くつづかないのである。

約一四〇〇年という時間は、日本史でいうと乙巳《いっし》の変（六四五年、大化《たいか》元年）にはじまる一大政治改革、大化の改新の頃から、二一世紀の現在までにほぼあたる。元寇《げんこう》（一二七四年文永《ぶんえい》の役、一二八一年弘安《こうあん》の役）のような外敵侵入はあったにせよ、日本は島国なので独立を保てた。

メソポタミアに建国した国は、国内に複数の民族が共存するだけでなく、周囲が開けているので、外敵が侵入しやすい。長期にわたり国を維持することは至難の業ともいえる。

ところが、アッシリアは属国にされたこともあり、つねに強国で繁栄していたということではないが、約一四〇〇年もの長きにわたってつづいたのである。この理由を章をまたいで説明しているので、読んでほしい。

ティグリス河からナイル河まで

絶頂期にはティグリス河流域からナイル河までの広い版図を武力で切り取り、複数の民族を支配した最古の世界帝国がアッシリアである。

起源はティグリス河畔の小市アッシュルである。都市国家アッシュル市のままでもよいのではないか。狭い版図で、こぢんまりした国のほうが治めやすいのではないか。なぜ戦争をしてまで、領土を拡大するのか。こうした疑問を、平和な島国に住む現代日本人はもつかもしれない。

だが、ナイル河からインダス河までの世界帝国を形成したアケメネス朝の拡大と比較すると、アッシリアの拡大は抑制的といえる。カフカス（コーカサス）山脈を越えてスキタイまで、あるいはタウルス山脈を越えて、さらにギリシアまでもといった軍事遠征をアッシリアはしていない。領土を拡大することだけが目的ではなかった。エジプトまで支配したが、それはエジプトまで遠征する必要があったからである。この必要についても本書では説明している。

本書の章立て

本書は次のような章立てになる。

まず、序章で純粋に学問だけとはいいがたい、アッシリアの発掘や研究のはじまりについて話す。欧米の博物館にアッシリア出土の遺物がずらっと並んでいる理由も知ってもらいたい。第一章ではアッシリアの地理について話すが、バビロニアとのちがいにも注目してほしい。

古アッシリア時代は二章に分ける。第二章は交易立国アッシリアの商業活動について話すが、主役はアッシュル市民である。古代史で市民というと、ずっと後のギリシアやローマのことになりがちだが、地中海世界ではなく、古代オリエント世界の市民である。今から三九〇〇年も前に生きていたアッシュル市の市民たちが古アッシリア語で書いた手紙が現在のトルコ共和国から出土している。アッシュル市民の活躍を紹介する。第三章は歴史のはじまりと王位簒奪者《さんだつしゃ》ながらもアッシリア史に欠かせない王の話をする。アッシリア版『国盗《くにと》り物語』である。この王が出した手紙が出土していて、なかなか魅力的な人物である。

中アッシリア時代も二章に分ける。第四章はアッシリアがミタンニ王国の属国にされていた雌伏期を扱う。一転して、第五章はアッシリア史の転換点で、属国の地位を脱したアッシリアが国際政治の場に登場し、軍事強国へと歩み出す。そしてここで『中アッシリア法令集』などからアッシリア社会の話をするが、バビロニア社会とのちがいを知ることができる。

新アッシリア時代は、第六章から第八章までの三章に分ける。アッシリアといえば、この時代が注目されている。第六章では前一〇〇〇年紀前半の特徴を説明し、第七章ではアッシリア帝国の構成およびアッシリア軍についてふれ、強制移住政策についても話す。第八章はアッシリアの戦争を浮彫をとおして説明する。ほかではあまり紹介されないような浮彫の図像などを多数収載したので、眺めて楽しんでもらうこともできる。終章はアッシリア帝国の滅亡およびその後についてを話す。

それぞれの時代にアッシリアのためによく務めたともいえる有能な王たちが輩出している。無能、凡庸な王ばかりでは一四〇〇年もつづかなかっただろう。各章でこうした王たちの働きぶりを話すことになる。浮彫に自らの肖像を刻むだけでなく、軍事遠征や建築活動の記録を残している。アッシリアの王たちは文字によって記録されることをほかのどこの王たちよりも好んだ。だから、アッシリアの歴史が詳細にわかるのである。こうした記録は王碑文に記されていて、これを引用する。

歴史好きの高校生も、社会人も、ぜひ本書をとおして最古の世界帝国の誕生から消滅までをゆっくり、楽しみながら見届けてほしい。

迫力ある激動のアッシリアの歴史は「面白い」ことこのうえないことを請けあう。

凡例

・人名、地名など固有名詞の表記はおおむね『古代オリエント事典』による。
・人名の年代は、支配者は治世年、それ以外は生没年を示す。
・年代は諸説あるが、おもに『古代オリエント事典』による。
・年表記の「前」は紀元前、明記なしは紀元後をさす。本文はおおむね前二〇〇〇年紀までは「頃」をいれ、前一〇〇〇年紀以降はいれないこととした。
・原文引用で、[……]は原文の欠損箇所、(……)は原文にはない語句をあらわす。
・図版引用資料の材質、寸法などは引用文献の記載をおもに採用した。また、収蔵博物館名も引用文献の記載におもに従った。

目次

アッシリア王名一覧表

1 トゥディヤ
2 アダム
3 ヤンキ
4 サフラム
5 ハルハル
6 マンダル
7 イムツ
8 ハルツ
9 ディダヌ
10 ハヌ
11 ズアブ
12 ヌアブ
13 アバズ
14 ベル
15 アザラフ
16 ウシュピヤ
17 アピヤシャル
18 ハレ
19 サマヌ
20 ハヤヌ
21 イル・メル
22 ヤクメシ
23 ヤクメニ
24 ヤズクル・イル
25 イラ・カブカビ
26 アミヌ
27 スリリ
28 キッキヤ

29	アキヤ	
30	プズル・アッシュル1世	
31	シャリム・アフム	
32	イル・シュマ	前20世紀はじめ
33	エリシュム1世	前1970—前1930
34	イクヌム	
35	サルゴン1世	
36	プズル・アッシュル2世	
37	ナラム・シン	
38	エリシュム2世	
39	シャムシ・アダド1世	前1813—前1781
40	イシュメ・ダガン1世	
41	アッシュル・ドゥグル	
42	アッシュル・アプラ・イディ	
43	ナツィル・シン	
44	シン・ナミル	
45	イプキ・イシュタル	
46	アダド・ツァルル	
47	アダシ	
48	ベール・バニ	
49	リバヤ	
50	シャルマ・アダド1世	
51	イプタル・シン（?）	
52	バザヤ	
53	ルラヤ	
54	キディン・ニヌア	
55	シャルマ・アダド2世	
56	エリシュム3世	
57	シャムシ・アダド2世	
58	イシュメ・ダガン2世	
59	シャムシ・アダド3世	
60	アッシュル・ニラリ1世	
61	プズル・アッシュル3世	
62	エンリル・ナツィル1世	

63	ヌル・イーリ	
64	アッシュル・シャドゥニ	
65	アッシュル・ラビ1世	
66	アッシュル・ナディン・アッヘ1世	
67	エンリル・ナツィル2世	前1420―前1415
68	アッシュル・ニラリ2世	前1414―前1408
69	アッシュル・ベール・ニシェシュ	前1407―前1399
70	アッシュル・リム・ニシェシュ	前1398―前1391
71	アッシュル・ナディン・アッヘ2世	前1390―前1381
72	エリバ・アダド1世	前1380―前1354
73	アッシュル・ウバリト1世	前1353―前1318
74	エンリル・ニラリ	前1317―前1308
75	アリク・デン・イリ	前1307―前1296
76	アダド・ニラリ1世	前1295―前1264
77	シャルマネセル1世	前1263―前1234
78	トゥクルティ・ニヌルタ1世	前1233―前1197
79	アッシュル・ナディン・アプリ	前1196―前1193
80	アッシュル・ニラリ3世	前1192―前1187
81	エンリル・クドゥリ・ウツル	前1186―前1182
82	ニヌルタ・アピル・エクル	前1181―前1169
83	アッシュル・ダン1世	前1168―前1133
84	ニヌルタ・トゥクルティ・アッシュル	
85	ムタッキル・ヌスク	
86	アッシュル・レシュ・イシ1世	前1132―前1115
87	ティグラト・ピレセル1世	前1114―前1076
88	アシャリド・アピル・エクル	前1075―前1074
89	アッシュル・ベール・カラ	前1073―前1056
90	エリバ・アダド2世	前1055―前1054
91	シャムシ・アダド4世	前1053―前1050

アッシリア王名一覧表

92	アッシュル・ナツィルパル1世	前1049—前1031
93	シャルマネセル2世	前1030—前1019
94	アッシュル・ニラリ4世	前1018—前1013
95	アッシュル・ラビ2世	前1012—前972
96	アッシュル・レシュ・イシ2世	前971—前967
97	ティグラト・ピレセル2世	前966—前935
98	アッシュル・ダン2世	前934—前912
99	アダド・ニラリ2世	前911—前891
100	トゥクルティ・ニヌルタ2世	前890—前884
101	アッシュル・ナツィルパル2世	前883—前859
102	シャルマネセル3世	前858—前824
103	シャムシ・アダド5世	前823—前811
104	アダド・ニラリ3世	前810—前783
105	シャルマネセル4世	前782—前773
106	アッシュル・ダン3世	前772—前755
107	アッシュル・ニラリ5世	前754—前745
108	ティグラト・ピレセル3世	前744—前727
109	シャルマネセル5世	前726—前722
110	サルゴン2世	前721—前705
111	センナケリブ	前704—前681
112	エサルハドン	前680—前669
113	アッシュル・バニパル	前668—前627
114	アッシュル・エテル・イラニ	
115	シン・シュム・リシル	
116	シン・シャル・イシュクン	前?—前612
117	アッシュル・ウバリト2世	前611—前609

（頃は省略）

本書関連略年表

メソポタミア史略年表

メソポタミア北部	メソポタミア南部
ハッスーナ文化期（7000後―6000前） サマッラ文化期（7000末―6000前半） ハラフ文化期（6000―5000／4500） ガウラ文化期（4000） ニネヴェ5期	ウバイド文化期（5500―3500） ウルク文化期（3500―3100） ジェムデト・ナスル期（3100―2900） 初期王朝時代（2900―2335） アッカド王朝時代（2334―2154） ウル第3王朝時代（2112―2004）
古アッシリア時代（2000―1600）	古バビロニア時代（2004―1595） ラルサ王朝（2025―1763） イシン第1王朝（2017―1794） バビロン第1王朝（1894―1595） 「海の国」第1王朝（1740―1475）
ミタンニ王国（16末―14後半） 中アッシリア時代（1500―1000）	中バビロニア時代（16初―1026） 海の国第1王朝（1740―1475） カッシート王朝（1500―1155） イシン第2王朝（1157―1026） 「海の国」第2王朝（1025―1005）
新アッシリア時代（1000―609）	新バビロニア時代（625―539）

年代は紀元前

年、年紀、世紀および頃は省略

年代は諸説あるが、本書はおおむね日本オリエント学会編『古代オリエント事典』岩波書店、2004年による。

序　章
アッシリア学事始め
——帝国による、帝国での、帝国の発掘

ドゥル・シャルキン遺跡のラマッス像　アッシリアの発掘は現代名コルサバードの発掘からはじまった。同地はサルゴン２世建設の新首都ドゥル・シャルキンと判明（14頁参照）。城門Ａを守護するラマッス像（17頁参照）。石膏質のアラバスター、高さ3.9m

一　忘れ去られなかったアッシリア

ヘロドトスが伝えるアッシリア

紀元前六〇九年にアッシリアは滅亡する。だが、その後も忘れ去られることはなく、近代までその名前や歴史の一部が伝えられていた。

ヘロドトス（前四八四？―前四二五？年）の『歴史』などの古代ギリシア人の著作や『旧約聖書』の記述から、ヨーロッパなどでは、とくに歴史に興味のない一般人もアッシリアの名前ぐらいは漠然と知っていた。

ヘロドトスはアッシリアの滅亡を次のように記している。

アッシリアは五百二十年にわたって上アジアを支配したが、アッシリアから離反の口火を切ったのはメディア人であった。ともかくメディア人は自由のためにアッシリア人と勇敢に戦い、遂《つい》にアッシリアの桎梏《しっこく》をはねのけて、自由を獲得したのであった。そして他の民族もメディア人の範にならったのである。

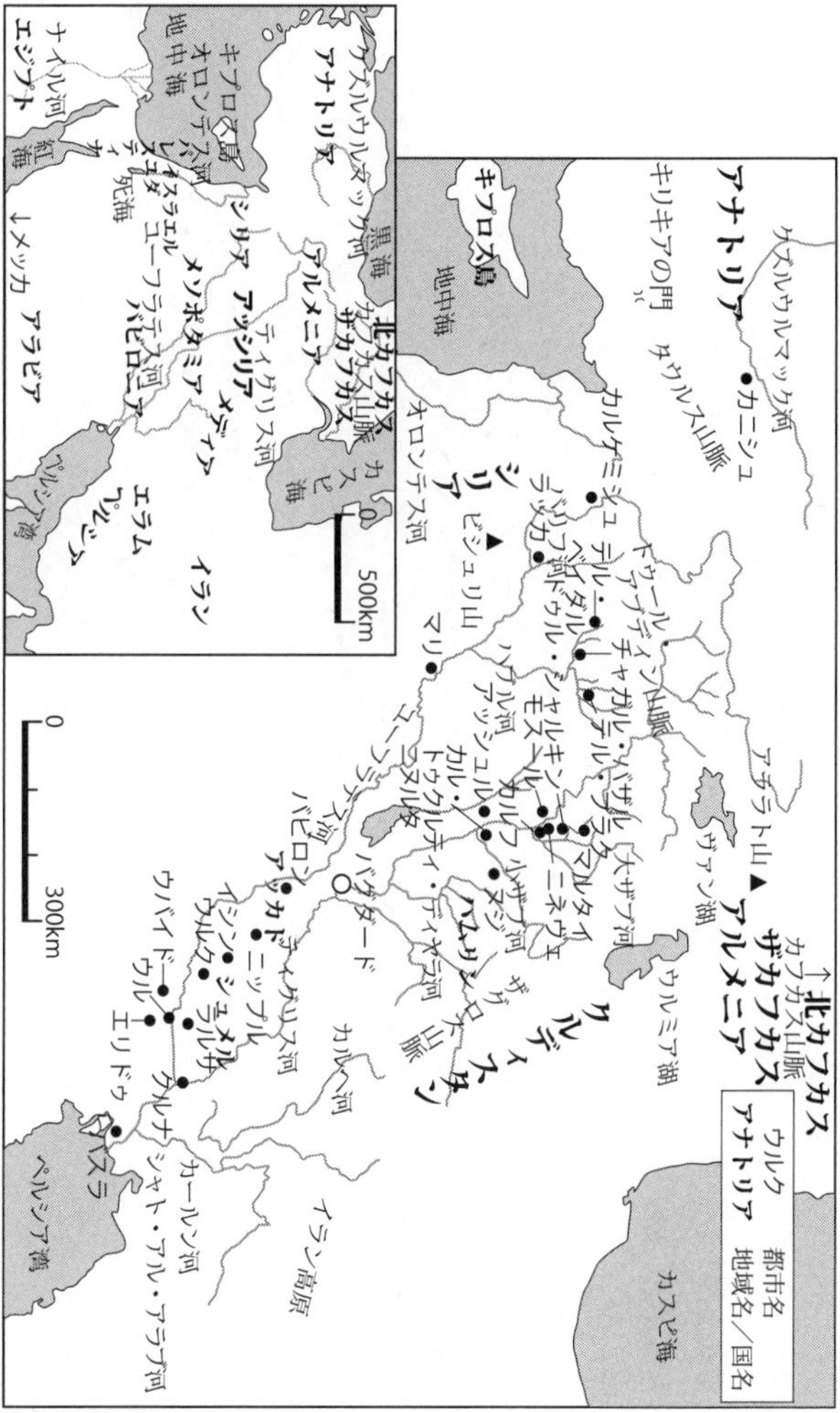
都市名
地域名／国名
アナトリア
キリキアの門
タウルス山脈
クズルウルマック河
カニシュ
キプロス島
地中海
カルケミシュ
オロンテス河
シリア
ビシュリ山
マリ
ユーフラテス河
バビロン
アッカド
バグダード
ニップル
ウルク
ウバイド
ウル
エリドゥ
ティグリス河
カールーン河
イラン高原
ペルシア湾
バスラ
シャット・アル・アラブ河
クルディスタン
大ザブ河
小ザブ河
ディヤラ河
アルメニア
ザカフカス
北カフカス
カフカス山脈
ウルミア湖
ヴァン湖
アララト山
カスピ海
0
300km
黒海
メソポタミア
アッシリア
バビロニア
メディア
エラム
イラン
アラビア
エジプト
ナイル河
紅海
死海
イスラエル
メッカ
0
500km
序—1　序章、第1章地図

（松平《まつだいら》千秋《ちあき》訳『歴史』巻一、九五）

アッシリアが長期にわたり、広い範囲を支配していたこと、およびメディア王国（前八世紀後半―前五五〇年）がアッシリアを倒した勢力であったことを、ヘロドトスは知っていたのである。アッシリアが自由を抑圧した勢力であるとの認識は、専制よりも自由に価値を置くギリシア人ならではの視点である。

前三世紀のバビロニア人ベロッソスもギリシア語で書いた『バビロニア史』のなかで、アッシリアについて記している。『バビロニア史』は現存せず、わかっていることは一部だけで、しかも教会史家エウセビオス（後二六四／二六五―三三九年）『年代記』の引用などからになる。「セミラミス女王がアッシリアを支配した」「カルデアの王はプロスだった」などと記されていた。プロスはプルともいい、二〇二頁で話すが、ティグラト・ピレセル三世（前七四四―前七二七年、第一〇八代）の別名で、アッシリア王ながらもカルデアつまりバビロニアを支配している。

また、ベロッソスはセナカリモス王についてもふれている。このギリシア語の王名はサナカリボスともいわれるが、二三〇頁以降で話すセンナケリブ王（前七〇四―前六八一年、第一一一代）をさしている。同王はユダ王国（前九二二頃―前五八六年）を攻撃したことから、『旧約聖書』「列王記下」一八章一三などでその名が記されている。となれば、アッシリア王についての評価は古代イスラエル人の視点で後代に記されたことで、歴史学で重要視される同時代の記録ではなく、注意を要することになる。

敵役のイメージをつくった『旧約聖書』

イギリスの詩人ジョージ・ゴードン・バイロン（一七八八―一八二四年）は、『旧約聖書』「列王記」に記されているアッシリアのセンナケリブ王のイスラエル王国（前九二二―前七二二年）への侵攻の話に着想を得て、有名な詩「センナケリブの破壊」を書き、「狼《おおかみ》が羊群に襲いかかるが如《ごと》くアッシリア人は現れり」と表現した。これが「アッシリアの狼」の典拠と推測されている。多くのヨーロッパ人にとってのアッシリアのイメージは『旧約聖書』をとおしてである。『旧約聖書』がアッシリアの悪評を定着させたのである。

『旧約聖書』は、繰り返しアッシリア軍による侵攻を記している。たとえば、「イザヤ書」一〇章五―六には次のように記されている。

災いだ、わたしの怒りの鞭《むち》となるアッシリアは。
彼はわたしの手にある憤《いきどお》りの杖《つえ》だ。
神を無視する国に向かって
　わたしはそれを遣わし

わたしの激怒をかった民に対して、それに命じる。
「戦利品を取り、略奪品を取れ
野の土のように彼を踏みにじれ」と。

ここではアッシリアはイスラエル王国とユダ王国に対する「わたし」つまり神の「鞭」であって、アッシリアによる両王国への掠奪《りゃくだつ》や攻撃は、神への不従順に対する神の懲罰と見られている。

一方で、「ナホム書」二章、三章などに見られる、アッシリアの首都ニネヴェ市（現代のモスール市東岸、新共同訳『聖書』ではニネベと表記）の陥落、破壊についてはアッシリアが他国に対して働いた非道な行為が今度はニネヴェに向けられている。アッシリアの滅亡は神を恐れぬゆえの所業と考えられていたことになる。

恐怖による支配

こうした行為を『旧約聖書』を読む人たちは知っていた。実際にアッシリアの遺跡が発掘されると、アッカド語楔形《くさびがた》文字で記された記録とともに宮殿の壁面を飾っていた浮彫が発見され、残酷な行為を追認させられることになった。

「残酷」なのはアッシリアだけではない。日本をふくめ、ほかの国々でも、古代のみならず現

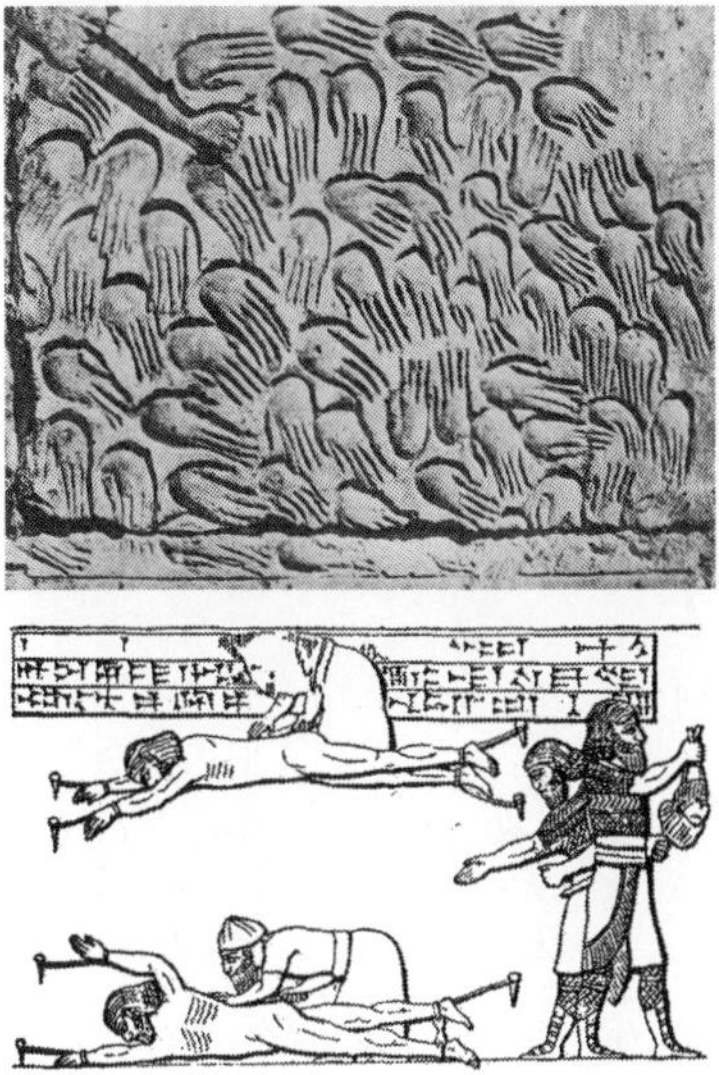

序—2　（上）エジプトの残酷な表現　切断された手の山。メディネト・ハブのラメセス3世葬祭殿浮彫壁画、前1183/82—前1152/51年頃、石灰岩、高さ55cm。（**下**）**残酷アッシリアを伝える浮彫の線画**（**図8—17部分**）　レヤードの著作の挿図

代にいたるまで、「残酷な行為」は繰り返されている。前近代社会にあっては人権思想が未発達なことや国際法による監視の目が行き届かなかったこともあり、さらに悪事との認識もほとんどなく、平然と「証拠」を残している。図序—2上はエジプトの壁画で、無数の人間の手が刻まれている。死骸から手を切り取って、これで死者の数を数えたという。エジプトでも残酷な行為がおこなわれていたのである。

図序—2下は本書二四八頁で話す、前六五三年のティル・トゥーバの戦い後の、戦後処理の場面（図8—17）の一部である。生きている敵のエラム兵の皮膚をはいでいる。これ以上ない、おぞましい場面である。この場面を、次節で話す考古学者オースティン・ヘンリー・レヤード（一八一七—九四年）は著作『ニネヴェとバビロン遺跡における諸発見』（一八五三年）のなかで紹介した。一般人向けの図書なので、『旧約聖書』を読んでいた多くの人々は、一瞬にして『旧約聖書』が伝えているようにアッシリアは「アッシリアの狼」つまり残酷と納得したこと

であろう。

このほかにも、たとえば前七〇一年のラキシュ攻城戦を描いた浮彫では、串刺しにされた人の姿(図8—3)を場面のほぼ中央に刻んでいる。恐怖を見せつけて、敵が二度とアッシリアに対して反旗を翻さないことを意図したという。

残酷なのはアッシリアだけか

二一世紀に入って、人質を残忍な手法で殺害し、しかもその場面を撮影して、映像を全世界に流したのが、テロリスト集団「イスラム国」である。恐怖を手段として、自分たちの要求を突きつけた。ユーフラテス河支流、バリフ河畔のラッカ市を「首都」と称し、本書でこの後で話すことになるメソポタミア北部とシリアの広い地域を、瞬時だが制圧した。アッシリアが滅んで、約二六〇〇年も経《た》っての出来事である。

アッシリア人は未開の蛮族ではなく、文明世界に属す人々である。その歴史のはじまりから残酷だったのではない。むしろ強国による支配を一回だけでなく、経験している。強圧的な支配を受けた被害者が、今度は逆に加害者になることは歴史上にはある。

第二次世界大戦(一九三九—四五年)時にナチス・ドイツによって、ユダヤ人というだけで、約六〇〇万人ものユダヤ人が虐殺された。だが、一九四八年にイスラエル国がパレスティナに建国されると、イスラエル人は過剰な「防衛」行動をパレスティナ人に対して繰り返しつづけている。二一世紀の文明社会での出来事である。

ヘブライ語名の表記

古代イスラエル人の視点は『旧約聖書』をとおして、後代にさまざまな影響をおよぼしつづけている。

近年、人名や地名などを片仮名で原音に近い表記にしようとする傾向がある。たとえば、「アケメネス」はギリシア語表記だから、古代ペルシア語の「ハハーマニシュ」の表記を採用するというようなことである。ところが、アッシリアの歴史について書かれるときは、ヘブライ語の固有名詞が使われていて、原音であるアッカド語での表記は提唱されていない。たとえば、以下のアッカド語の固有名詞がすぐにわかるだろうか。

①シャル・キン二世
②シン・アッヘ・エリバ
③トゥクルティ・アピル・エシャラ一世
④マルドゥク・アプラ・イッディナ二世
⑤ニヌア

「わからない」との回答が多いと思う。だが、たとえば、次に紹介するヘブライ語名ならば、名前ぐらいは知っているということになるかもしれない。

①サルゴン二世（＝二一九頁参照）
②センナケリブ（＝二三〇頁参照）
③ティグラト・ピレセル一世（＝一五六頁参照）
④メロダク・バルアダン二世（＝二二五頁参照）
⑤ニネヴェ

①から③まではアッシリア王、④はバビロニア王、そして⑤はアッシリアの最後の首都で、アッシリア人はニヌアといった。

アッシリア人自身は自らの王をサルゴン、都をニネヴェとは呼んでいなかったが、原音表記を尊重するとなると、シャル・キン、ニヌアなどと日本ではよく知られていない固有名詞を表記することになり、読者が混乱するおそれがあるので、本書では一般的によく知られている表現を採用し、別言語の名前は必要に応じて記す。

二　アッシリア遺跡の発掘

「アッシリア学」とは

一九世紀になって、ヨーロッパ列強によるアッシリア諸都市遺跡の発掘がはじまり、出土物に刻まれていた楔形文字が解読、研究されるようになった。楔形文字を史料とする古代オリエント研究の総称は、「メソポタミア学」でも、「バビロニア学」でもなく、「アッシリア学」といわれている。日本ではあまりなじみがない呼称である。発掘がアッシリアではじまったからである。現在では、シュメル学、ヒッタイト学などと専門化している。

アッシリア諸都市遺跡の発掘には複数の帝国がからんでいた。

一九世紀に、アッシリアの遺跡はオスマン帝国（一三世紀末―一九二二年）領に属していた。オスマン帝国はイスラーム史上最後の世界帝国で、西アジア、東ヨーロッパおよび北アフリカにわたる大版図を領有していた。

ところが、西欧列強の外圧と支配下の諸民族の民族運動により、一九世紀のオスマン帝国は解体していく過程にあった。二〇世紀に入って、第一次世界大戦（一九一四―一八年）では敗戦国となり、一九二二年のトルコ革命を経て、オスマン帝国は消滅し、一九二三年にはトルコ共和国が成立する。

この間に、ヨーロッパ列強がオスマン帝国領の西アジアに帝国主義政策で侵出していった。

ヨーロッパ列強の諸事情

ヨーロッパ列強のなかでもイギリスは一八世紀後半にいち早く産業革命をなしとげて、史上最大の海洋帝国を形成していく。一九世紀中期にはイギリスは経済力で他国の追随を許さず、世界経済の覇権を握ることになった。一九世紀後半になるとインドを中心として第二帝国(新帝国)が形成されるようになり、これが大英帝国である。イギリスは政治、経済などで先行していたが、ほかのヨーロッパの国々はそれぞれの事情をかかえていた。

フランスは一七八九年のフランス革命を経て、その後政変を繰り返し、落ち着かない政情であったが、西アジアへは侵出していた。

ドイツは約三〇〇の領邦(諸侯国)に分かれていたが、一八七一年にようやく統一をなしとげ、ドイツ帝国(一八七一—一九一八年)が成立している。

ヨーロッパではないが、一七七六年に独立したばかりのアメリカ合衆国にとって、一九世紀後半の最大の出来事は両軍あわせて六二万人以上の死者を出した南北戦争(一八六一—六五年)になる。アメリカ史上最大の戦争で、西アジアへ政治的、経済的な目的で侵出する、あるいは発掘調査隊を派遣できるような状況ではなかった。

こうした状況で、ドイツやアメリカは西アジアの発掘では出遅れ、調査隊を派遣できるようになったのはようやく一九世紀末になってだった。いずれの国も純粋に学問的な意図による発掘調査ではなく、政治的、経済的な目的が先行していたといえる。

列強のオスマン帝国領への侵出

書斎で一人書物に向かって研究する歴史学者とちがって、現場におもむいて遺跡を掘り、調査、研究する考古学者には、現実的、政治的な力も要求された。考古学は、経済力のある国の研究者でないと、十分な成果をあげることは難しい分野ともいえる。

つまり、アッシリア遺跡の発掘とは、新興帝国イギリスなどが衰亡期のオスマン帝国領に侵出し、最古の世界帝国アッシリアの諸都市を発掘したということである。帝国の、帝国での、帝国の発掘が、一九世紀のアッシリア発掘だったのである。

アッシリアの遺跡から発掘された史料などにもとづいて、アッシリアの歴史が復元されるようになった。アッシリアの歴史を知ることは、帝国とはなにかを知ることになる。経済的欲望を充足させるためなどの理由から、武力をもって異民族を組み伏せ、広大な版図を形成し、維持する最古の例はアッシリアに見ることができるのである。アッシリア帝国は最盛期にはティグリス河からナイル河までの大版図を支配した、まぎれもない最古の世界帝国であった。

二〇世紀の二度の世界大戦を経て、二一世紀になっても帝国形成を志向する国は消滅せず、存在するのである。ここにアッシリア研究をする今日的な意義がある。

序—3　ポール・エミール・ボッタ

ボッタによるドゥル・シャルキンの発掘

アッシリアの本格的な発掘調査は一九世紀になってからはじまった。

長い年月にわたって、ユーフラテス河とティグリス河が押し流してきた泥土が堆積したことで、地下深く埋もれていたメソポタミア南部の遺跡とちがい、北部のアッシリア遺跡は全部地下に埋もれた状態ではなく、一部は地表に出ていたので、発掘すれば、それなりの成果が期待できた。

一八四二年に、当時モスール駐在のフランス副領事だったポール・エミール・ボッタ（一八〇二―七〇年）はニネヴェのクユンジュクの丘の発掘に着手したが、あまり成果があがらなかった。そこで、翌一八四三年にボッタはニネヴェ北方のコルサバード遺跡の調査に転じた。一八四三―四四年におこなわれた調査の結果、コルサバードはサルゴン二世（前七二一―前七〇五年、第一一〇代）が造営したドゥル・シャルキン（アッカド語でサルゴンの城塞の意味）王宮とわかった。本章扉図のラマッス像は右側に立つ男性の倍以上の大きさがある。サルゴン二世は征服した土地から熟練の職人を連行した記録があり、ドゥル・シャルキン出土の彫刻美術は質が高い。

文字発祥の地であるメソポタミアでは、ほかの地域とちがって、シュメル語やアッカド語の楔形文字が刻まれた史料が数多く出土する。必ずしも書庫に収蔵されている粘土板だけではない。たとえば、神殿や宮殿などの基礎に埋蔵された定礎埋蔵物や、壁面に打ち込まれた円錐形《えんすいけい》の粘土釘《くぎ》の周囲などにも碑文が刻まれている。こうした碑文の中核になるのは「A神のために、B王がC神殿を建立した」といった記述で、一義的には王による神への功業の報告である。こうした碑文は王碑文と総称され、内容が建造物の記録だと、建築碑文といわれる。王碑文はアッシリア学が扱う重要な一等史料である。楔形文字が読めれば、考古学者は自分が発掘した建造物についての情報を得ることができるのである。発掘と並行して、楔形文字の解読も進んでいた。当時の共通語であるアッカド語が解読されたことが公的に認定されたのは一八五七年のことである（一五七頁参照）。これをもって、ギリシア人やイスラエル人の伝える歴史ではなく、古代オリエント世界に生きた人々が記した記録から直接歴史がわかるようになったのである。

はやくも一九〇七年には、フランスのアッシリア学者フランソワ・テュロー＝ダンジャン（一八七二―一九四四年）が『シュメル・アッカドの王碑文』を公刊した。この著作はシュメル学の基礎となった。

共通語はアッカド語

楔形文字は民族系統不詳のシュメル人がシュメル語を表記するために考案した文字である。

序―4　筏で運ばれていくラマッス像　水彩画、高さ23cm、幅33cm、ヴィクトリア・アンド・アルバート美術館蔵

この文字をセム語族のアッカド人が借用して、アッカド語を表記した。アッカド王朝（前二三三四―前二一五四年頃）がメソポタミアからシリアにかけて統一国家をつくったので、アッカド語が普及した。古代オリエント世界から現代西アジア世界まで、現代の国名でいうとイラン・イスラーム共和国とトルコ共和国を除いた地域では、多くの住民はセム語族である。だから、この後から話すセム語族のアムル人（アモリ人）やアラム人にとっては、アッカド語は方言のちがい程度であり、共通語として採用できた。

「クルナの災難」

アッシリアの歴代の首都は、ドゥル・シャルキンはやや離れているが、ティグリス河畔に集中している。つまり、アッシュル（現代名カラト・シャルカト）、カルフ（現代名ニムルド）、ニネヴェおよびカル・トゥクルティ・ニヌルタ（現代名トゥトゥラル・アクィル）である。出土した遺物はティグリス河を下って、発掘隊の本国へと運ばれていった。

ティグリス、ユーフラテス両河の合流点クルナ付近で、一八五五年五月、メソポタミア考古学史上忘れられない大きな事故が起きた。フランス調査隊がアラブ人の襲撃にあった。ドゥル・シャルキンで発掘された彫刻などの遺物をボートや革袋の筏《いかだ》に乗せてティグリス河を下っていたが、貴重な遺物三〇〇余箱とともに沈没してしまったのである。この事故は、「クルナの災難」といわれている。一九七一年、イラク考古総局、日本オリエント学会、中日新聞社の三者が江上波夫《えがみなみお》（一九〇六―二〇〇二年）団長のもとに沈没地点を調査した。残念ながら、水没文化財の発見にはいたらなかった。

長い船旅の後に、アッシリアの遺物はヨーロッパに運ばれていった。フランスもイギリスも、自国の帝国主義政策の正当性を主張し、西アジア遺跡の出土品をその成果として本国で展示し、宣伝に使ったのである。ドゥル・シャルキン遺跡から出土した、宮殿に安置されていた五メートル以上もある一対の英雄像（図7―12下）やラマッス像（人面有翼獣身像、本章扉図、二三七頁参照）などが、ルーヴル美術館に展示された。

大英博物館アッシリア回廊（ギャラリー）

ルーヴル美術館に収蔵されたアッシリアの遺物以上の質と量を誇るのが、大英博物館である。一七五三年の創設以来、大英博物館は古代エジプト、ギリシアおよびローマ関係の遺物を精力的に収蔵してきたが、メソポタミア文明関連の遺物については遅れていた。一八四〇年代になってようやく収蔵されるようになった。

なかでも、アッシリア史の一齣《こま》を目で見える形で再現した迫力のある戦闘場面や、躍動感の

序―5 （上）カルフ遺跡に残るニヌルタ神のジックラト。（下）オースティン・ヘンリー・レヤード　水彩画、高さ29.8cm、幅22.5cm、大英博物館蔵

ある獅子《しし》（ライオン）狩り図などの浮彫や巨大なラマッス像などはほかでは見られない、大英博物館の展示品の目玉とでもいうべき収蔵品である。だが、大英博物館へは掠奪に近いような形で収蔵された経緯もあり、こちらつまりイギリスなどヨーロッパにあったほうが現地にあるより安全だとイギリス人などは強弁するものの、決してほめられたものではない。

レヤードによるカルフ発掘

一八二〇―二一年にかけて、旅行家で、バグダードの東インド会社総代理もつとめていたクローディアス・ジェームズ・リッチ（一七八七―一八二一年）が、イギリス隊によるニネヴェでの最初の学術的調査をおこなったが、彼はアマチュアの考古学者である。早逝後、彼のコレクションなどは大英博物館に購入され、イギリスにおけるメソポタミアの古物コレクションの基礎となり、メソポタミア研究の基礎ともなった。

だが、アッシリアの遺跡が世間一般の注目を集めるようになったのは、レヤードの功績による。一八四〇年にモスール市経由でインドへおもむく途中、バグダードめざしてティグリス河を下っていたレヤードは河をへだててそびえる小高いニムルド遺跡を見て、その光景に感銘を受け、発掘を志したという。レヤードは大英博物館やイギリス政府の資金援助が十分とはいえないにもかかわらず、ニムルドつまりアッシリアの首都の一つであったカルフ（図序―5上、6―2下）の北西宮殿やニネヴェの南西宮殿（図8―6参照）のほかにも数多くの遺構を発掘し、いくつかの重要な発見をした。ペルシア風の装束を着たレヤードの肖像画（図序―5下）が残っている。

序―6　大英博物館に搬入されるラマッス像『絵入りロンドン・ニュース』1852年2月28日「大英博物館でニネヴェ彫刻を歓迎」記事の挿絵（カリフォルニア大学図書館蔵）

クユンジュクの丘の発掘

カルフ遺跡およびニネヴェ遺跡のクユンジュクの丘はもっぱらイギリス隊が発掘した。

レヤードは一八四五―四七年と一八四九―五一年の二度にわたってカルフを発掘している。アッシュル・ナツィルパル二世（前八八三―前八五九年、第一〇一代）の北西宮殿の正面玄関の南にある大広間が発掘され（口絵①中参照）、おびただしい数の出土品のうち、浮彫、ラマッス像などの一部は大英博物館に収蔵されている。

また、シャルマネセル三世（前八五八—前八二四年、第一〇二代）の黒色（ブラック）オベリスク（図6—14参照）は中央宮殿から出土した。

レヤードは一八四六—四七年にはクユンジュクで試掘をして、センナケリブの宮殿を発掘した。このとき出土したのが、アッシリアの城攻めにおける戦術などを知ることができるラキシュ攻城戦（二三二頁参照）の一連の浮彫である。

ニネヴェ遺跡（図8—6参照）にはクユンジュクとネビ・ユヌスの二つの高い丘がある。クユンジュクは前七千年紀から中世初期にいたるまで、ほぼ絶えることなく町が存在しつづけた。一方、ネビ・ユヌスにはイスラーム教およびキリスト教共通の預言者ヨナの聖廟《せいびょう》などがあるため、あまり調査されていなかった。ところが、二〇一五年にテロリスト集団「イスラム国」がニネヴェを制圧し、軍資金を得るためにネビ・ユヌスは破壊、盗掘された。「イスラム国」一掃後、二〇二二年にはイラク・アメリカ合同隊がニネヴェでセンナケリブ治世の浮彫が刻まれた石板を発見している。だが、「イスラム国」は完全に消滅せず、遺跡の保存は容易ではない。

レヤードは一八五一年にはモスールを離れ、二度と遺跡発掘にはかかわらなかった。政界へ入り、外務次官などに任命された。在任中の一八六五年には薩摩《さつま》藩が派遣した使節団と会見している。

レヤードの退職後、ニネヴェにおける仕事は、部下で現地人のホルムズド・ラッサム（一八二六―一九一〇年）が継承した。一八五三年の春までに、獅子狩り図の浮彫などや「アッシュル・バニパルの図書館」（二六九頁参照）の一部を構成する一群の楔形文書を発見した。

一八八八―八九、一八九〇―九一年には、大英博物館はクユンジュク発掘を再開する。このとき送り込まれたのが、エジプト学で知られていたウォーリス・バッジ（一八五七―一九三四年）であった。バッジは評価の分かれる人物で、収蔵に大いに貢献したことはまちがいないが、違法な手段を使って遺物を大英博物館に送り込むこともあった。

またラッサムは、配下の現地人が発掘品の一部を横流しする不法行為を許容していた。現地人は給料の一部と考えていたようだ。この問題を究明するためにもバッジが送り込まれ、旧習は一掃され、ラッサムは非難された。そこで、ラッサムは逆にバッジを名誉毀損で裁判に訴えた。こうしたことから、バッジの勢力が強かった間は、レヤードとラッサムの功績は低く見られていた。

アッシュル市の発掘

アッシュル市の本格的な遺跡調査は一九〇三―一四年にかけてドイツ隊によっておこなわれた。バビロン市（現代名バビル、カスル、メルケスほか）発掘で知られるロベルト・ヨハン・コルデヴァイ（一八五五―一九二五年）が着手したが、すぐに弟子のワルター・アンドレ（一八七五―一九五六年）が継承した。ところが、一九一四年には第一次世界大戦が勃発し、西アジアでの発掘は難しくなってしまった。

このような列強の西アジア侵出によって、学術研究を大義名分にしておびただしい古代オリエントの文化財が欧米人によって出土地から本国へともちさられていったのである。

三　「女王」たちの貢献

「アラビアのロレンス」

二一世紀に入っても、政情不安な西アジアでの発掘調査は難しい諸問題に直面せざるをえない。学問と政治は無関係とはいえないのである。一九世紀そして二〇世紀前半も同様で、ヨーロッパが主戦場となった、第一次世界大戦および第二次世界大戦（一九三九―四五年）の両大戦をはさんで、発掘どころではなかった時期もある。

著名なイギリス人考古学者たちは秘密裏に大英帝国のために諜報《ちょうほう》活動もしていたという。

一九六三年に日本で公開された映画「アラビアのロレンス」は名匠デイヴィッド・リーン（一九〇八―九一年）監督の最高傑作といわれ、ヒットした。主人公「アラビアのロレンス」ことトーマス・エドワード・ロレンス（一八八八―一九三五年）を演じたピーター・オトゥール

（一九三二―二〇一三年）は大人気となった。ロレンスはイギリス軍の情報将校だが、考古学者でもあった。

ロレンスはユーフラテス河の大彎曲《だいわんきょく》西側のカルケミシュ遺跡（現代名ジェラブルス）の発掘に加わっていた。後にウル市（現代名テル・アル・ムカイヤル）で王墓を発見することになるレオナード・ウーリー（一八八〇―一九六〇年）とともに、一九一二年から一四年にかけて発掘に従事している。

カルケミシュは要地で、本書では何回かふれることになる。ロレンスが発掘に従事していた時期には、数百メートル先でドイツがベルリン―バグダード鉄道の架橋工事をしていて、進《しん》捗《ちょく》状況を偵察していたようだ。

序―7　カルケミシュ遺跡

イラク国立博物館を創設した「砂漠の女王」

アッシリアをふくむメソポタミアの発掘調査では二人のイギリス人女性も活躍し、二人とも「女王」と呼ばれていた。そのうちの一人が、しばしば「アラビアのロレンス」とともに名前をあげられ、「アラビアの女王」「砂漠の女王」などとも呼ばれたガートルード・ベル（一八六八―一九二六年）である。

ベルを主人公にした映画「アラビアの女王　愛と宿命の日々」は二

〇一七年に公開されたが、日本ではベルの知名度が低いこともあって「アラビアのロレンス」のように話題にはならなかった。ベルは考古学者、作家、旅行家で、イギリスの特使をつとめたこともある。

第一次世界大戦まではオスマン帝国領だったメソポタミアは戦後、イギリスの委任統治による従属国であるイラクとして誕生し、一九二一年にメッカ市から王を迎えてイラク王国（一九二一―五八年）となり、一九三二年に完全独立する。イラクの国境線画定にかかわったことから、ベルは「イラク建国の母」あるいは「イラクの無冠の女王」ともいわれる。湾岸戦争（一九九〇―九一年）勃発時には、ベルが決めたペルシア湾への出入り口の狭い国境線の線引きが問題ではなかったかと、一部の識者の間で指摘された。つまり、イラクはわずか四〇キロメートルしか海岸線がなく、しかもクウェートが「門番のように海への出口をふさぎ、石油の富の上に胡座《あぐら》をかいてイラク人の怨嗟《えんさ》のまとになっている」（阿部重夫《あべしげお》著『イラク建国――「不可能な国家」の原点』中公新書）という。

また、ベルはイラク国立博物館を創設したことでも知られている。イラク国立博物館は、イラク戦争（二〇〇三―一一年）で二〇〇三年にバグダード市が陥落するや掠奪され、一万五〇〇〇点もの収蔵品が盗難被害にあい、また各地の遺跡も荒らされた。陥落前に掠奪の恐れがあると一部で指摘されていたのに、アメリカ軍は無策であった。ロレンスやベルのように古代メソポタミア文明の価値を知っている人物がアメリカ軍側にいたならば、少しはちがっていたのではないかともいわれた。

一九二四年に、古代遺物局長のベルは文化財法を制定していたが、外国人考古学者に有利な法で、出土物を出土国が保有する政策がイラクに導入されたのは半世紀後の一九七〇年代になってであった。

後から話すことになるヌジ遺跡（旧名ガスル、現代名ヨルガン・テペ）発掘で知られる、アメリカのアッシリア学者エドワード・キエラ（一八八五―一九三三年）はヌジ発掘に先行して、ベルから情報を得ていたことを著作『粘土に書かれた歴史――メソポタミア文明の話』に記している。

発掘を手伝った「ミステリーの女王」

もう一人の「女王」と呼ばれた人物が、「ミステリーの女王」アガサ・クリスティー（一八九〇―一九七六年）である。

クリスティー執筆の『メソポタミヤの殺人』は考古学の発掘現場での殺人事件を扱っているが、これには理由がある。クリスティーの再婚相手がイギリス人考古学者マックス・マロワン（一九〇四―七八年）で、メソポタミア南部ではウル遺跡、北部ではチャガル・バザル遺跡やテル・ブラク遺跡（古代名ナガル。図1―15参照）の発掘にかかわり、第二次世界大戦後のカルフ再発掘にも参加していたためである。このカルフでの発掘にクリスティーも同行し、『メソポタミヤの殺人』を執筆したという。

『アガサ・クリスティー自伝』によれば、マロワンの発掘にクリスティーは同行し、ミステリーの執筆をつづけるだけでなく、出土品の泥をとるなどの考古学の作業にも従事している。『さあ、あなたの暮らしぶりを話して』では、現在はシリア領内のチャガル・バザルやテル・ブラクでの発掘について記している。

ちなみに、アッシリアの遺跡はイラクだけでなく、シリアにもかなりある。「シリア」という呼称は「アッシリア」から派生したギリシア語である。シリアといえばテロリスト組織「イスラム国」が荒らしまわった国、危険な国といった印象が日本では一般にあるだろう。シリアは交通の要衝で、こうした場所はどこの国も支配したいので、古来戦闘が繰り返されたことは本書のなかでも話すことになる。クリスティーはイギリスの西アジアにおける発掘活動を一般人に宣伝することに大いに貢献したといわれている。

このように、アッシリアの発掘は純粋に考古学者たちの学問的使命感にもとづくものだけかというと、そうではない。国策と連動していた発掘活動であって、出土品が本国の博物館に展示されることで、一種の国威発揚に大いに貢献したのである。

日本のアッシリア学のはじまり

日本のアッシリア学のはじまりはヨーロッパとちがって、国策とはまったく無関係である。

杉勇（一九〇四—八九年）個人の自由な意志にもとづく。杉勇の名は『楔形文字入門』（中公新書、中央公論社、一九六八年）で、知っている読者もいると思う。同書「あとがき」で、アッシリア学に志した理由が語られている。昭和一〇年頃に楔形文字に興味をもつ東京大学の学生たち四人が杉に私的に教えを乞うたことも紹介されている。コピー機のなかった頃で、東洋文庫などから借りた文献を、学生たちがカーボン紙をはさんで写して、テキストをつくったという。ちなみに、このときの学生の一人から古代オリエント史を筆者が学んだのは、三〇年後のことである。

戦後、杉は東京教育大学、明治大学などで教壇に立ち、アッシリア学関係などの蔵書を集め、優秀な研究者たちを数多く育成した。「あとがき」で次のように書いている。

　欧米では、「アッシリア学」は、古代研究の重要な専門学として、どこの大学にもその講座がもうけられているのに対して、八百もの大学がありながら一つの講座すらもっていない日本の学問のどこかくいちがったあり方に対して、四十余年この方面に少しばかり研究をむけてきた者としての一種の義憤のあらわれが本書になったといってもよい。

杉の主張は、日本政府はじめ多くの日本人が無関心なこともあり、世間一般にほとんど取りあげられることはなかった。一九七八年には東京教育大学が閉校となり、杉が収集した文献の多くは筑波大学に移行されたが、筑波大学で教鞭《きょうべん》をとったのは杉の薫陶を受けた直弟子たちではなかった。

世間的にはあまり知られることなく鬼籍に入った杉勇に対して、日本オリエント学会はその功績を忘れることなく、後世に伝えるべく一九九〇年に第一回三笠宮賞を没後授賞した。

第一章
「アッシリアの三角」と「ハブル三角」
——アッシリアの風土

アッシュル遺跡遠望　現代名カラト・シャルカトに残るアッシュル遺跡（42頁参照）、北方からジックラトを眺めたところ

一　メソポタミア文明はシュメルからはじまる

「（両）河の間の地」メソポタミア

アッシリアはメソポタミア北部に位置し、ティグリス河西岸のアッシュル市からその歴史ははじまった。アッシリアはギリシア語で「アッシュルの地」の意味になる。

メソポタミアとは、ギリシア語で「（両）河の間の地」、つまりユーフラテス河とティグリス河の間の地をさし、その周辺もふくまれている。現在のイラク共和国に大部分がふくまれ、シリアおよびトルコに一部が属している。

ギリシア人の歴史・地理学者ストラボン（前六四／六三―後二三年以降）はメソポタミア北部のことをメソポタミア、そしてメソポタミア南部をバビロニアと呼んだが、ローマの政治家で博物学者の大プリニウス（後二三？―七九年）の頃になると、両河の流域全体をメソポタミアと呼んでいる。

メソポタミアは地方名であって、メソポタミアという一つの国は存在しなかった。

大きく二つの地方に分けられ、バグダード市よりも北方を境として、北部がアッシリア、南部がギリシア語で「バビロンの地」を意味するバビロニアである。

アッシリアとバビロニアは、一人の王の下に支配されたことが一度ならずあり、ほぼ同じ神々を祀《まつ》り、アッカド語を使うなどの同一文化圏ではあるが、二つの別々の国としてあった。

ユーフラテス河およびティグリス河の流れ

両河はアナトリアつまり現在のトルコの東部、タウルス山脈東方のアララト山（大アララト山（五一三七メートル））、小アララト山（三八九六メートル））付近に別々の水源をもつ。

ユーフラテス河は、河口付近のバスラ市まで約二八〇〇キロメートルもある、西アジア最長

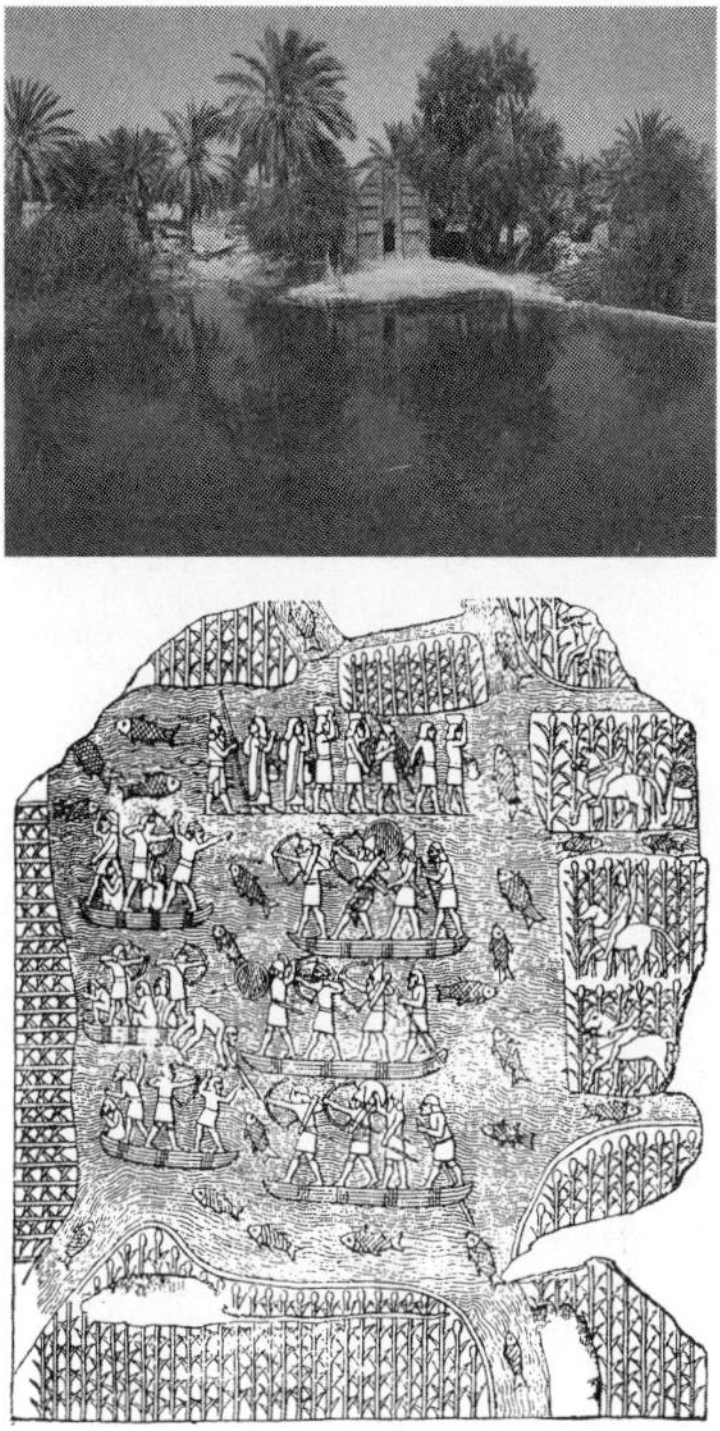

1—1　（上）ペルシア湾頭の湿地で現在も使われている葦小屋。（下）アッシリア人が見た南部の湿地　アッシリアの浮彫彫刻に見られる南部の湿地で、葦の茂みが特徴である。浮彫の線画

の河川で、本書でしばしばふれることになるハブル河とその西方のバリフ河はともにユーフラテス河の上流地域で流れ込む支流である。両河の水源地方は冬に雪が降り、春になると雪解け水となって増水する。

一方、ティグリス河は水源から河口まで一九〇〇キロメートルと、ユーフラテス河に比較して短く、支流が山地から直接本流に流れ込むので水位が急上昇する。このために、しばしば大洪水を起こし、古来「暴れ河」として有名であった。

ユーフラテス河、ティグリス河ともにアッシリアの石灰岩の岩盤地帯を通過していくが、ここでは古代から現代にいたるまで、ほとんどその流れは変わっていない。多くの支流を合流させて、両河はバグダード付近で接近し、その後は離れて別々にペルシア湾に注いでいた。だが、現在ではクルナで両河は合流し、シャト・アル・アラブ河一本になってペルシア湾に注いでいる。現代の両河はトルコ、シリアおよびイラクの三国を流れる国際河川で、国々の間での利害が対立するダム建設などの問題で、難しい外交上の問題が生じている。

バビロニアは憧憬の地

アッシリアの南方はメソポタミア南部、つまりバビロニアである。バビロニアはニップル市（現代名ヌファル）を境に北部をアッカド、南部をシュメルと呼んだ。シュメルはペルシア湾付近の低地帯である。ここに現代はマーシュ・アラブ（「湿地のアラブ人」の意味）と呼ばれる人々が住んでいる。葦を使った小屋（図1―1上）はシュメル人の小屋と変わらないといわれている。軍事遠征したアッシリア人は葦の繁茂する湿地を浮彫で表現している（図1―1下）。年間降雨量が一五〇〇ミリメートルを超えないバビロニアでは、雨量の多い北部のような天水農耕は採用できない。沖積平野の南部で人々が灌漑《かんがい》農耕をはじめたのはウバイド文化期（前五五〇〇―前三五〇〇年頃）で、北部よりも遅かった。

人々の知恵と努力によってユーフラテス河から畑まで運河を引いて、水の問題を解消した。大規模な灌漑網の構築や管理・補修は住民の共同作業によってなしとげられた。ウバイドとは、ウル西方六キロメートルに位置する遺跡名である。ウバイド、エリドゥ（現代名アブ・シャハライン）などの遺跡からは濃い茶褐色の文様を特徴とする彩文土器が出土している。

1―2　ウバイド土器　ウバイド第3期の幾何学文様で彩色された土器。前5000年紀、高さ16cm、ルーヴル美術館蔵

ウバイド文化期につづいて都市文明がウルク（現代名ワルカ）文化期（前三五〇〇―前三一〇〇年頃）に成立し、歴史時代に入る。北部は村落文化では南部に先行しても、都市文明成立にはいたらなかったのである。このことは三九頁で話す。人類最古の普遍的都市文明を成立させたのが、民族系統不詳のシュメル人で、その後セム語族のアッカド人が継承した。シュメル・アッカド地方の、つまりバビロニアの進んだ都市文明は

アッシリア人を魅了し、アッシリアは武力ではバビロニアに勝っても、文化的にはしばしば屈服することになる。

メソポタミア南部全域に都市文明が広まったジェムデト・ナスル期（前三一〇〇―前二九〇〇年頃）につづくのが、シュメルの初期王朝時代（前二九〇〇―前二三三五年頃）で、都市国家の分立時代である。八〇頁で話すようにこの頃にシュメル人はアッシュル市へやってきていた。ついで、最初の統一国家アッカド王朝（前二三三四―前二一五四年頃）が建国され、さらにシュメル人のウル第三王朝（前二一一二―前二〇〇四年頃）がつづき、この二つの統一国家にアッシュル市は支配されていた。前二〇〇〇年紀に入ると、バビロニアは以下のように区分され、それぞれの時代に成立した王朝がアッシリアとかかわりをもつことになる。

古バビロニア時代（前二〇〇四―前一五九五年頃）
ラルサ王朝（前二〇二五―前一七六三年頃）
イシン第一王朝（前二〇一七―前一七九四年頃）
バビロン第一王朝（前一八九四―前一五九五年頃）
「海の国」第一王朝（前一七四〇―前一四七五頃）
中バビロニア時代（前一六世紀初期―前一〇二六年頃）
カッシート王朝（前一五〇〇―前一一五五年頃）

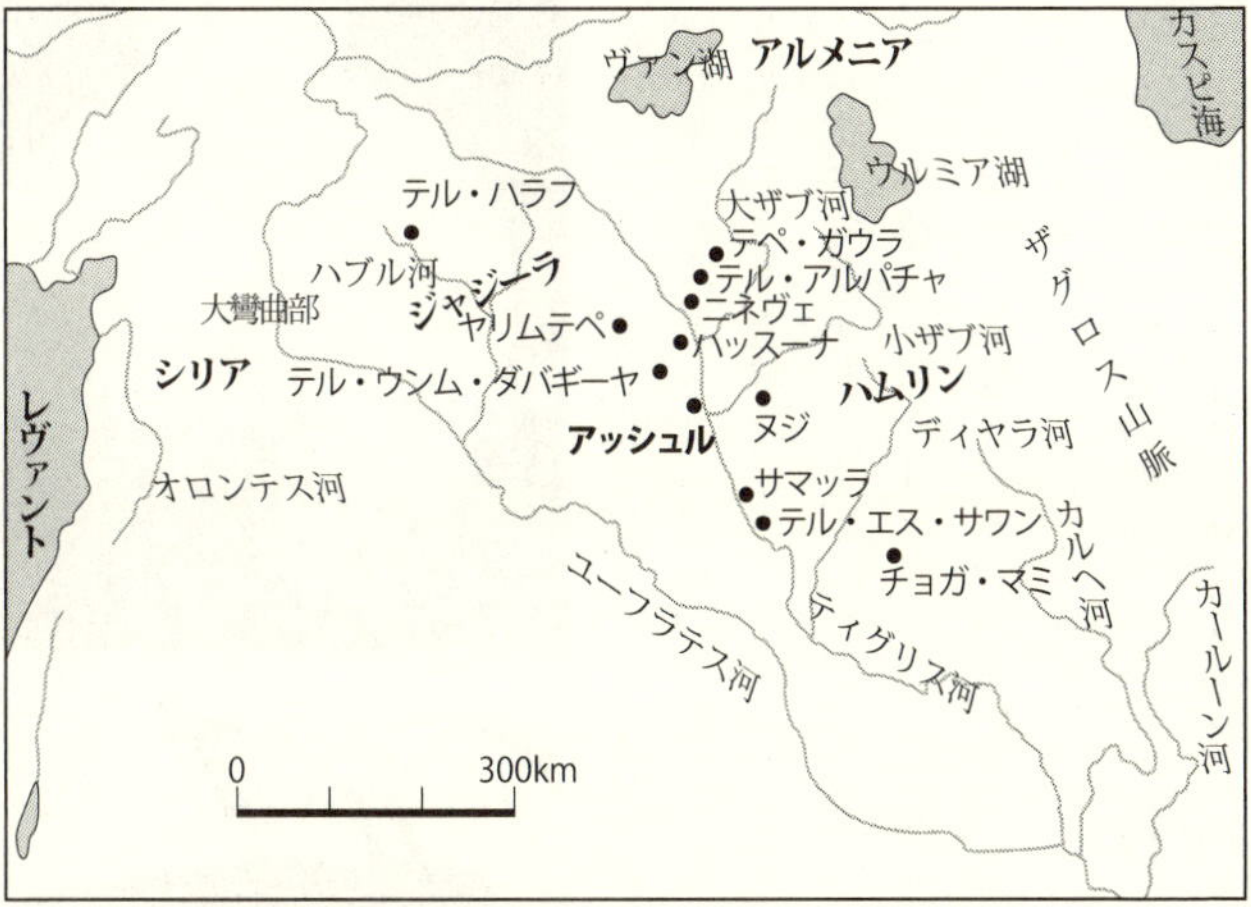

1―3　本章で扱うメソポタミア北部の先史村落遺跡

イシン第二王朝（前一一五七―前一〇二六年頃）

「海の国」第二王朝（前一〇二五―前一〇〇五頃）

前一〇〇〇年紀のバビロニアは長く停滞した状況にあったが、新バビロニア王国（前六二五―前五三九年）が建国され、アッシリア征討の戦闘を開始する。この話は終章で紹介する。

二　メソポタミア南部に先行した、北部の村落文化

最初の土器をともなったハッスーナ文化

メソポタミア北部は天水農耕が可能な地域なので、南部よりも先に新石器文化時代の農耕村落が成立した。こうした文化のうち、広い地域におよんだ村落文化を以下に紹介する。

ハッスーナ文化期は前七〇〇〇年紀後半から前六〇〇〇年紀前半にかけて、メソポタミア北部を中心に広がった、最初の土器をともなう新石器文化である。テル・ウンム・ダバギーヤ、ヤリムテペI遺跡などで、ハッスーナ文化の土器が発見されている。

日本の縄文土器は全期間をとおして野焼きだったが、土器づくりをはじめて数百年で、ヤリムテペI遺跡からは世界最古の土器焼成窯が発掘されている。また、同じ遺跡から銅冶金《やきん》がおこなわれた可能性がある資料も出土していることなどから、ハッスーナ文化の担い手は高い技術力をもっていたといえよう。

また、大量に動物の骨が出土し、住居の壁に動物の絵が描かれていたことなどから、テル・ウンム・ダバギーヤではオナゲル（高足ろば）、ろばおよびガゼルなどの草原性草食獣を捕ま

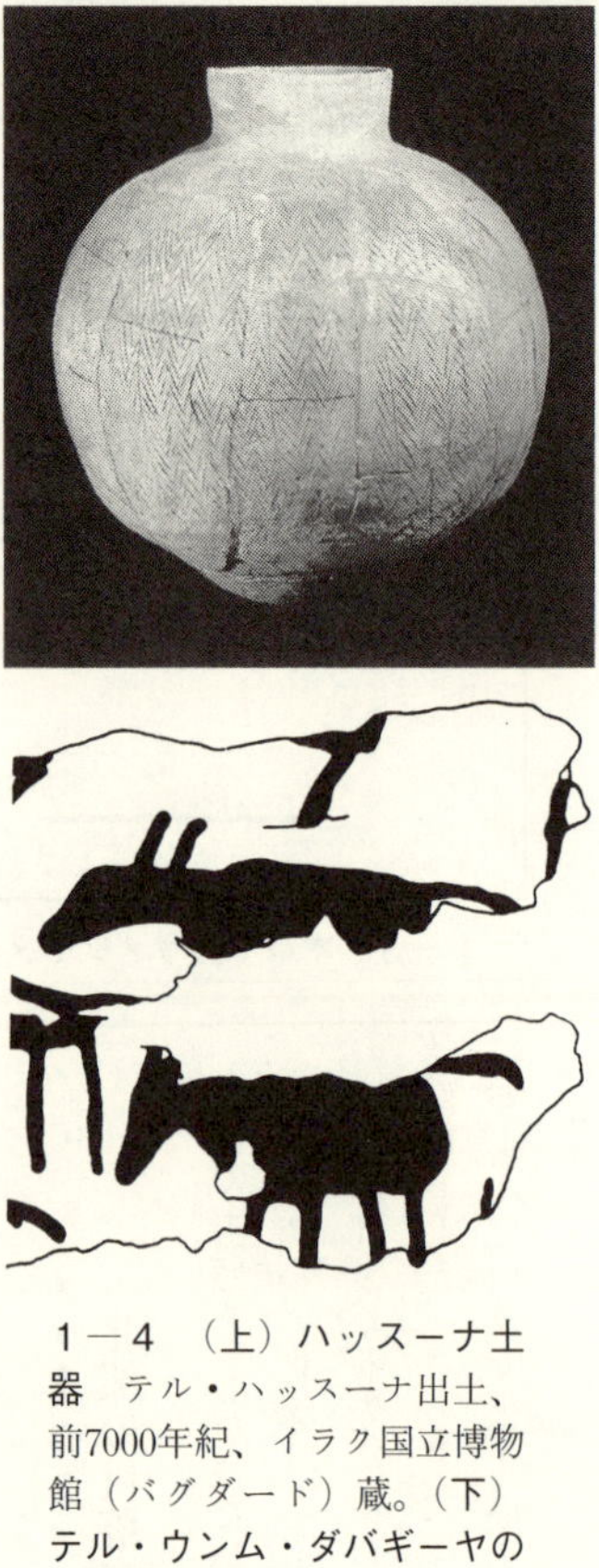

1—4 （上）ハッスーナ土器　テル・ハッスーナ出土、前7000年紀、イラク国立博物館（バグダード）蔵。（下）テル・ウンム・ダバギーヤの住居の壁画

え、その皮をなめすことを生業にしていたようである。

灌漑技術が使われたメソポタミア中部のサマッラ文化

前七〇〇〇年紀末から前六〇〇〇年紀前半に、メソポタミア中部に広がったのがサマッラ文化である。サマッラ文化の起源にはハッスーナ文化がかかわっていたようで、ハッスーナ文化に遅れてあらわれ、のちの南部のウバイド文化の基層にもなる。

メソポタミア北部にハラフ文化が登場する直前から、南方に広がっていった。

サマッラ文化の遺跡としては、テル・エス・サワン遺跡やチョガ・マミ遺跡が発掘されている。チョガ・マミの発掘では用水路の跡が発見され、灌漑しなければ育たない亜麻の種も出土していることなどから灌漑に使われていたと考えられている。

1―5　サマッラ土器　彩文土器、前7000年紀後半―前6000年紀前半、直径27.7cm、中近東博物館（ベルリン）蔵

日乾煉瓦《ひぼしれんが》建築が本格化し、扶壁《ふへき》（控え壁）をともなう矩形《くけい》の建築様式が普及した。土器では、おもに幾何学文の彩文土器が特徴である。

サマッラ文化の担い手はメソポタミア北部でハッスーナ文化が広まっていた頃に、メソポタミア中部の沖積平野を開拓した農耕民で、農耕に人工的な灌漑をも

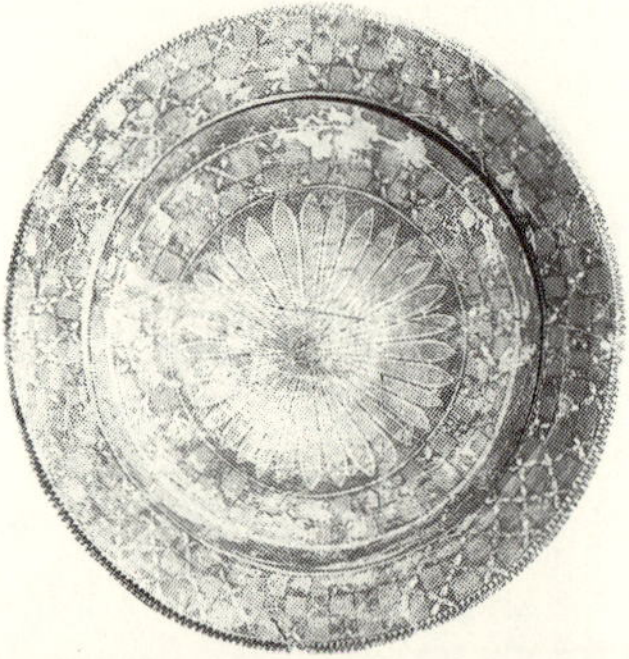

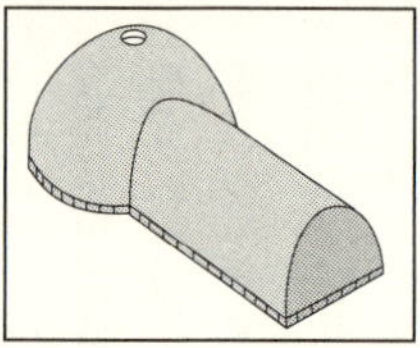

1―6 （上右）ハラフ土器　テル・アルパチャ出土、前6000年紀、直径33cm、イラク国立博物館（バグダード）蔵。（上左）トロス　ハラフ文化期の典型的住居復元図。（下）コッペ

ちいた最初であった。サマッラ文化の特質の多くが南部のウバイド文化に取り込まれた。ウバイド文化はサマッラ文化を基盤にメソポタミア南部で生まれたが、ウバイド三期以降にメソポタミア北部方面にも広がってきた。

美しい彩文土器がつくられたハラフ文化

前六〇〇〇年紀に、ハラフ文化はシリア北部からイラク北部にいたるジャジーラ（五〇頁参照）地域で生まれ、発展した。ここから東地中海沿岸、ア

ナトリア東部、そしてザグロス山脈方面へと拡大していった。天水農耕と牧畜を基本的生業とし、彩文土器の生産や交易も重要な経済活動であった。

ハラフ文化の遺跡からは美しい彩文土器が出土している。彩文土器はジャジーラ地方から広まり、北方はアルメニア、西方はレヴァント北部、南方はメソポタミア中部まで分布している。

ハラフ文化ではトロスと呼ばれる円形平面のドーム構造の住居が一つの集落で多数建てられた。トロスは現在のシリア北部およびトルコ南東部で建てられているコッペと呼ばれる建物につながると考えられている。コッペは屋根を架けるための丸太や木材がいらず、安く、早く、簡単に建てられるので、古代にトロスが建てられた理由を考える際に参考になるという。

都市文明に飛躍できなかった村落文化

以上のほかに、いくつかの局地的な文化もわかっているので、あげておく。

ガウラ文化期は、前四〇〇〇年紀にメソポタミア北部のティグリス河流域を中心に展開した局地的な文化期である。

ニネヴェ五期は、ニネヴェのクユンジュク丘での試掘から確認された、下から五番目の文化層をもとに同定された文化で、高杯型《たかつきがた》の土器を特徴とする。明るい灰色の、無文あるいは刻文土器が多い。一方、彩文土器の文様には幾何学文様のほか水鳥や山羊《やぎ》などの動物文が見られる。メソポタミア北部を中心に西方はチャガル・バザル遺跡などのハブル河流域から、南東はヌジそしてハムリン地域まで広く分布する。南部のウルク文化期後期からシュメルの初期王朝時代一期（前二九〇〇―前二七五〇年頃）と並行する。

こうしたメソポタミア北部の村落文化は、南部のような都市文明に飛躍するまでにはいたらなかった。南部の勢力の支配下にあったアッシリア地方をふくむメソポタミア北部の発展は、前二〇〇四年頃のウル第三王朝滅亡が契機になる。

三　アッシリアとは

原語アッシュル

アッシリアはギリシア語だから、本書で扱う時代には「アッシリア」とは呼ばれず、アッシュルといった。アッシュルの語源はわからない。原語アッシュルは次のような三つの意味をもつ。そこで、区別するには、楔形文字で表記する際に書かれるが、発音はされない限定詞、「ウル（市／町）」、「キ（土地）」および「ディンギル（神）」のどれかをつけた。

「アッシュル・ウル」と書けば、「アッシュル市」をさす。

「アッシュル・キ」と限定詞をかえると、「アッシュルの地」を意味する。地方名であり、国名になり、この語に現代では「アッシリア」の語をあてている。また、中アッシリア時代（前一五〇〇―前一〇〇〇年頃）以降になると、「マート・アッシュル」、つまり「アッシュルの地」

を意味する語が使われるようになるが、これは領域国家の呼称である。この語もアッシリアと訳す。

「ディンギル・アッシュル」と神を意味する限定詞を前にもってくれば、「アッシュル神」をさす。同神はアッシュル市を神格化した神で、アッシリアの最高神である。

言語による時代区分

アッシリアはメソポタミア地方北部（上部）、つまり現在のイラク共和国の首都バグダード市よりも北にあたる地域である。時代によって、アッシリアはシュメル語でスビル、アッカド語でスバルトゥあるいは「上の国」とも粘土板文書のなかで呼ばれていることがある。

前二〇〇〇年頃から前六〇九年まで、約一四〇〇年もの長きにわたって存続したアッシリア王国の歴史は以下の三期に分けられる。この区分はおもに言語のちがいによる。

古アッシリア時代（前二〇〇〇―前一六〇〇年頃）
中アッシリア時代（前一五〇〇―前一〇〇〇年頃）
新アッシリア時代（前一〇〇〇―前六〇九年）

最後の段階に世界帝国を形成したので、この時期をアッシリア帝国という。

古アッシリア時代より前の、アッカド王朝時代には古アッカド語が使われていた。前二〇〇〇年紀（前二〇〇〇―前一〇〇一年）に入ると、アッカド語のなかに二つの主要な方言が成立し、古バビロニア語および古アッシリア語と呼ばれている。それぞれの言語的特徴やその背景となる社会、文化などはちがいがある。後述することになるが、この二つの流れは前一〇〇〇年紀まで継承されていく。

古バビロニア語で書かれた粘土板文書はメソポタミア南部、つまりシュメル・アッカド地方のみならず、ユーフラテス河中流域のマリ市（現代名テル・ハリリ）やメソポタミア北部にかけて広く出土している。

一方、古アッシリア語で書かれた粘土板文書は、次章で話すことになるアッシュル商人が滞在していたカニシュ市（現代名キュル・テペ）からまとまって出土しているが、現時点ではアッシュル市からはわずかしか出土していない。ただし、将来の発掘で、アッシュル市から出土する可能性はあるだろう。

はじまりはアッシュル市

アッシュル市からアッシリア王国の歴史ははじまった。アッシュル市は現代のモスール市の南方約一一〇キロメートル、ティグリス河西岸の丘の上で、肥沃な平野を見おろすような場所に位置する。二重の城壁に囲まれた狭い都市で、北方の旧市と南方の新市に分かれている。公共建造物は旧市の北端に多い。アッシュル遺跡はユネスコ世界遺産（危機遺産）として、二〇〇三年に登録されている。

アッシリアとバビロニアでは都市の構造がちがっていた。バビロニアでは、宮殿と神殿を分けて配置したが、アッシリアでは宮殿と神殿を分けずに統合し、しかも城壁付近の城砦《じょうさい》（シタデル）地区に配置している。図1—7のように、アッシュル神殿やジックラトなどが建立されていた。ジックラトは最初エンリル神に、のちにアッシュル神に奉献された。約三〇メートルの高さで、アッシュル市の目印（ランド・マーク）であった。また、アッシリアの都市は軍隊のために一定の区域を確保し、広大な庭園や果樹園および公園なども整備した。

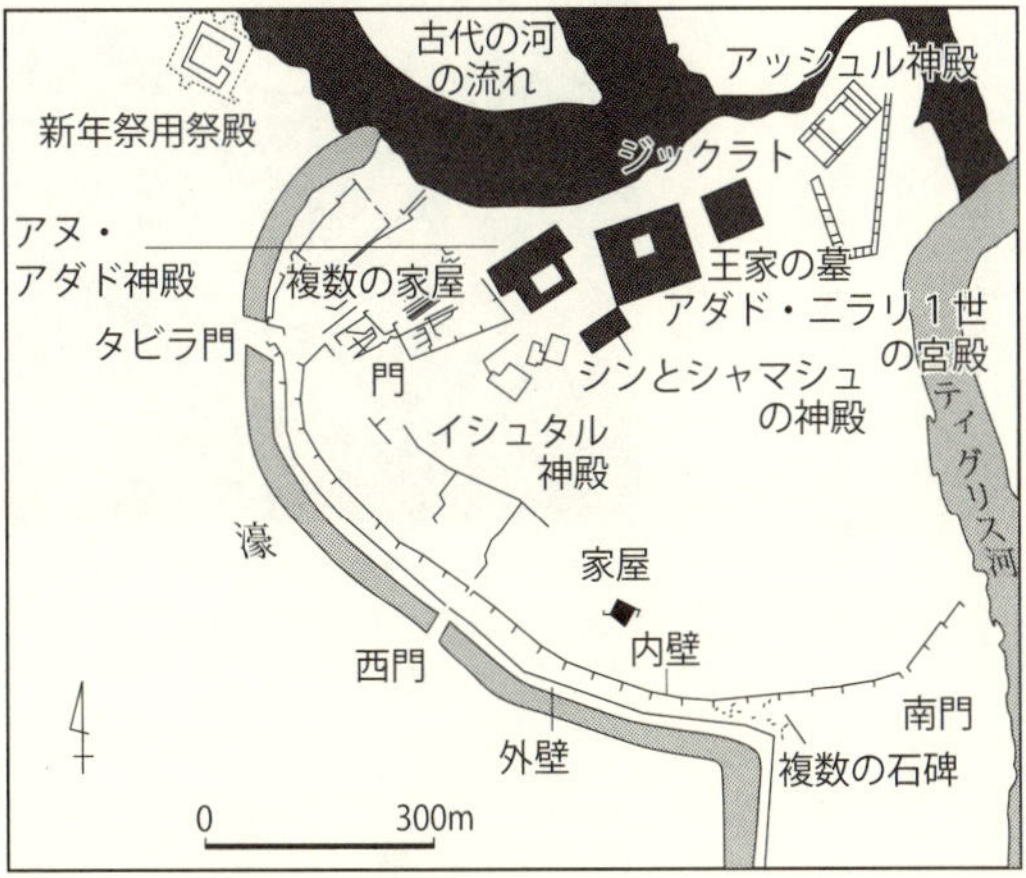

1—7　アッシュル遺跡俯瞰図

前三〇〇〇年紀中頃から、アッシュルは都市国家として発展した。交易都市としても栄え、中アッシリア時代には領域国家アッシリア王国の首都となる。前八八〇年頃にカルフ市へ遷都されるま

1―8　石棺が残る王墓　アッシュル市の王宮の下から５基の王墓が発見されている

で、アッシュルが政治上の中心であった。遷都後もアッシュル市は宗教的に重要な聖なる都市でありつづけ、即位式などの国家儀礼がおこなわれ、王の埋葬場所でもあった。豪華とはいいがたい王墓が発掘されている（図1―8）。

アッシュル市の発掘は前述のように、ドイツ隊が本格的に発掘したことではじまったが、完全に発掘されなかった。一九七八―八六年にイラク考古局が調査と遺跡修復をおこなった。また、ドイツ隊も一九八八―九〇年に発掘をはじめたが、湾岸戦争勃発で中断し、その後再開された。今後の調査、発掘の成果が待たれる。

アッシュル市の神格化がアッシュル神

古アッシリア時代のはじめ、つまり前二〇〇〇年頃のアッシュル神像と特定できる神像は現時点では発見されていないが、アッシュル市のアッシュル神殿の井戸からは豊饒《ほうじょう》を象徴する神像が発見されている（図1―9）。

アッシュル市そのものの神格化がアッシュル神で、「アッシュル市は王なり」といわれた。アッシュル神は一切の権限を握っていると認識されていた。アッシリア王はアッシュル神の大神官で、地上における代理人と考えられていた。それで、本書冒頭の「アッシリア王名一覧表」を見ればわかるが、多くの王がアッシュル神の名をいれた、よく似たまぎらわしい名（即位名）を名乗っていた。いくつかの王名とその意味を以下にあげてみよう。

アッシュル・ウバリト　「アッシュル神は生かしたもう」
アッシュル・ダン　「アッシュル神は裁判官である」
アッシュル・ナツィルパル　「アッシュル神は後継者を守る」
アッシュル・ニラリ　「アッシュル神は我が救い主である」
アッシュル・バニパル　「アッシュル神は息子の創造者」
プズル・アッシュル　「アッシュル神の保護者」

1—9　アッシュル神殿出土神像浮彫　中央の像は下半身が鱗状に刻まれていることから山の神、あるいは手および腰のあたりから芽の出た小枝が出ているので植物神か。上方には芽を食べている一対の山羊。下方には豊饒を象徴する流水の壺をもつ精霊か。アッシュル出土、前2000年紀初期、石灰岩、高さ1.36m、中近東博物館（ベルリン）蔵

1—10　アッシュル神　浮彫の線画。ドゥル・シャルキン北西のマルタイの断崖に彫られた神々の行列の先頭部分で、聖獣ムシュフシュの上に乗るアッシュル神、背後は対偶神のムリッス女神

一一七代を数えるアッシリア王のうち、三一王がこうした「アッシュル神」をいれた王名を採用していて、全体の三割強になる。

いうまでもなく、アッシリア人のみが祀っている神で、バビロニア王が名前にアッシュル神をいれることはありえない。

バビロニアの神々との習合

アッシリアが発展し、バビロニアとの文化的な接触が増加すると、アッシュル神をバビロニアで祀られている主要な神々と習合する傾向が見られるようになる。

前一三〇〇年頃から、アッシュル神と前三〇〇〇年紀のシュメル・アッカドの最高神であるエンリル神を習合している。神々の王としての役割をアッシュルにあてる意図があったようだ。また、土地の神格化であるアッシュルには対偶神（妻）がいなかった。そこで、エンリルの対偶神ニンリル女神をアッシュル神の対偶神にすえ、アッシリアではこの女神をムリッス女神と呼んでいた。

前六〇九年にアッシリア帝国が滅亡した後も、アッシュル神の祭儀そのものはすたれること

1―11　マルドゥク神と聖獣ムシュフシュ　マルドゥク神像の残存数は少なく、この図が使われることが多い。大きなマルドゥク神像の首にかけられていた、実用ではない円筒印章の印影図である。バビロン王マルドゥク・ザキル・シュミ1世(前854―前819年)がマルドゥク神に奉献。ラピスラズリ、中近東博物館(ベルリン)蔵

なく、紀元後三世紀頃までメソポタミア北部に残っていたという。

なお、カッシート王朝時代にバビロニアではエンリル神にかわってマルドゥク神を最高神とする信仰が浸透した。そのマルドゥク神の随獣ムシュフシュをアッシュル神は自らの随獣とし、神であることをあらわす象徴はアヌ神およびエンリル神と同様に、角のある冠によってあらわされた。

南部ではエンリル神からマルドゥク神へと最高神が交代していたのに対して、最高神アッシュルへの信仰が一貫していたことも、アッシリアが長くつづいた理由の一つと考えられている。

ただし、アッシリア人はアッシュル神以外の神々を否定する一神教徒ではなかったので、元来は南部で祀られていたイシュタル女神、ニヌルタ(ニンウルタ)神およびナブ神なども厚く祀っていた。

マルドゥク神についても、一四九頁で話すが、アッシュル神よりも上位にすえることはしないが、全否定ではない。

アッシリア人とは

メソポタミア南部のように支配民族が代わるようなことがなかったことも、アッシリアの一貫性および継続の理由とし

1—12　アッシリアの三角

てあげられている。

「アッシリア人」の呼称は前二〇〇〇年頃以降にすでに使用されている。アッシリア地方に住んでいた人々をさすが、アッシリア人とメソポタミア南部のバビロニア人とはまったく同じではない。

バビロニア人は民族系統不詳のシュメル人と東方セム語族のアッカド人が中核となる。その後西方セム語族のアムル人、民族系統不詳のカッシート人および北西セム語族のアラム人などが融合した。

一方、アッシリア人もさまざまな人々が融合して形成されている。カフカス諸語に属すフリ（フルリ）人が居住していた地域に、シュメル人が植民して交易を営んだのがはじまりになるようだ。その後、アッカド人やアムル人なども入ってきて、アッシリア人が形成された。

アッシリアの領土は不変ではない。縮小あるいは拡大し、住民も不変ではなかったことは後述する。

四　両河の間の肥沃な土地を結んだアッシリア

アッシリアの三角

メソポタミア北部について語るときに、とくに二つの「三角形」の地形が重要視されている。「アッシリアの三角（形）」と「ハブル三角（地帯）」である。

「アッシリアの三角」といわれるアッシリアの中核部分は、クルディスタン地方とティグリス河と小（下）ザブ河に囲まれた地域で、逆三角形を形づくっている。それで、「アッシリアの三角」といわれる。西方は砂漠へとつながる交通の要衝である。ここがアッシリア本土で、やがて領土を拡大して世界帝国へと発展する。

アッシリア王国の首都、アッシュル、カルフ、ドゥル・シャルキン、カル・トゥクルティ・ニヌルタおよびニネヴェは、いずれもこの三角地帯に位置し、しかもドゥル・シャルキン以外の三市はティグリス河畔に発展した。

ハブル三角

「ハブル三角」はトルコ南東部を東西に走るトゥール・アブディン山脈の南方に広がるなだらかな山麓地帯で、こちらも逆三角形の地形である。この地域は古バビロニア時代にイダマラズ

1—13　ハブル三角

と呼ばれていた。この三角地帯から流れ出る多数の流水が集まって形成されるのが、ハブル河である。

ハブル河上流地域は年間二〇〇ミリメートルから四〇〇ミリメートルの降雨量に恵まれ、天水農耕が可能である。一方で、下流域は乾燥地帯で、遊牧民の季節的な放牧地でもあった。現代のイラク北部およびシリア北部にまたがる広大な地域で、（アル・）ジャジーラといわれている。

「アル」はアラビア語の定冠詞で、「ジャジーラ」は「島」や「半島」の意味である。アル・ジャジーラといえば、日本ではペルシア湾岸のカタール国の首都ドーハ市に本拠地を置いた衛星テレビ放送によるニュース専門局の名前として知られている。この放送局名はカタール半島をさしている。メソポタミア北部のジャジーラは多くの河川に囲まれた「島」の意味で使われているようだ。

ジャジーラは多くの遺跡が集中している地域の一つである。つまり、古代から人々がこの地に居住することを選んでいたのである。古来、交通の要衝で、この地域を支配したのがアッシリアであり、第四章で話すミタンニ王国（前一六世紀末―前一四世紀後半）である。また、前述のテロリスト集団「イスラム国」もまたバリフ河畔ラッカ市を首都と勝手に称しこの地域を支配し、さらに東方へ侵攻し、二〇一四年にはイラク第二の都市モスール市を制圧している。

1—14　モスール市北西の丘陵地

豊かな農業国アッシリア

ニネヴェ市からアッシュル市にいたるティグリス河流域とその隣接する平野は肥沃な穀倉地帯であった。アッシリアの軍事的な強さは経済力つまり豊かな農業国であったことに由来する。アッシュル市をふくむメソポタミア北部は年間二〇〇ミリメートル以上の降雨量があり、天水農耕が可能な土地だが、灌漑をほどこせば収穫量はふえるので、王たちは灌漑工事をおこなっている。

ティグリス河の水は通年で枯れることなく流れているが、アッシリアの農業はほとんど春の降雨に依存していた。メソポタミア北部は、シリア北部のユーフラテス河大彎曲部東岸からイラク北部にかけての東西に広がった地域である。図1

－14のように、なだらかな平原と険しい丘陵地の広がるなかに、都市や村落が営まれ、大麦、小麦の畑や果樹園を背景に、牧畜の風景が見られる。こうした景観は古代から現代にいたるまで、あまり変わらないという。

この地においては、「天水農耕都市」が前四〇〇〇年紀から前三〇〇〇年紀にかけて繁栄していたと主張している研究者もいる。また、これ以前にさかのぼること一〇〇〇年も前に、つまり前五〇〇〇年紀末に古代名ナガル市（現代名テル・ブラク）やナバダ市（現代名テル・ベイダル）などに大きな集落が出現している。これら集落は都市と呼べる段階に達していたと考える研究者もいる。ナガルの「眼の神殿」を発掘したのは前述のマロワンである。出土した「眼の偶像」は現在のイスラーム化した西アジアで見られる「眼」の護符につながる可能性もあるという。

このように、アッシリアは豊かな農産物が収穫でき、さらに沖積平野で泥しかないバビロニアにはありえないモスール大理石のような石材に恵まれていた。こうした石材などを利用したのが新アッシリア時代の浮彫彫刻である。

1－15　ナガル遺跡から出土した「眼の偶像」「眼の神殿」から「眼の偶像」が出土。ジェムデト・ナスル期初期、雪花石膏、素焼き粘土、石灰岩、左端上のものが高さ約5cm、大英博物館蔵

歴史の記録として重要であり、美術としての評価も高い浮彫については、第七章および第八章でいくつかの例をあげながら話す。

地の利を得たアッシリア

ティグリス河流域の「アッシリアの三角」にはじまって、「ハブル三角」をも掌握し、拡大していったのがアッシリアである。

アッシリアは農耕に適した土地であったが、同時に、時代を動かすような重要な鉱物資源などを入手するのにも適した位置にあった。つまり、地の利を得ていたのである。最古の有用な資源の一つが黒曜石である。ガラス質で切れ味が良い火山岩で、火山のあるところが産地になる。日本では旧石器時代以来、黒曜石は剝片《はくへん》石器の材料として使用された。北海道大雪山《だいせつざん》系、長野県和田峠《わだとうげ》、神奈川県箱根《はこね》、東京都神津島《こうづしま》などが原産地としてよく知られている。ときには太平洋の荒波を乗り越える危険をおかしてまでも、先人たちが求めてやまなかったのが黒曜石であった。黒曜石は西アジアでも求められた。アッシリアに居住していた先人たちは、前五〇〇〇年頃よりも前から交易活動でアナトリアへ出かけていた。金属が普及する以前には、切れ味の良い刃物をつくれる黒曜石の需要が多かった。そこで、黒曜石の主産地アナトリアへの交易網が発達していった。

前一〇〇〇〇年紀以前のオリエント世界は青銅器時代である。青銅器の原材料になる銅、錫《すず》お

1―16　キリキアの門　アッシュル商人（第２章参照）も通過したという、タウルス山脈の有名な峠

よび鉛の産地は限定される。そこで、貴重な金属を求めて、アッシュル市の商人たちは活発な交易活動をおこなった。このことは次章で話すことになる。

　前一〇〇〇年紀は鉄器時代に入るが、鉄鉱石は銅などに比較してどこにでもあり、とくにアッシリア北方の後代にアルメニアと呼ばれることになる地域は大産地である。

　交通の要衝であることは、一方で敵対勢力に狙《ねら》われやすく、アッシリアの周囲にはさまざまな敵対勢力が存在した。南方バビロニアは本章冒頭で話したので、ほかの三方面について以下で話すとしよう。

五　アッシリアが侵攻した、あるいはされた周辺諸勢力

北方は鉱物資源の豊かなタウルス山脈

　アッシリアの北方は標高三〇〇〇メートルを超える大山脈タウルス山脈地帯である。トルコ南東部においてシリアとの国境付近でゆるく弧を描きながら東西に約一三〇〇キロメートル延びて、東方ではクルディスタンにつながる。クルディスタンはトルコ南東部、シリア北東部、イラク北部およびイラン北西部にまたがるクルド人居住地域である。アナトリアとシリアとの

間には、名にし負う峠「キリキアの門」がある。鉱物資源が豊かな地域で、前一〇〇〇年紀に入るとアッシリア帝国の歴代の王たちが鉄鉱石獲得のために軍事遠征を展開することになる。この地を支配していたのは、カフカス諸語に分類されるフリ人やウラルトゥ人で、アッシリアと長く戦うことになる。

さらに北方の彼方には、中央部の標高が五〇〇〇メートルを超える、オリエント世界の北限カフカス（コーカサス）山脈が横たわる。山脈の手前はザカフカス（外／南カフカス）、彼方の北カフカスはヨーロッパで、遊牧騎馬民族のキンメリアやスキタイがこの山脈を超えて侵攻してきた。

1—17　雪をいただくザグロス山脈

東方は山岳民族が住むザグロス山脈

アッシリア東方は標高四〇〇〇メートルを超える褶曲《しゅうきょく》山脈、ザグロス山脈である。クルディスタンからイランにかけて、イラクとの国境に沿うように、北西から南東方向に約一六〇〇キロメートルも連なる。

山岳民族の侵入に対処する必要があるものの、イラン系のメディア王国やアケメネス朝ペルシア帝国の建国は後代の前一〇〇〇年紀

1―18　ビシュリ山

に入ってのことになる。そのためアッシリアはイラン高原への交易路確保や野生馬捕獲などの遠征はしても、ザグロス山脈を超えての大規模な軍事遠征は決行していない。

つまり、メソポタミア北部は北方と東方に、山越えが困難な大山脈が屹立《きつりつ》している。現在もタウルス山脈はイラクとトルコ、ザグロス山脈はイラクとイランの国境を形成している。

西方は遊牧民が住む砂漠や荒野

アッシリアの本拠地、ティグリス河流域から西方へ向かっていくと、ハブル河とバリフ河を渡って、ユーフラテス河本流を渡ることになる。ユーフラテス河の西方のシリア砂漠北部ビシュリ山のあたりは遊牧民の居住地で、ここからメソポタミア方面へアムル人やアラム人などが侵入してきた。

さらに西方へとシリア砂漠を越えれば、地中海へ出られる。地中海世界の貴重な産物、ガラス細工（口絵②下右参照）や象牙細工（口絵③中、④中参照）をアッシリアはほしかったし、つくれる技術者も必要とした。こうしたアッシリア人の物欲が地中海方面への軍事遠征を繰り返させた理由の一つである。

第二章
アナトリアへおもむいたアッシュル商人
──古アッシリア時代 I

アナトリアの聖家族　子供がいる神々の家族である。父母の間に立つ子と、母の腕のなかには別の子がいる。当時のカニシュにはこうした家族がいたのであろう。カニシュ出土、前18世紀、凍石製鋳型、高さ6.2cm、アナトリア文明博物館蔵

一　エブラ市から出てきたアッシュル市の情報

軍事強国ではなく、商業立国

古アッシリア時代（前二〇〇〇―前一六〇〇年頃）の歴史は、都市国家アッシュル市の歴史である。古アッシリア時代のうち、本章では、シリアやアナトリアから出土したアッシュル市の情報を話す。そして、次章では、アッシリアの基礎づくりをした、一代の英主シャムシ・アダド一世（前一八一三―前一七八一年頃、第三九代）を中心に前一九―前一八世紀のアッシリアの動向を紹介する。

アッシュルは前八八〇年頃にカルフ市に首都が移されるまで、アッシリアの中心都市であった。前述のように、ドイツ隊によるアッシュルの発掘では前二〇〇〇年紀はじめの遺構は完全には発掘されず、アッシュルからは情報が出てこない。むしろ外部からもたらされている。アッシュルは、アナトリアやシリアとメソポタミアを結ぶ遠距離交易活動を優位に展開できた商業国家で、アッシュルと交流があった遠隔地の遺跡発掘からアッシュルの古い歴史の一端がわかるようになった。

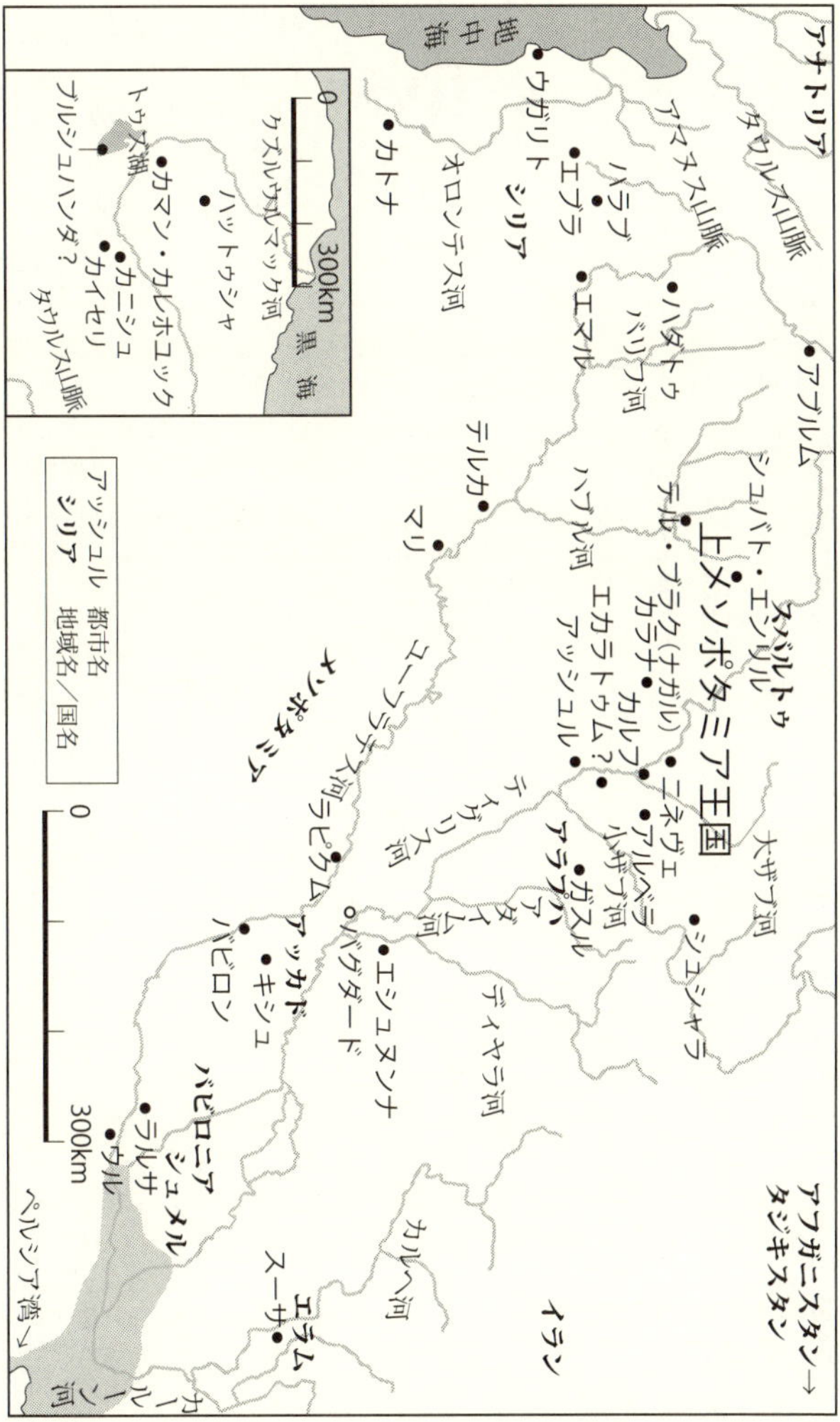
アナトリア
タウルス山脈
アマヌス山脈
地中海
ウガリト
カトナ
オロンテス河
エブラ
ハラブ
シリア
エマル
ハダトゥ
バリフ河
アブルム
テルカ
マリ
ハブル河
シュバト・エンリル
テル・ブラク(ナガル)
上メソポタミア王国
ズバルトゥ
カラナ
エカラトゥム？
アッシュル
カルフ
ニネヴェ
アルベラ
小ザブ河
大ザブ河
シュシャラ
アラプハ
ガスル
ティグリス河
ディヤラ河
ユーフラテス河
メソポタミア
ラピクム
ダイム河
バグダード
エシュヌンナ
アッカド
キシュ
バビロン
バビロニア
ラルサ
ウル
シュメル
カルヘ河
エラム
スーサ
イラン
アフガニスタン
タジキスタン→
カールーン河
ペルシア湾→
アッシュル　都市名
シリア　地域名／国名
0
300km
黒海
ケズルウルマック河
ハットゥシャ
トゥズ湖
カマン・カレホユック
ブルシュハンダ？
カニシュ
カイセリ
タウルス山脈

2―1　第2章、第3章地図

2―2　サルゴン王　戦勝碑断片線画。左下先頭がサルゴン王。顔前に「シャルキン、王」と記され、背後の従者は日傘をさしかけている。アッシリアの日傘は第7章扉図、図7―9下に見られる。スーサ出土、前2334―前2279年頃、閃緑岩、高さ90cm、ルーヴル美術館蔵

前三〇〇〇年紀後半の情報はシリア北部のエブラ市（現代名テル・マルディーク）から、前二〇〇〇年頃についての情報はさらに遠方アナトリア中央部のカニシュ市（現代名キュル・テペ）から、もたらされた。

まず、エブラ出土のアッシュルについての情報から話すとしよう。

アッカド王朝が征服したエブラ王国

エブラの名前はメソポタミア南部のアッカド王朝（前二三三四―前二一五四年頃）初代サルゴン王（前二三三四―前二二七九年頃）の功業を記録した王碑文に記されていた。サルゴン王は「下の海から上の海まで」つまりペルシア湾から地中海までの広大な帝国を形成したと主張していて、武力で切りしたがえた国々のなかにエブラの名もあった。

だが、実際にはサルゴン王の孫、第四代ナラム・シン王（前二二五四―前二二一八年頃）が帝国を形成したと考えられている。ナラム・シンの王碑文には、強くて、なかなか征服できなかったエブラとアルマーヌムを征服したと記されている。アルマーヌムはハラブ市（現代名ハラ

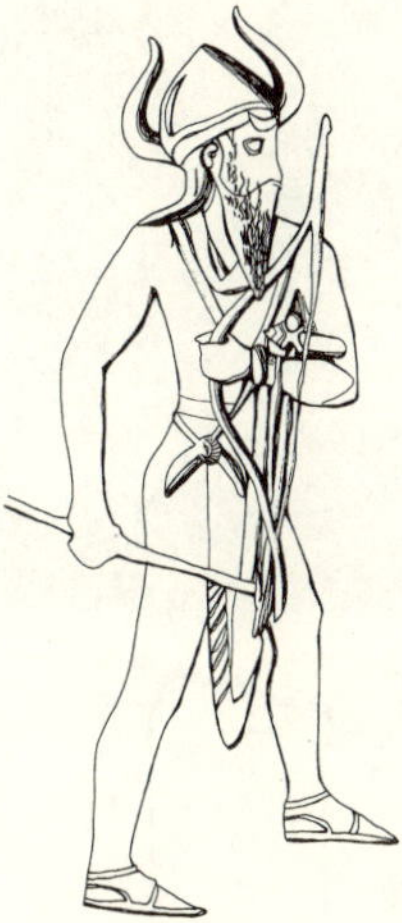

2—3　ナラム・シン王　戦勝碑中心部分線画。ザグロス山脈方面の山岳民征伐におもむいたナラム・シン王。王の頭上は神格化を象徴する角のついた兜、手には弓矢と戦闘斧をもち、山岳地方への遠征なのでサンダルをはいている。スーサ出土、前2254—前2218年頃、赤色砂岩、碑の高さ約2m、ルーヴル美術館蔵

ブ／アレッポ）ともいわれている。

エブラは「杉の山」といわれたアマヌス山脈への出入り口にあたり、上の海つまり地中海とメソポタミアを結ぶ重要な交易路を支配していた。なんとしても征服したかったナラム・シンは神々の加護を得て、エブラに壊滅的打撃を与えることに成功したというのである。このように、エブラの名前はシュメル・アッカドつまりメソポタミア南部の王たちの王碑文に多く見られ、エブラの発見が待たれていた。

エブラ市の発見と文書庫

アレッポ市から南西約六五キロメートルに、五六ヘクタールの大きな台形をしたテル・マルディーク遺跡がある。ここがエブラと同定されるには二〇年もの時間がかかり、前三〇〇〇年紀後半の文書庫から約二五〇〇枚の粘土板文書が出土したことが決め手となった。

火災によって王宮は破壊されたが、火災のおかげで粘土板が焼成されて保存の効く状態で埋もれていた。粘土板文書の内容は行政経済文書つまり各種の会計簿が大部分であった。記されていたエブラ語はアッカド

2―4　（上）エブラ王宮文書庫
アッカドの攻撃で王宮文書庫は焼け落ち、そのまま埋もれていた粘土板の大部分が行政経済文書である。
（下）エブラ文書庫復元想像図

語と同様にセム語に属す。

「エブラ文書」の出現により、メソポタミア最南部でシュメル人の都市国家が栄えていた頃に、バビロニア北部ではキシュ（現代名ウハイミル）、アッカド、さらに北方のエブラそしてマリのような、セム語族が多数住む諸都市が発達し、セム語文化圏が存在していたことがあきらかになった。

「エブラ文書」に見えるアッシュル市

エブラはその繁栄期にアッカドの王たちと敵対し、また近隣のマリとも戦っている。マリはユーフラテス河中流の要衝の地で、エブラの人々がシュメル・アッカド地方へいくにはマリ領を通過する必要があった。

マリよりもユーフラテス河の上流に位置するエマル市（現代名メスケネ）は、イランからメソポタミア北部を越えて、シリアに入ってくる隊商路上に位置していた。エマルとエブラとの関係は良好で、エマルにはエブラの交易センターがあったようだ。一時エマルはマリに支配されたが、エブラの軍事行動によってこの地域での微妙な勢力均衡を元にもどすことに成功し、独立と自治を回復している。

エブラの対外関係で注目すべきは、ティグリス河流域のアッシュル市とは同盟関係にあり、条約まで結んでいたことである。この条約締結によって、マリとアッシュルの親密な関係を分断することにエブラは成功した。

「エブラ・アッシュル通商条約」

エブラ語で書かれたこの条約が文書庫から発見されている。条約は「序文」「条文」「呪詛」の三つに分かれる。「条文」は解疑法形式、つまり「もし……ならば」と条件節があって、「……すべし」と帰結節がつづく形式で書かれている。

条文は二一条にもなり、その内容はアッシュル、エブラ両方の市民たちの二重課税の回避、アッシュルの使者たちの活動に対する規則、物品を失った際の罰則、エブラに払われるべき毎年の税、エブラに奴隷として売られたアッシュル市民の解放、損傷を受けた物品に対する罰則、物品についての商人の所有権などである。より詳しいいくつかの例をあげてみる。

第一三条にはエブラ人とアッシリア人が争って、死にいたらしめた場合、つまり傷害致死罪は、罰則として羊五〇頭を与えることが記されている。『ハンムラビ法典』に見られる同害復《どうがいふく》讐《しゅう》刑《けい》、つまり「やられたら、やりかえせ」は採用されていない。

第一五条ではエブラとアッシュルとの間での購入奴隷の解放を扱っていて、これも羊五〇頭を補償として与えることで解放されると明記されている。『ハンムラビ法典』などでは、賠償は銀を量って支払う規定になっているが、この条約では羊での支払いになっている。エブラ経済の中心は大規模な羊の飼育と毛織物業で、羊毛製品を輸出していたからである。

さて、「エブラ文書」では、カニシュ市についても記されていて、同地へはアッシュルから商人たちがおもむいていた。彼らは公的ではなく、私的な活動をする商人たちであった。

以下で、この商人たちの活動について話すとしよう。

二　「キュル・テペ文書」が伝えるアッシュル商人

アッシュル商人たちがおもむいたカニシュ市

アナトリアは現在のトルコ共和国のアジア側である。トルコは日本人に人気がある海外観光旅行先だが、訪問先はエーゲ海に面したギリシア植民都市遺跡などに集中している。アナトリア中央部のカッパドキア地方へ足をのばすとしても、きのこ型の奇岩を見物することが主目的で、ここから現代のカイセリ市北東二二キロメートルにあたるキュル・テペ遺跡までさらにいく観光客は少ない。

キュル・テペは古代名をカニシュ、別名ネシャといい、水に恵まれた肥沃な平野の中心で、さまざまな土地につうじる街道の交差点になる。タウルス山脈にも近く、この山脈を越えれば、そこはシリアで、さらにメソポタミアやエジプトへも足をのばすことができる。

キュル・テペ遺跡は高い丘の上の王宮と、丘の下の北東に設置されたアッシュル商人たちの居留地カールムからなっている。前一九世紀頃のカニシュは一七〇から二三〇ヘクタールの間ぐらいの大きな遺跡である。当時二万五〇〇〇から三万人ぐらいの人が住んでいたと推測されている。そして、このなかにアッシュル人が三〇〇〇人ぐらいいて、九ヘクタールぐらいの大きさのカールムに滞在していたようだ。

粘土板文書が出土したカールム第二層

カールムとは「波止場」「商人居留区」「商人共同体」などを意味するアッカド語である。カールムの内部からは整備された家屋と舗装された街路が発掘された。ここにアッシュル商人た

2―5 （上）カニシュ遺跡 写真中央、丘の上で現地の王宮、下方にアッシュル商人のカールムが発掘された。**（中）カールム復元想像図** ろばに積荷を背負わせた、アッシュル商人が到着した場面。粘土板に記録をつけている男は先端が丸くなった靴をはいている。下図の土器を参照。**（下）カールム出土靴形の土器** カニシュ第２層出土、粘土、高さ9.8cm、幅7.3cm、アナトリア文明博物館蔵

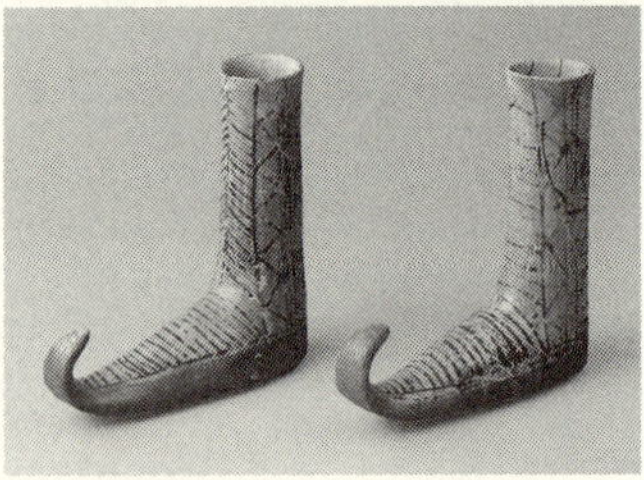

ちは滞在していた。住居からの出土品では、図2―5下のような先端が反り返った形の靴や動物の姿の形象土器が面白く、円筒印章も出土している。

カールムは四層からなり、一番下の第四層時代にカールム建設ははじまったが、第四層と次の第三層からはまだ粘土板文書が出土していない。

第二層（前一九一〇―前一八三〇年頃）のカールムの文書庫から、はじめて粘土板文書が出土し、その数は二万枚以上にもなっている。第二層からはアッシリアのエリ

シュム一世（前一九七〇―前一九三〇年頃、第三三代）の王碑文が出土しているので、この時期にアッシュルを支配していたのは同王からプズル・アッシュル二世（治世年不詳、第三六代）と考えられている。

エリシュム一世の父イル・シュマ王（前二〇世紀初期、第三二代）は「私はアッカド人とその子供たちの自由を確立した。私は彼らの銅を製錬した」などと王碑文に記している。この文章の解釈は諸説あるも、現時点ではメソポタミア南部からの銅などの主要交易品の免税を意味し、免税品を拡大することで、アッシュル市を交易中継地として発展させようと考えていたようだ。こうした父王の政策をエリシュムは継承し、交易を奨励していた。

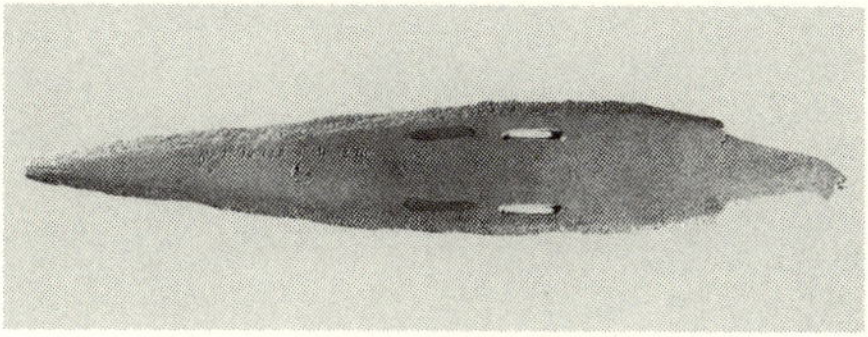

2―6　アニッタ王の槍の穂先　カニシュ出土、前18世紀、青銅、長さ29cm、アナトリア文明博物館蔵

また、第二層からはさまざまな図柄の円筒印章印影も出土している。印章の実物もわずかに出土していて、小ぶりで、印材には赤鉄鉱が多く使われている。

第二層の終わり頃の層に火災の跡が見つかった。その後に約二〇年の空白期間があって、第一層b（前一八一〇―前一七四〇年頃）がつづく。この層からも約五六〇〇枚の文書が出土した。この頃のアッシュル市は次章で話すシャムシ・アダド一世の治世にあたる。

前一七四〇年頃に再度火災があって、破壊されたカールム第一層bからは「王宮、アニッタの、王の」と刻まれた青銅製槍《やり》の穂先が発見されている。
なお、近年第二層は前一九四五―前一八三五年頃、第一層bは前一八三二―前一七〇〇年頃とする説も出されている。

古アッシリア語で書かれた「キュル・テペ文書」

キュル・テペ遺跡出土の粘土板文書は、発見された地方名にちなんで「カッパドキア文書」と命名されたが、現在では遺跡名から「キュル・テペ文書」と呼ばれている。一八八〇年頃にヨーロッパの市場に粘土板が出まわった。当初出土地は不明だったが、キュル・テペとわかり、ようやく一九二五年にキュル・テペの発掘がはじまり、約一〇〇〇枚の粘土板文書が発見された。

「キュル・テペ文書」の出土には、いくつかの重要な意味がある。

一つ目は、アナトリアから出土したが、アッカド語の方言、古アッシリア語で文書が記されていたことである。これらの文書を記したのはアッシュル商人であった。前述のように、アッシュル市の発掘が進んでいないこともあって、古アッシリア時代の歴史を復元するための貴重な史料になる。

二つ目は、アナトリアの歴史についても語られていることである。つまり、「キュル・テペ文書」の出土をもってアナトリアは歴史時代に入る。また、後から話すことになるが、この文書からヒッタイト人が出現していたことも推測できるのである。

三つ目が、文書の内容は私的な活動をする商人たちの取引の記録や手紙などであることで、古代オリエント世界全体での交易活動を知るうえでの貴重な情報を提供してくれる。

アナトリアへ単身赴任する商人たちが、アッシュルに残してきた家族たちとの間で交わした手紙には、古代オリエント史ではあまり例のない、市民たちについての情報が提供されている。

タラーム・クービの手紙

こうした手紙のなかに、アッシュルで留守を守る女性たちから単身赴任した男性にあてた手紙が少なからず出土している。たとえば、次のような手紙がある。


イムディ・イルムにいってください。

タラーム・クービとシーマト・アッシュルはこのように（いいます）。

クタラーヌムがあなたに織物六包を前の輸送でもっていきました。あなたは私に銀一マナ、一〇シェケルを送りました。ですが、あなたは離れて以来、あなたは私にほかの品物を送りません。私でない誰にあなたは織物六包に（わずか）一マナ、一〇シェケルを送るのでしょうか。

（今度）クタラーヌムはクターヌム織物六包をもっていきます。もしあなたが私の兄弟な

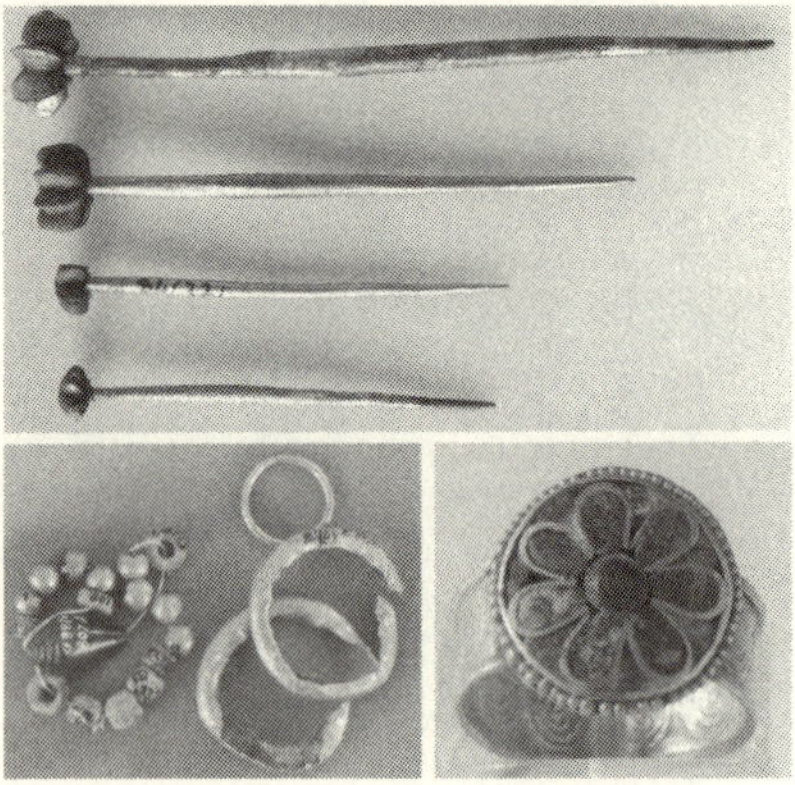

2―7　カニシュ出土の女性用装身具　（上）衣服のとめピン　カイセリ博物館蔵、**（下左）装身具？**　カイセリ博物館蔵、**（下右）ラピスラズリの指輪**　アンカラ博物館蔵

らば、あなたは私に（織物一包）につき三分の一マナよりも少額を送るべきではありません。

（略）

一マナ＝約五〇〇グラム、一シェケル＝約八・三グラム

原文には織物の助数詞が記されていないが、織物は風呂敷のような布で包んで、ろばの背にくくりつけて運んだともいわれているので、「包」の語を暫定的に補った。手紙に書かれている、織物を運んだクタラーヌムは商人仲間かあるいは従業員である。

受取人はカニシュに滞在しているアッシュル商人イムディ・イルムである。

差出人は二人の女性タラーム・クービとシーマト・アッシュルで、アッシュルにいる。タラーム・クービはイムディ・イルムの姉妹で、シーマト・アッシュルはイムディ・イルムの妻である。二人連名だが、実際にはタラーム・クービが兄弟に織物の価格が安すぎると苦情を訴えているのが、この手紙である。

2―8　カニシュ出土の女性名のある円筒印章印影図　（左）エンナナトゥム、プズル・シャダの娘、（右）ルバートゥム、アムル・イリの娘

タラーム・クービの夫も有力商人で、カニシュに単身赴任している。息子たちも成人後は商業活動に従事する。タラーム・クービはアッシュルで家計を管理し、夫のかわりに同業者や市議会と折衝した。重要な商品の一つである織物生産を取り仕切っていたのもタラーム・クービで、晩年になると、夫に帰国を促す手紙を送っている。

ところで、当初男性だけの単身赴任であったが、やがて女性たちも夫とともにやってきて、家族で生活をした商人もいた（本章扉図参照）。カニシュで誕生した子もいたし、なかには同地で結婚した娘もいた。女性がいたことを証明するような女性用の装身具が発見されているし（図2―7）、粘土板には女性や子供がいることを前提とする職業、つまり乳母や助産婦などのことばも見つかっている。

アッシュル市からカニシュ市への旅路

アッシュルからカニシュへの距離については、約一二〇〇キロメートル、約一〇〇〇キロメートル、あるいは約八〇〇キロメートルと、諸説ある。

困難な道のりで、冬季ともなれば雪の峠越えもあって、「寒さに私たちは悩み、隊商は飢えに苦しんだ」との、商人の苦労話が伝えられている。

安全に通行できるように整備された一定の交易路を、ろばの隊商が通行税を払いながら旅をした。荷車は渡河や峠越えには向かないので、使われなかったという。

多いときは一七頭ものろばが合計で錫六五〇キログラムや毛織物三〇〇包を積んでいたようだ。積荷は封印され、目的地に着くと厳格な点検がおこなわれた。

アッシュルからカニシュへの旅路については、約三ヵ月かかったとの説がある。

一方で、次のような旅程も提唱されている。まずアッシュルから北上し、シュバト・エンリル市（現代名テル・レイラン）へ向かう。この間が約二五〇キロメートルになる。ここから西方へ向かってユーフラテス河上流のアブルム市に着く。この間も約二五〇キロメートルになる。ここからの残りは長く、ユーフラテス河を渡り、困難な山越えがあり、カニシュにいたる。この間が約三〇〇キロメートルになる。

合計、約八〇〇キロメートルで、一日に二五キロメートル進むとして、約五〇日、つまり二ヵ月弱かかる計算になるという。

カニシュの王とアッシュル商人

商人はアッシュル市から運び出す物資について税を払い、カニシュに到着すると同じ物資についてここでもまた税を払った。税として、カニシュの王に織物の五パーセント、錫の三パーセントを支払ったという。

丘の上の宮殿に住んでいる王は、ヒッタイト人がアナトリアに進出してくる以前の原住民ハッティ人と推測されている。商人がカニシュに滞在するには王の許可が必要だった。

王は商人に領土内に滞在する権利を与え、カールムの特別な地位を保証し、支配領内で交通の安全を図ってやる。一方で王はカールムの営業活動にかかわり、織物の一割を買い占める権利などがあり、アッシュル商人の仲介で遠方の貴重品を入手できるなど、アッシュル商人たちを受けいれることで、かなりのうまみがあった。

2―9　ハットゥシャ遺跡

カールムの役割

カールムはアッシュル商人たちの交易活動の拠点であった。カニシュのほかに、ブルシュハンダ（現代のアジェムホユックか）、ハットゥシャ（現代名ボアズキョイ、正式名ボアズカレ）など、アナトリアやシリア北部の主要都市に設置されていた。

日本隊（中近東文化センター）が長く発掘しているトルコのカマン・カレホユック遺跡（古代名不明）にもカールムがあったようだ。二〇〇一年に、前一八世紀頃の粘土板が発見された。古アッシリア語で、小麦や大麦、銀などを送ったことを書いた取引メモのようである。

ビート・カールムはアッカド語で「カールムの家」を意味し、どこのカールムでもその経済活動の中心であった。カールムの活動は多岐にわたっていた。輸出入を管理し、税を徴収し、その一部を地方領主に納め、また裁判権を行使した。銀行の機能もあって、商人に銀を前貸しすることもあった。

こうした活動をする各地のカールムを束ねていたのが、カニシュのカールムである。アッシュル市を母市とするアナトリア交易網の中心として機能し、カニシュからアナトリア各地へ商品が運ばれていた。アッシュル市の決議はカニシュをとおして地方のカールムに伝達され、逆に地方のカールムがカニシュのカールムに意見を求める場合もあった。

商人たちはアッシュル市に税を納めたが、この税は同市の大きな収入源であった。アッシュルは穀物と毛織物を多少生産できるくらいで、中継貿易こそが経済活動の中心だった。

高価なバビロニア産織物

商品のなかでも重要なのは、織物と錫であった。

商人たちは、アッシュルから織物や錫をアナトリアまで運搬し、販売していた。アナトリアからは黄金や銀などがアッシュルへ運ばれていた。

アッシュル産の織物は前述のタラーム・クービのような商人の妻が女性たちを使い、管理し、織られていた。

　また、上等な毛織物の原産地はアッカドつまりバビロニアで、バビロニアからアッシュルに運ばれていた。バビロニアの織物はシュメル人が活躍していた前三〇〇〇年紀からの伝統と技術があって、上等な品物と考えられていた。アナトリアにも羊の群れは多いが、バビロニアで織られるような上等な織物はなかったらしい。五マナ（約二・五キログラム）の織物一包は銀で五ないし六シェケル（約四一・五ないし四九・八グラム）になった。

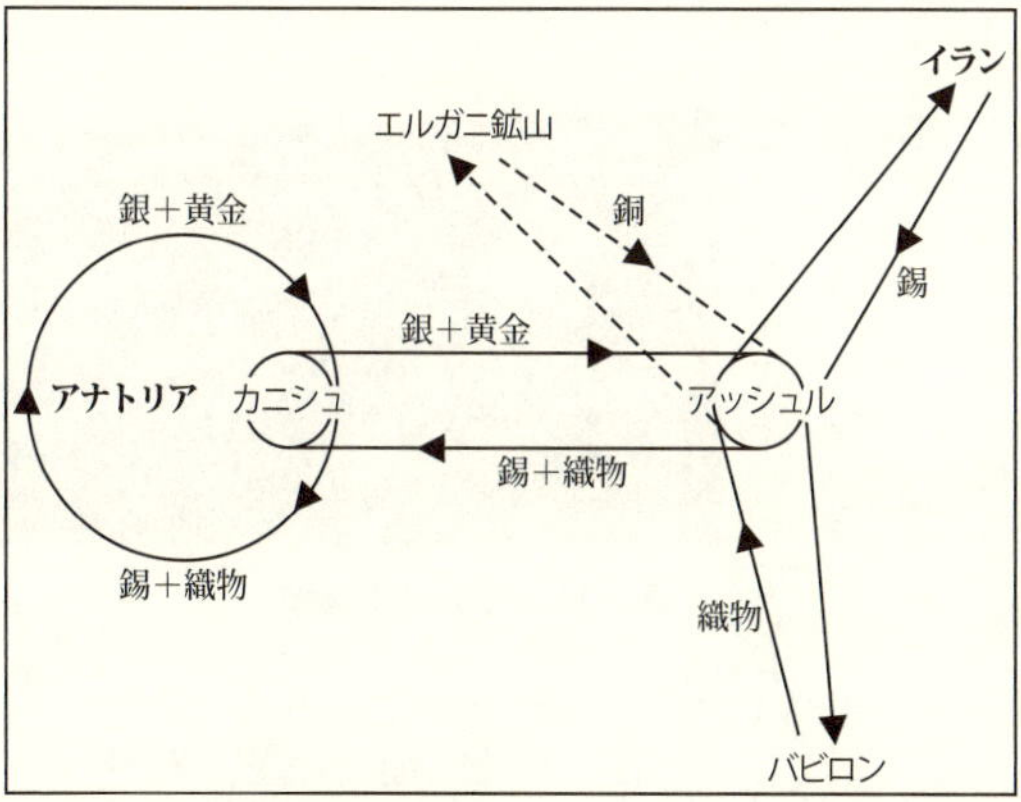

2―10　交易関係見取り図

遠方から搬送された錫

　織物のほかに、重要な商品は錫であった。錫は銅と合金にして青銅をつくるほかに、はんだとしても使われる。原鉱は錫石として自然界に存在するが、西アジアではめったになく、高価であった。

　近年の研究では原産地はアフガニスタン・イスラーム共和国北部やタジキスタン共和国の山岳地ともいわれている。同地から、イラン高原を横断し、シュシャラ（現代名シェムシャラ）、エシュヌンナ（現代名テル・アスマル）およびエラムを経て、アッシュルに運ばれていた。アッシュル商人によってアナトリアに輸出された錫は地元産の銀と交換すると、一マナ（約五〇〇グラム）の錫は銀四シェケル（約三三・二グラム）であった。

前一九―前一八世紀の「マリ文書」では錫は銀の一〇分の一の価値で、マリからさらに地中海岸の町ウガリト市（現代名ラス・シャムラ）などに運ばれていった。

2―11　ウガリト遺跡

商人がアナトリアとの交易で得た利潤は関税や諸種の手数料を支払っても、かなりの額になったようだ。ところが、もっと儲《もう》けたいと思う欲深い人たちもいて、密貿易で関税を免れようと画策していたことが、出土した手紙からわかっている。この手紙のなかに、禁輸品「アシュイウム」が記されている。貴重な金属を意味し、「アムートゥム」つまり鉄と同義と推測されるが、鉄だとしても人工の鉄ではなく、隕鉄《いんてつ》との解釈もある。

ヒッタイト王国の歴史はじまる

前述のように、前一七四〇年頃の地層からも火災があったことがわかり、カニシュのカール

2―12　ヒッタイト戦士の像　武装したヒッタイト王あるいは戦士をあらわす。ハットゥシャ遺跡、王の門の浮彫、前14―前13世紀、石灰岩、アナトリア文明博物館蔵

ムでのアッシュル商人たちの交易活動はおしまいになった。

アナトリア情勢が変化したのである。「キュル・テペ文書」のなかに、インド・ヨーロッパ語と思える名前がわずかにあり、ヒッタイト語の単語らしきものもある。つまり、前一九―前一八世紀頃のカニシュにヒッタイト人が出現していたことを意味している。

「ヒッタイト語」をヒッタイト人自身は「ネシャ語」と呼んでいた。ネシャとはカニシュのことで、カニシュはヒッタイト人がアナトリアへ進出した際の重要な拠点と考えられる。

アッシュル商人たちがカニシュへやってきていた前一八世紀頃に、アナトリアの都市クシャラ（所在地不明）のピトハナ王が同地を攻略した。

さらに、ピトハナの子アニッタ王はカニシュの王として、同地を拠点としてアナトリア中央部、黒海方面の有力な都市ブルシュハンダ、ハットゥシャなどを次々に支配し、覇権を確立した（図2―12）。

アニッタ王の名前は「キュル・テペ文書」にも見られ、六七頁で紹介したようにキュル・テペから王の銘文入りの槍の穂先が発見されている。

アナトリア中央部に建国したヒッタイト王国（前一七―前一二世紀初期）がアッシリアと本格的に交流するようになるのは、前一四世紀になってからである。両国の交流は第四章で話すことになる。

第三章
シャムシ・アダド一世無双
——古アッシリア時代Ⅱ

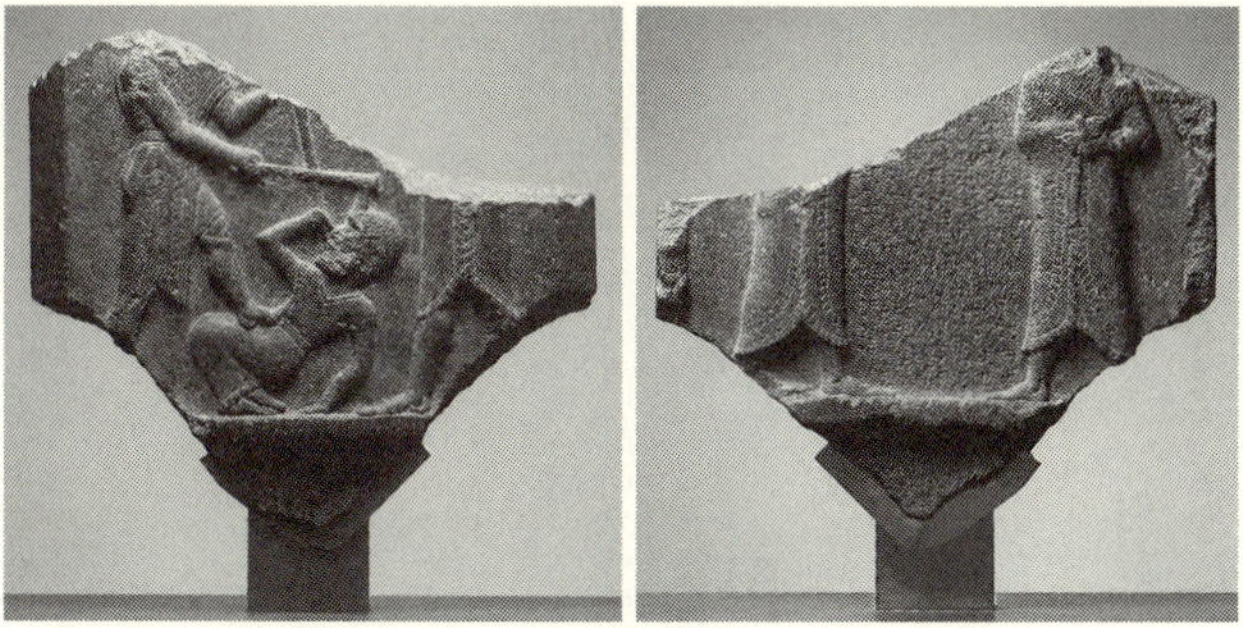

シャムシ・アダド１世戦勝碑断片表裏　表面（左）は頭部が欠損しているが、シャムシ・アダド１世がアダド神をまね、戦斧で敵を打ちすえている場面。かがみ込んだ敗者はアルベラ（258頁参照）の王か。裏面の２人の人物のうち、手を縛られた人物は長い着衣から、敵方の王であろう。購入品（スーサ出土か）、前1813—前1776年頃、閃緑岩、高さ49cm、幅55cm、ルーヴル美術館蔵

一　シュメル・アッカドの属国だったアッシュル市

ニネヴェ市出土「アッカド王頭部像」

アッシュル市の歴史のはじまりについてはまだわからないことが多い。古い時代については、イシュタル女神神殿区域での発掘だけが唯一の情報源で、前二五〇〇年頃が最下層になる。シュメル・アッカド地方つまりメソポタミア南部の初期王朝時代に、シュメル人がアッシュル市に植民したともいう。アッシュル市のイシュタル女神神殿から複数の祈願者像（礼拝者像）が出土している。祈願者像とは、神殿に安置された神像のかたわらに置いた王などの像で、シュメル人の宗教文化である。奉献した人間の代わりに神に祈ることなどが意図されていた。こうした像が出土していることから、シュメル文化がアッシュルにおよんでいたことがわかる。

アッカド王朝時代になると、興味深い遺物などがアッシュル市やニネヴェ市から出土している。その一つが、「アッカド王頭部像」である（図3―2）。一九七四年に、東京国立博物館・東洋館で開催された「ティグリス・ユーフラテス文明展　バグダッド博物館の秘宝展」で、「貴人像頭部」つまり「アッカド王頭部像」が展示された。この頭部像はアッカド王朝初代サルゴン王あるいは孫で第四代ナラム・シン王の肖像ともいわれている。銅あるいは青銅の鋳物で、メソポタミア美術の最高傑作と評価されることもある。アッカド市が未発見なので、遺物が少ないアッカド王朝について語る際には、しばしば挿図として引用されている。

この頭部像は一九三〇年頃、ニネヴェ遺跡のクユンジュクの丘の神殿のなかで、イギリスのアッシリア学者キャンベル・トンプソン（一八七六—一九四一年）指揮の発掘時に発見された。これとともに、本章で話すシャムシ・アダド一世の所有物と見られる金属製品もいくつか

3—1　（上左）髭のある男性立像　胸の前で手を組み、腰にはカウナケスという腰布を巻いた姿。アッシュル出土、前2400年頃、白い石、高さ46cm、中近東博物館（ベルリン）蔵。**（上右）ターバンを巻いた女性立像**　アッシュル出土、前2400年頃、白い石、高さ43cm、中近東博物館（ベルリン）蔵。**（下）イシュタル女神神殿想像図**　上２点は同神殿から出土した祈願者像

3—2　アッカド王頭部像
ニネヴェ出土、前3000年紀後半、銅あるいは青銅、高さ約36cm、イラク国立博物館（バグダード）蔵

発見された。

シュメル・アッカド地方では、アッカド王朝のサルゴン王はメソポタミアを統一した最初の王として、高く評価され、長く後代にまで伝えられている。バビロニアに滞在したことのあるシャムシ・アダドが、サルゴン王の名声について知らないはずはなかっただろう。

アッカド王朝の首都アッカド市は前三〇〇〇年紀末には廃墟《はいきょ》になっていたようだが、シャムシ・アダド一世が訪れていて、ここから手紙を出していた。現時点でわかる、シャムシ・アダドとサルゴンの接点はここまでである。前七世紀には、アッカド王頭部像はニネヴェの建造物で展示されていたが、いつ、どのようにもたらされたかは不明である。

アッカド王朝およびウル第三王朝支配下のアッシュル市

アッカド王朝はメソポタミア最初の統一国家である。武力によって広い版図を切りしたがえ、しかも他民族を支配したことから「アッカド帝国」といわれることもある。

アッシュル市がアッカド王朝およびウル第三王朝の支配を受けていたことや、南部の王朝に

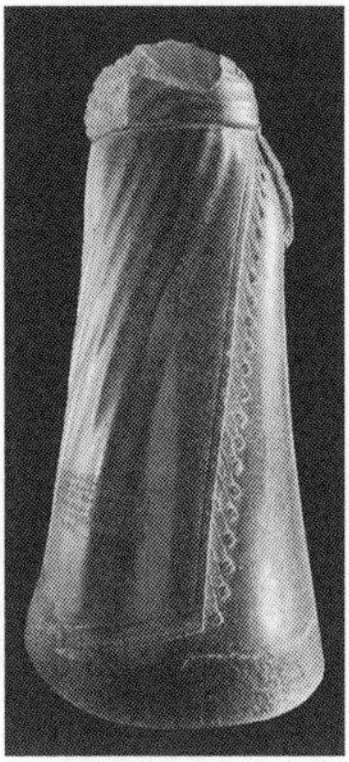

3—3　マニシュトゥシュ王立像　上半身は欠損し、下半身だけが残っている。スーサ出土、前2269—前2255年頃、閃緑岩、高さ94cm、ルーヴル美術館蔵

仕える代官の名前などが、イシュタル女神神殿の発掘で出土した遺物からわかった。以下に紹介する。

一つ目はイティティが奉献した石製額である。「イティティ、支配者、イニン・ラバの息子が（この額を）ガスルの戦利品のなかからイシュタル女神に奉献した」と、記されていた。この碑文によればアッシュル市は後にヌジと呼ばれるようになるガスル市と戦い、戦利品を獲得した。イティティが支配していた頃のアッシュル市が、アッカド王朝に従属していたか、あるいは独立していたかは不明である。

二つ目は銅製槍の穂先で、碑文が刻まれていた。アッカド王朝第三代のマニシュトゥシュ王（前二二六九—前二二五五年頃）の名前が記され、アッシュル市を支配していたアズズが、「彼（マニシュトゥシュ）の下僕」を称していることから、前二三世紀中頃のアッシュル市はアッカド王朝の属国であったと考えられる。

三つ目は、ザリクムが奉献した石灰岩の石板である。ウル第三王朝第三代アマル・シン王（前二〇四六—前二〇三八年頃）の「生命のために」奉献され、ザリクムは「下僕」を称している。「彼の女主人、ベーラト・エカリム女神の神殿、強き者、ウル市の王、四方世界の王、アマル・シン神の生命のために、ザリクム、アッシュルの将軍、彼の下僕が彼（自身）の生命のために建てた」と、記されていた。なお、「アマル・シン神」の表記は存命中の王が神格化されていることを意味する。王の神格化はアッシリアではありえない考え方である。

アッカド王朝につづいて、前二一世紀中頃のアッシュルはウル第三王朝の属国となっていた。この碑文では、「アッシュル」に神を示す限定詞ディンギルと土地を示す限定詞キの両方がついていて、アッシュル市がすでに神格化されていたことをあらわしている。

前二〇〇四年頃、内部崩壊が進んでいたウル第三王朝は、エラム王国（前四〇〇〇年紀末—前六四〇年）の攻撃で滅亡する。この出来事よりも少し前に、アッシュルはウルから独立していたと考えられている。

二　情報操作された『アッシリア王名表』

『アッシリア王名表』とは

『アッシリア王名表』は現在までに四つの写本がある。初代から第一〇九代シャルマネセル五世（前七二六—前七二二年）までの王名と治世順などが記されている。第三〇代以降の古アッシリア時代の王や、第六七代以降の王についてはかなり正確である。一方、それ以外の王の治世については確実とはいいがたく、しかも人為的な操作がおこなわれたと考えられている。

日本では、『皇統譜』によれば、昭和天皇（在位一九二六—八九年）が第一二四代に数えられているが、実在を疑われる天皇もいることなどから、代数は正確には不明になる。『アッシリア王名表』もまた、そのすべての王が実在したとはいえないのである。

一一七代もの王を数えられる国は、古代オリエント世界ではアッシリア以外にない。古代エジプト史では合計して二〇〇人以上の王名が伝えられているが、一つの王朝ではなく、三一もの王朝に分けられている。

『アッシリア王名表』には初代、第二代などの序数詞は書かれていない。王名やその父親名および治世年数などが羅列されているだけで、わかりにくい。そこで、序数詞を現代の研究者がつけ加えた。また、アッシリア王は第一〇九代で終わりではない。実在した第一一七までの王名を追加し、治世年数がいつ頃かわかれば、その年代を西暦でいれて、治世順がわかるようにすっきり表記したのが、本書冒頭の「アッシリア王名一覧表」である。

3―4 『アッシリア王名表』 前738年に記された写本。ドゥル・シャルキン出土、粘土板、高さ18cm、幅13cm

『アッシリア王名表』初代から第四一代まで

人為的操作をしたのが、第三九代のシャムシ・アダド一世で、『アッシリア王名表』の最初の編者と考えられている。しかしシャムシ・アダドが王の名前を列挙した

3—5『アッシリア王名表』初代～第四一代

1 トゥディヤ
2 アダム
3 ヤンキ
4 サフラム
5 ハルハル
6 マンダル
7 イムツ
8 ハルツ
9 ディダヌ
10 ハヌ
11 ズアブ
12 ヌアブ
13 アバズ
14 ベル
15 アザラフ
16 ウシュピヤ
17 アピヤシャル

合計：天幕に住んだ17王

26 アミヌ　イラ・カブカビの息子
25 イラ・カブカビ　ヤズクル・イルの息子
24 ヤズクル・イル　ヤクメニの息子
23 ヤクメニ　ヤクメシの息子
22 ヤクメシ　イル・メルの息子
21 イル・メル　ハヤヌの息子
20 ハヤヌ　サマヌの息子
19 サマヌ　ハレの息子
18 ハレ　アピヤシャルの息子
17 アピヤシャル　ウシュピヤの息子

合計：祖先にあたる10王

27 スリリ　アミヌの息子
28 キッキヤ
29 アキヤ
30 プズル・アッシュル（1世）
31 シャリム・アフム
32 イル・シュマ

合計：煉瓦に名前をあげられた6王、そのリンム職（九〇頁参照）の名は知られていない。

33エリシュム（1世）　イル・シュマの息子、40年統治した。

34イクヌム　エリシュムの息子、［……］年統治した。

35サルゴン（1世）　イクヌムの息子、［……］年統治した。

36プズル・アッシュル（2世）　サルゴンの息子、［……］年統治した。

37ナラム・シン　プズル・アッシュルの息子、［……］年統治した。

38エリシュム（2世）　ナラム・シンの息子、［……］年統治した。

39シャムシ・アダド（1世）

イラ・カブカビの息子。ナラム・シンの治世に、カルドゥニアシュ（バビロニア）へいった。イブニ・アダドがリンム職のときに、シャムシ・アダドはカルドゥニアシュから上って来た。彼はエカラトゥムを占領し、そこに3年滞在した。

アタマル・イシュタルがリンム職のときに、シャムシ・アダドはエカラトゥムから上って来た。彼はナラム・シンの息子エリシュムを玉座から追放し、奪った。

彼は33年間統治した。

40イシュメ・ダガン（1世）　シャムシ・アダドの息子、40年間統治した。

41アッシュル・ドゥグル　誰の息子でもないもの、玉座への称号をもたないもの、6年間統治した。

表をつくることを思いついた最初の人物ではない。すでに前三〇〇〇年紀のシュメル人のいくつかの都市国家で独自の王名表がつくられ、ウル第三王朝では『シュメル王朝表』(『シュメル王名表』)が編纂されている。バビロニアに亡命していたシャムシ・アダドは王名表についての知識があったと考えられる。

初代から第四一代までを表3—5に記した。

初代から第一七代までの一七王は「天幕に住んだ」、つまり遊牧生活をしていたという。シリア砂漠で遊牧生活をしていたのがアムル人である。アムル人シャムシ・アダドは自らの出自を王名表の冒頭にいれた。

次の「祖先にあたる一〇王」とは、第一七代から第二六代までになる。第一七代は重複している。シャムシ・アダド自身の祖先にあたる王だが、この一〇王はアッシュル市を実際に支配してはいない。また、理由は不明だが、順番がひっくり返されている。

「シャムシ・アダド、アッシュル神の副王、イラ・カブカビの息子、アッシュル神の神殿の建立者」などと記された史料が複数出土していて、第二五代イラ・カブカビはシャムシ・アダドの父である。

第二六代アミヌはシャムシ・アダドの兄弟になるようだ。

第二七代から第三八代までは、第一七代アピヤシャルと第三九代シャムシ・アダドとの間に入り、アッシュル市の王たちである。

第三〇代以降は、考古学上の発掘成果によって、全員ではないものの、ほぼ実在したことが証明されているアッシリア人の王である。

シャムシ・アダド一世の編纂意図

『アッシリア王名表』は王位簒奪者であるシャムシ・アダドが、自らの正統性を強調する意図で編纂したと考えられている。

アッシリア王は一一七代を数えるが、「シャムシ・アダド」の名前を以後四人の王が採用している。つまり、当時は一世、二世などと称することはなかったものの、シャムシ・アダド五世までいる。ほかに、アッシリア王で五世まで数えられる王名はアッシュル・ニラリとシャルマネセルだけである。

「彼はナラム・シンの息子エリシュムを玉座から追放し、奪った」と『アッシリア王名表』に書かれていて、シャムシ・アダドは自らを王位簒奪者と公言しているのである。

それにもかかわらず、一四四頁で話すことになるが、シャムシ・アダドを排除せずに、アッシリアの王統に属す王と記している後代の王もいる。

一般論として、王に成りあがり、新王朝を樹立することは

3—6　シャムシ・アダド1世の印章印影図　アジェムホユック出土、アナトリア文明博物館蔵

容易ではない。これ以上に困難なのが、王位の簒奪である。すでに確立している王権を奪取することがいかに難しいかは王座にある者たちはよくわかっていたといえる。俗な表現になるが、度胸と才覚なしにはできない仕事である。だからこそ、後代の王たちのなかには、シャムシ・アダドを簒奪者であることを理由に忌避《きひ》せずに、むしろその能力を高く評価し、シャムシ・アダドを称した者がいたのだろう。

またアッシリアでは、たとえば「長男が相続する」といった王位継承の原則が定められておらず、混乱は必定で、近親間の対立が繰り返されている。王位簒奪者であっても圧倒的な軍事、行政の能力が示されれば、認めざるをえなかったということであろう。

リンム制度と市民会

『アッシリア王名表』のなかに出てきたリンムについて、説明しておこう。

リンム（リームム）とはアッシリアの官職名および紀年法で、語源は不明である。エリシュム一世の即位年、前一九七〇年頃に創設された。初期のリンム職はアッシュル市の有力市民から選出された一名がつとめた。任期一年の行政長官職で、王と権力を二分した。つまり、王は絶対的な権力者ではなかったことになる。

前二〇〇〇年紀後半以降、王権の伸張とともにリンム職は形だけとなり、王族や高級官僚が就任するようになった。また、それまでの抽籤《ちゅうせん》（くじ）による選出方式も形式化していった。

リンム職についた人物名をもってその年の名祖《なおや》とする独特な紀年の伝統だけが受け継がれていった。リンム職に就任した人物の名を就任順に記した「リンム表」は、途中に不明な時期はあるものの、現存する史料では前六四九年までわかっていて、古代メソポタミア史の年代確定の基礎史料である。

中アッシリア時代以降の王碑文末尾には、たとえば「リンム職（は）アッシュル・ベール・イラーニ（である）」「リンム職はエリーバ・シン（である）」のように記されていることもある。こうした記述から、当該王碑文が記された年がわかる。

こうした紀年法はアッシリアだけで、バビロニアでは採用されていない。バビロニアの紀年法はリンムではなく、「年名」方式を採用していた。その年あるいは前年に起きた重要事件をもって「年名」とした。

古アッシリア時代には、中アッシリア時代以降の慣例とはちがって、王がリンム職につくことはなかった。少なくともシャムシ・アダド一世以前の時代には、アールム（市民会）の力が強く、王の権力は制限されていた。

なお、アールムはリンム制度とともにアッシュル市では重要な制度であった。アールムとは「市」の意味で、市民会をも意味した。重要な事柄を審議、決定した。ここでの決定は前述のようにアナトリアにおもむいたアッシュル商人たちにも伝えられている。

三　王位簒奪者シャムシ・アダド一世

出身地不明のシャムシ・アダド一世

さて、ここから先は王位簒奪者にして、アッシリア王国の基礎をつくったシャムシ・アダド一世の業績について話す。シャムシ・アダドの治世年については諸説あるが、本書では前一八一三―前一七八一年頃を採用し、話を進めていく。

シャムシ・アダドと推測される浮彫像（本章扉図）は残っているが、残念ながら断片で、頭部が欠損していて面差しがわからない。

シャムシ・アダドはアッカド語名で、アムル語ではサムシ・アッドゥとなる。アムル人はシリア北部、ビシュリ山（図1―18）付近を原郷とする遊牧民で、シュメル語では「西方」を意味するマルトゥと呼ばれ、アッカド語でアムルといわれ、『旧約聖書』「民数記」一三章二九に記されているアモリ人と同一視されている。アムル人が本格的に歴史の担い手になったのは前二〇〇〇年紀前半である。

前述のように、アッシリア王のうち、約三分の一の王が自らの名前にアッシュルをいれて、アッシュル神への崇敬の念を表明している。ところが、シャムシ・アダドの名前の意味は「アダド神は我が太陽」である。アダド神あるいはアムル語のアッドゥ神は雨や嵐を司《つかさど》る天候神で、天水農耕が可能なメソポタミア北部にふさわしい最高神である。シャムシ・アダドという名前はアダド神への尊崇を表明しているのである。

よくわからない前半生、バビロニアでの亡命生活

アムル人シャムシ・アダドの出生地はどこか、わからない。

前一八一三年頃に王位継承するも、その地がディヤラ河流域の都市か、エカラトゥム市か、あるいはほかの都市かは不明である。エカラトゥムはアッシュル北方約一五キロメートルにあたる、ティグリス河東岸のテル・ハイカルと推測されているが、未発掘である。

シャムシ・アダドがまだ若い頃には、ディヤラ河下流域のエシュヌンナ市のナラム・シン王(治世年不詳)が強勢であった。同王に侵攻され、シャムシ・アダドはバビロニアへ亡命したようである。亡命の時期が、王位継承前か、あるいは継承後かは、研究者の間で意見が分かれて

3—7 アダド神
随獣牡牛の上に立ち、両手に稲妻を握って、天候神であることを示している。図5—2でも稲妻を握るアダドを確認できる。ハダトゥ出土、玄武岩、高さ1.35m、ルーヴル美術館蔵

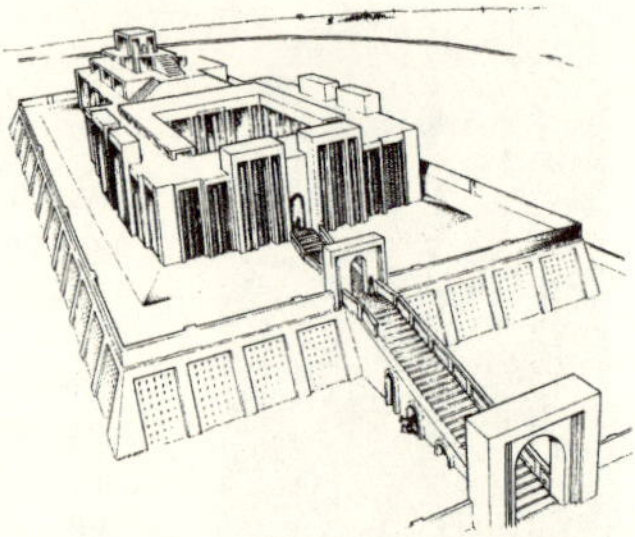

3―8　カラナに建立されたバビロニア風神殿復元想像図

いる。

エシュヌンナのナラム・シン王についてはアッシリアのナラム・シン王（治世年不詳、第三七代）と同一視する説もあるが、近年は否定的になっている。エシュヌンナはティグリス河東岸を北上しながら、アッシリアの町々を征服し、交易路の支配を拡大していったが、後にシャムシ・アダドに敗北することになる。

バビロニアに亡命したシャムシ・アダドの生活についてもよくわからない。だが、若者シャムシ・アダドはおそらく先進バビロニア文化を学び、肯定的かつ積極的に受容したといえよう。メソポタミア北部を支配した際に、古アッシリア語でなく、古バビロニア語で文書を記している。シャムシ・アダドは古アッシリア語と古バビロニア語のちがいはわかったようだが、自身が識字力があることを自慢しているような記録は現時点ではない。だが、単なる王位の簒奪者ではなく、この後にすぐ話す、息子にあてた手紙からも、非凡な王との印象を受ける。カラナ市（現代名テル・アル・リマ）にバビロニア風の神殿を建立していることなどから、積極的にバビロニア文化をアッシリアに導入したのはシャムシ・アダドである。

アッシュル市を征服

前一八一一年頃に、エシュヌンナのナラム・シン王が死亡するや、シャムシ・アダドはエカラトゥムを奪取したようだ。

エカラトゥム征服から二、三年後には、アッシュル市を征服した。活発な交易活動によって経済的に繁栄しているアッシュル市を掌握することは、支配領域拡大のためには不可欠であった。そして、新王朝を建てるのではなく、前述のように自らを第三九代王に挿入した『アッシリア王名表』を編纂する選択をしたのである。

ただし、シャムシ・アダドはアッシュル市を征服したが、同市にはとどまらなかった。

ハブル三角に置かれた新首都シュバト・エンリル

この頃までに、シャムシ・アダドは交通の要衝ハブル（河）三角地帯（図1―13）に進出していたようだ。「アッシリアの三角」と「ハブル三角」を結びつけ、その後のアッシリア発展の土台をつくったのである。

同地帯は前述のようにイラン経由で運ばれてきた錫や、バビロニア産の織物が運ばれていく交易網の要衝でもある。アフガニスタン方面で産出する錫の中継貿易にかかわっていたエラム王国やエシュヌンナ王国も、当然のことながらハブル三角地帯を支配下に置く機会をうかがっていたが、シャムシ・アダドに先を越されたのである。

ハブル三角地帯を押さえたシャムシ・アダドは、中心部のシェフナ市を占領後に、シュバト・エンリルつまり「エンリル神が住む場所」と改名し、首都とした。ここでもメソポタミア南部の最高神の名前を地名につけている。息子たちにはほかの都市を支配することを委ねた。

結局、シュバト・エンリルはシャムシ・アダド一代限りの都であった。前一七二八年頃、バビロン第一王朝（前一八九四―前一五九五年頃）ハンムラビ王（前一七九二―前一七五〇年頃）の息子、サムス・イルナ王（前一七四九―前一七一二年頃）によって破壊され、旧名シェフナにもどされている。

シュバト・エンリルからの支配

慧眼《けいがん》というべきか、シャムシ・アダド一世はシュバト・エンリルから領域全体を支配した。ティグリス河流域のアッシュルはエカラトゥムから監視できたし、また東端の町で、アフガニスタンから運ばれてきた錫の倉庫があったシュシャラをも目配りできた。ティグリス河東岸からバリフ河までの東西に広い領域をいくつかの行政区に分け、長官を派遣して支配した。

支配の手駒に息子たちを使っている。年長の息子イシュメ・ダガン一世（在位年不明、第四〇代）をエカラトゥム王にしてティグリス河東岸地域を支配させ、アッシュル市の王女との縁組をさせている。一方、年少の息子ヤスマハ・アッドゥ（前一七九六―前一七七六年頃）は、九八頁で話すマリ征服後に王として送り込み、南西方面の経営にあたらせた。ヤスマハ・アッドゥにはシリア砂漠の西方彼方、オロンテス河東岸に位置した有力国カトナ王国（現代名テル・ミシュリフェ）のイシュヒ・アダド王（治世年不詳）の王女を娶《めと》らせた。当然政略結婚だが、父王の政治的意図を理解できず、この后妃をヤスマハ・アッドゥは蔑《ないがし》ろにした。

シャムシ・アダドは周辺の多くの都市国家と同盟関係を結び、「臣下の礼」をとる国は朝貢をした。

ちなみに、二〇世紀初期からつづいていたカトナの発掘は、二〇〇二年になって王宮の地下から王墓が発見された。王墓内からメソポタミアの死生観を受容していたことを示す遺物が発見されている。

3—9　カトナの男性像
王墓入口で発見された一対の男性像。頭上に毛髪を巻いた独特な髪型をしていた。カトナ出土、玄武岩、ダマスクス博物館蔵

「上メソポタミア王国」の王シャムシ・アダド一世

アッシリア王シャムシ・アダド一世はシュバト・エンリルに王宮を構え、アッシュル市には常住していなかったので、シャムシ・アダドは「上メソポタミア王国」の王との表現が近年使われるようになった。

アッシュル市から出土した石板の王碑

文冒頭に、自らを「シャムシ・アダド、世界の王、アッシュル神の神殿の建立者、ティグリス河とユーフラテス河の間の土地の調停者」と明記していることは、メソポタミア北部の実力者との自信を表明していることになる。メソポタミア北部のティグリス河からユーフラテス河までの東西に広い地域で支配権を行使したことに由来するが、実際にはティグリス河東岸からバリフ河までを支配し、しかも長期ではなく、短期であった。また、地中海岸に戦勝碑を立てたともいっている。

シャムシ・アダドはアッシュル市の物価について、王碑文のなかでふれている。銀一シェケル（約八・三グラム）で購入できる物品が、大麦二グル（約六〇〇リットル）、羊毛一五マナ（約七・五キログラム）、油二バン（約二〇リットル）と記されている。このような物価への言及は、前一九世紀当時のバビロニア王たちの王碑文によく見られ、シャムシ・アダドはバビロニアの王たちに倣ったようだ。ただし、この物価が実際の価格か、あるいは理念をあらわしたのかは、解明されていない。

マリ市も征服

前一七九三年頃に、シャムシ・アダド一世はユーフラテス河中流域のマリ市を併合した。

マリはメソポタミアと地中海を結ぶ要衝であった。シャムシ・アダドとマリのヤハドゥン・リム王（前一八一〇年頃）との戦いは激しかった。「ヤハドゥン・リムがナガル市の城門の前でシャムシ・アダドを打ち負かした年」との年名がマリで使用されていた。この年名は、ヤハドゥン・リムの勝利を、すなわちシャムシ・アダドを敗北せしめたことを記念している。シャムシ・アダドは敗北には口をつぐんでいるものの、負け戦を経験したことになる。

ハブル河上流域のナガルはメソポタミア南部からの主要な街道上にあり、南部の文化が流入してくる玄関口にあたる。ナガルが一時マリの手に落ち、マリはエカラトゥムまで迫ったものの、形勢は逆転する。しばらくして、ヤハドゥン・リムは王位を奪われ、マリから追放されている。この機に乗じて、シャムシ・アダドはマリおよびその勢力圏を奪取し、同時にナガルが位置するハブル河上流域をも支配下に置いたようだ。

3—10　ジムリ・リムの王宮

一方で、ヤハドゥン・リムの息子ともいわれる、マリの王位継承者ジムリ・リム（前一七七五—前一七六二年頃）はヤムハド王国への亡命を余儀なくされる。ヤムハドはハラブ市を中心として、シリア北部で栄えたアムル人の王国である。ハラブは日本ではアレッポの名で知られている。アラブの城塞「アレッポ城」は二〇一一年以前には観光客も入城できた。この城塞には元来嵐の神アダドに捧げられた聖所があった。ここから、前一〇—前九世紀頃の浮彫のある石板（図3—11）が発見されている。

3—11　有翼の精霊像　アッシリアの精霊（第6章扉図参照）と同様に有翼だが、かなりユニークな横向きの翼で、精霊が踊っているかのような印象を受ける。アレッポ城出土、前10—前9世紀頃、玄武岩、アレッポ国立博物館蔵

シャムシ・アダドはティグリス河、ユーフラテス河にはさまれたメソポタミア北部全域を支配下に置くことに成功したのである。

「マリ文書」は語る

一九三三年に古代のマリ市と特定されたテル・ハリリ遺跡を、翌一九三四年からフランス隊が発掘し、アムル人が支配した時期の二万枚もの「マリ文書」が出土した。そのほとんどが会計簿で、一割ぐらいが手紙である。

このなかに、シャムシ・アダドがマリ王にすえた息子ヤスマハ・アッドゥにあてた、為政者としての心得を諭した手紙があった。父王は一三〇通もの手紙を出したが、息子からの父王あての手紙は二〇通しか残っていない。マリ出土の手紙だから、当然受け取った手紙はあるが、差し出した手紙が少ないのは差し出した手紙の全部ではなく、一部の草案あるいは控えがあったということであろう。厳父シャムシ・アダドは「不肖の息子」からの返事がなければ、そのことを叱責するのではないだろうか。

宮廷にあって女性たちをはべらせることを好む「不肖の息子」を心配して父シャムシ・アダ

ドが書き送った手紙は、各方面に目配りしていて、「知事には最も優秀で、信頼に足る人物を任ぜよ」「役人の補充人事は速やかにおこなうべし」などの、為政者として心がけるべきことをこまごまと書き送っている。こうした手紙からもシャムシ・アダドが凡庸な王ではなかったことを約三八〇〇年も後の人間にわからせてくれる。

人口調査は功業

手紙のなかで、シャムシ・アダドは「人口調査」についても諭していた。

シャムシ・アダドは人口調査をおこなっている。マリ、アッシュルの二大交易都市を掌握したことで、経済的に豊かになり、同時に領土を拡大したことで、兵士を増員する必要が生じたのである。徴兵、労働要員の確保、保有地の割当などの基本となる仕事が人口調査である。

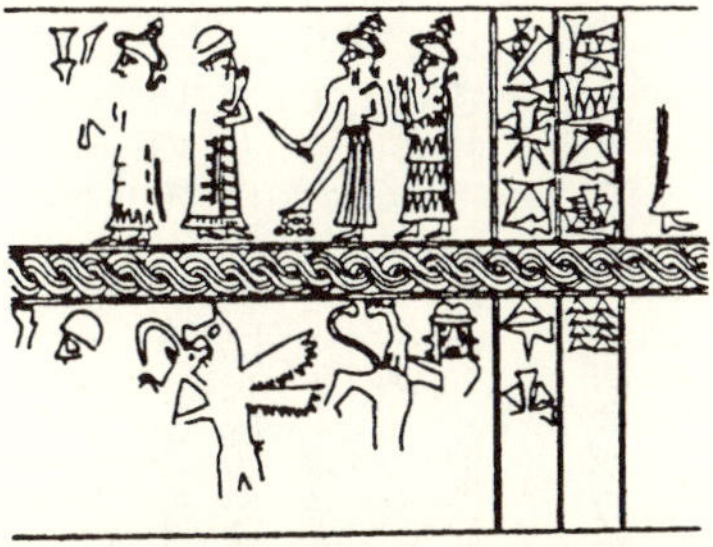

3―12　人口調査書に捺されていたシャムシ・アダドの下僕の印章　チャガル・バザル遺跡出土の人口調査文書に捺されていた印章印影図。上段は宗教的場面、下段は闘争図。高さ2.25cm、アレッポ博物館蔵

古代エジプトではすでに第一王朝時代（前三〇〇〇―前二八二八年頃）のデン王（前二九一六―前二八六九年頃）治世に調査がおこなわれているが、現時点でメソポタミアでは前三〇〇〇年紀の人口調査についての記録はない。

シャムシ・アダドは息子への手紙で、人口調査は地域住民にとっては利益に反することが多いので、調査を実施する際には細心の注意を要すると諭している。

人口調査は官僚組織が整っていて、社会が安定していないとできない。そこで、人口調査ができたことは王の功業ともなり、人口調査をしたことはメソポタミア南部の「年名」にも採用されている。たとえば、マリでは「ジムリ・リムが国土の人口調査をした年」との年名が採用されていたが、治世何年かはわからない。

アラプハ王国ほかの攻略

アッシュル市やマリ市などを制圧し、経済的基盤を確実にした後で、シャムシ・アダドは東方アラプハ王国の攻略に乗り出す。ティグリス河の支流、アダイム河と小ザブ河にはさまれたアラプハ地域の中心は現代のキルクーク市にあたり、ディヤラ河沿いに勢力を拡大しているエシュヌンナ王国と隣接している。

当初、エシュヌンナのダドゥシャ王（前一七九〇―前一七八〇年頃）と抗争があったようだ。だが、アラプハ地域の北方に位置するカブラ地域の征服では、シャムシ・アダドはエシュヌンナ軍と協力している。

シャムシ・アダドはさらに北上し、ヌルグル地域（現在のイラクの最北部）の征服に乗り出すも、難渋した後に、ようやく成功する。一説によれば、この戦いで、シャムシ・アダドは攻城兵器である破城槌車《はじょうついしゃ》や攻城塔をはじめて使用し、攻城戦（攻囲戦）を勝利に導いたといわれている。

攻城戦とは、「城攻め」のことで、総力戦になる。新アッシリア時代の攻城戦については二一六頁で話す。主要な都市は城壁を巡らしているので、こうした都市を攻めるには、城壁の高さまで傾斜路を盛りあげる必要などがある。シャムシ・アダドは攻城戦について、年長の息子イシュメ・ダガンの成功例をあげて、年少の息子でマリ王のヤスマハ・アッドゥに手紙で諭している。

大きな官僚組織

シャムシ・アダドはかなり大きな官僚機構を築いていたようだ。

古代のブルシュハンダと推測されているのが、前述のようにアナトリアのトゥズ湖南東に位置するアジェムホユック遺跡である。ここからシャムシ・アダドの名のある封泥《ふうでい》が多数発見されていることから、アッシュルと交流があったことはまちがいない。

シャムシ・アダドはすでに確立していたアナトリアとの交易を支援し、これが後の支配者たちのモデルとなった。

アッシュル、ニネヴェ、テルカ（現代名テル・アシャラ）およびマリから、同王に仕えた役人たちの印章および印影図が多数出土している。マリ出土の粘土板上に捺《お》されていたこうした印影図のなかに、職種は記されていないが、アマ・ドッガという名の女性のものがあった。アマ・ドッガの印章には、「シャム［シ・アダド］、エンリル神によって任命されし者、アッシュル神の副王。アマ・ドッガ（は）彼の端《はし》た女《め》（である）」と記されていた。

四　シャムシ・アダド一世没後の情勢変化

シャムシ・アダド一世の死

ハブル三角地帯を中心に東方はティグリス河から西方はユーフラテス河にいたる広大な地域「上メソポタミア王国」を支配したシャムシ・アダド一世だったが、治世晩年になると、領内で遊牧民の反乱が起きていて、王国は弱体化していたようだ。

ユーフラテス河西岸、マリ下流のラピクムに対する軍事行動がとられた年に、シャムシ・アダドは王国内の人口調査をおこない、その二年後に死亡したという。没年については諸説あるものの、『アッシリア王名表』によれば三三年間王位にあったという。エシュヌンナ出土文書には「シャムシ・アダドが死んだ年」と記されていて、この年はエシュヌンナのダドゥシャ王の次王イバル・ピ・エル二世（前一七七九―前一七六五年頃）治世四年なので、前一七八一年頃にあたる。

「上メソポタミア王国」の崩壊およびその後

シャムシ・アダド一世の死で、一代で築いた「上メソポタミア王国」は瞬く間に瓦解した。アッシリア王位は息子のイシュメ・ダガン一世が継承し、父王健在の頃に自らが居城としていたエカラトゥムを王都とした。シリア北部の大部分を失い、イシュメ・ダガンにはエカラトゥム周辺しか残っていなかったのである。つまり、「上メソポタミア王国」の東半分の一部で、その勢力はとるに足りないものとなった。

イシュメ・ダガンは一時バビロンに亡命し、前一七六五年頃にエシュヌンナの王権崩壊後にエカラトゥムに復帰する。だが、エラム王のハブル三角地帯侵攻のおりに、エラムに釈明に出向くも、イシュメ・ダガンは拷問を受ける。多額の身代金と引き換えに釈放され、またしてもバビロンに亡命した。その後、イシュメ・ダガンはエカラトゥムにもどったようだ。イシュメ・ダガンの後は、その子ムト・アシュクルが王位を継承したと思われる。

一方、弟ヤスマハ・アッドゥが支配していたマリはジムリ・リムに奪還され、ヤスマハ・アッドゥは消息不明となる。マリではジムリ・リムが王位につく。亡命先のヤムハド王国で、シプトゥ王女との縁組に恵まれたジムリ・リムは、有力者である義父ヤリム・リム一世（前一七八一頃―前一七六五年頃）の支援を受けていた。マリは「上メソポタミア王国」のほぼ西半分を支配下に収め、ジムリ・リム治世のマリは有力国となった。隊商などの商取引の場ともなった王宮（図3―10）は見事な壁画で飾られ、近隣諸国で評判になった。約一五年後、バビロン

3―13　伝ハンムラビ王像　晩年のハンムラビともいわれている。頭上はバビロニアの王冠。アッシリアの王冠は第6章扉図を参照。スーサ出土、前1792―前1750年頃、閃緑岩、15.2cm、ルーヴル美術館蔵

のハンムラビ王による前一七六一年頃の征服で、マリは消滅した。

ハブル三角地帯では、シャムシ・アダドの支配から解放された小王国が独立して争う状況となる。

ハンムラビ王の覇業

シャムシ・アダドの死はその後約四〇〇年間にもわたるアッシリアの長い凋落《ちょうらく》を招いたが、一方で訃報を朗報ととらえた国々は新しい動きを見せることになる。

バビロン第一王朝のハンムラビ王は若くして即位した。バビロンは強国ではなく、即位当初のハンムラビはシャムシ・アダドに臣下の礼をとっていた。治世一〇年頃のバビロンでの訴訟を扱った記録では、誓約の箇所にハンムラビとシャムシ・アダドの名前が連記されている。つまり、シャムシ・アダドが宗主であった。

ハンムラビは即位から一七年間ぐらいシャムシ・アダドを宗主と仰いでいたと考えられている。ほかにも、南方のラルサ市（現代名センケレ）のリム・シン一世（前一八二二―前一七六三年頃）や、エラム王にもまたハンムラビは臣下

の礼をとっていたようである。百戦錬磨の王たちが健在の間は、ハンムラビはむだに逆らわずに、バビロンを滅亡に追いやることなく、賢明に凌いだのである。シャムシ・アダドの死によって、バビロンはアッシリアの属国の地位から脱することができた。

バビロン第一王朝の属国となったアッシュル市

ハンムラビ王治世三三年の年名は、前年つまり前一七六一年頃の二つの出来事を記念していて、その一つのなかにスバルトゥの山岳地帯の多くの町々ほかを征服したことが記されている。前一七五九年頃にハンムラビ王は全メソポタミアを統一し、当然アッシリアも支配したことになる。ハンムラビ王治世晩年に編纂されたと考えられている『ハンムラビ法典』序文には、バビロンの支配下に入った二五市の名前があげられている。都市名のほかにそれぞれの都市神（都市の最高神）およびその神を祀った神殿へのハンムラビの敬虔《けいけん》な行為が列挙されていて、このなかにアッシュル市とニネヴェ市の名前もある。つまり、アッシリアはバビロン第一王朝の属国となっていたと考えられる。

アッカド王朝、ウル第三王朝の属国だったアッシュル市は、今度はバビロン第一王朝に支配された。だが、属国になっても、王統はつづいていたようだ。『アッシリア王名表』には王たちの名前が連綿と記されているものの、現時点で前一八世紀末から前一五世紀前半までの歴史はわからないままである。

第四章
属国にされたアッシリア王国
——中アッシリア時代 I

エリバ・アダド１世の円筒印章印影図と線画　アッシュル・ウバリト１世の父王、エリバ・アダド１世（前1380—前1354年頃、第72代）の円筒印章印影図。図柄は従来のミタンニ様式（図４—７）とはちがう発展を示し、彫刻技術も向上している。また、同時代のカッシート王朝の円筒印章の図柄（図４—２下）ともかなりちがっている。獲物の後脚をつかむ有翼グリフィン（鷲の頭、獅子の身体ほかからなる合成獣）はエリバ・アダド１世および息子のアッシュル・ウバリト１世の時代に数多く見られた。アッシュル出土、前1390—前1364年頃、高さ4.4cm、幅4.3cm、中近東博物館（ベルリン）蔵

一　前二〇〇〇年紀後半の古代オリエント世界

中アッシリア時代

前一五〇〇―前一〇〇〇年頃のアッシリアは、中アッシリア時代にあたる。

前一七八一年頃に第三九代シャムシ・アダド一世が王位を去った。その後『アッシリア王名表』では第七三代アッシュル・ウバリト一世（前一三五三―一三一八年頃）が即位するまでの約四〇〇年間に、三〇代以上の王名が記されている。具体的なできごとなどはよくわからない。だが、わずかながらも現時点でわかっていることは本章四節で話す。こうしたアッシリアについての情報がない状況に陥った理由は、前一五世紀中期から西方のミタンニ王国（前一六世紀末―前一四世紀後半）に制圧され、属国にされていたことによる。近年ミタンニはミッタニあるいはミッタンネと表記すべきだといわれている。

前述のように、アッシリアが属国にされるのは、はじめてのことではない。約一世紀ほどして、前一四世紀後半にミタンニ支配を脱するや、アッシリアはメソポタミア北部に勢力を回復していき、アッシリアについての情報もふえてくる。このとき、アッシリアは領域国家アッシ

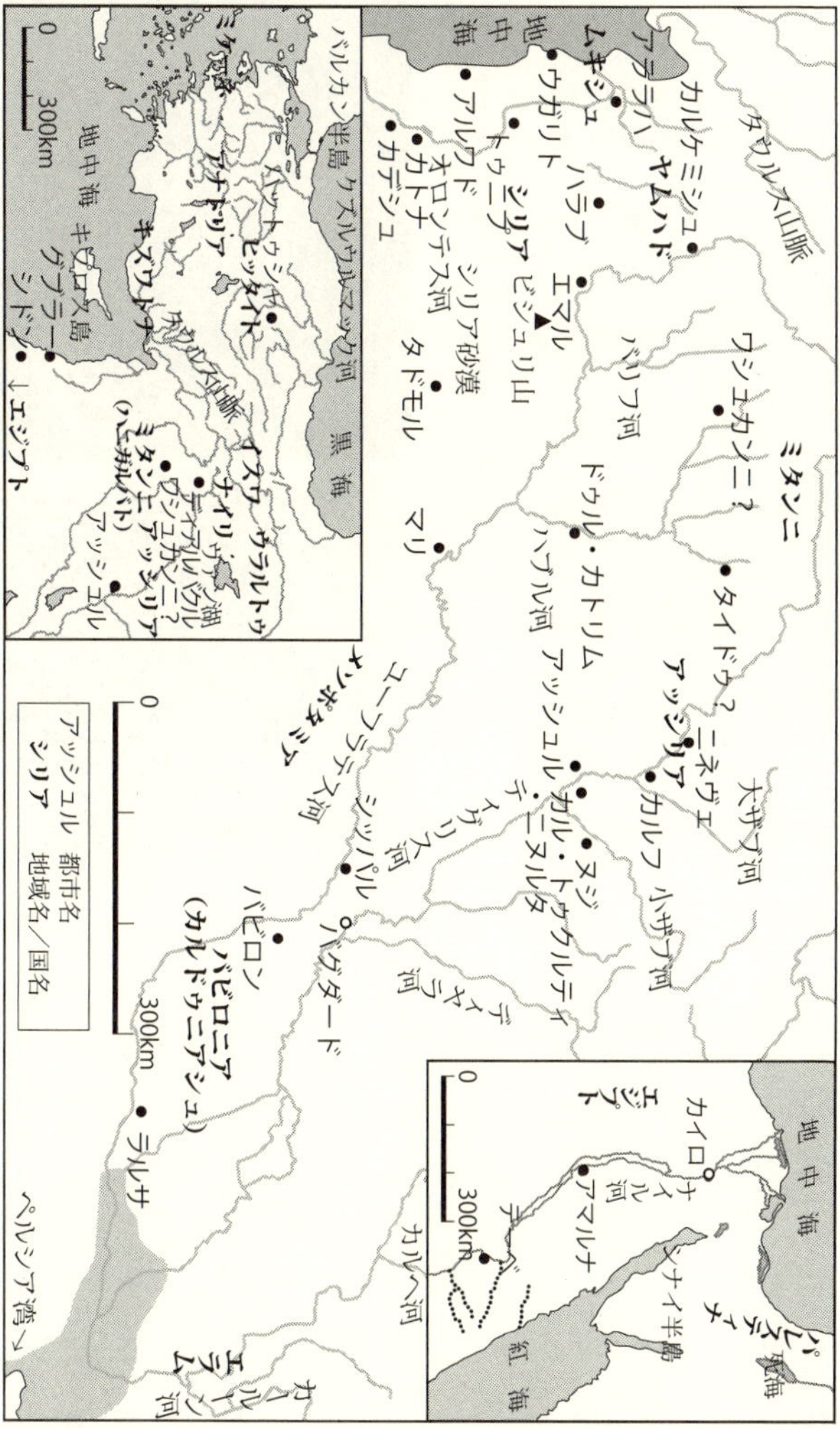
タウルス山脈
カルケミシュ
ヤムハド
アララハ
ムキシュ
ウガリト
ハラブ
シリア
トゥニプ
アルワド
オロンテス河
カトナ
カデシュ
エマル
ビシュリ山
シリア砂漠
タドモル
バリフ河
ワシュカンニ？
ミタンニ
ドゥル・カトリム
ハブル河
タイドゥ？
マリ
アッシリア
ニネヴェ
アッシュル
カルフ
大ザブ河
小ザブ河
カル・トゥクルティ・ニヌルタ
ティグリス河
ヌジ
ユーフラテス河
メソポタミア
シッパル
バグダード
バビロン
バビロニア
（カルドゥニアシュ）
ディヤラ河
ラルサ
エラム
カルーン河
カルヘ河
ペルシア湾→
地中海
0　300km
アッシュル　都市名
シリア　地域名／国名
地中海
カイロ
ナイル河
アマルナ
エジプト
シナイ半島
紅海
死海
カルケミシュ
バルカン半島
黒海
アナトリア
ハットゥシャ
ヒッタイト
キズワトナ
キプロス島
グブラ
シドン
↓エジプト
イスワ
ナイリ
ウラルトゥ
アッシリア
アッシュル
（ハニガルバト）
ミタンニ

4—1　第4章、第5章地図

4―2　（上）牝ライオン像頭部　ドゥル・クリガルズ出土、素焼き粘土、頭部の高さ5cm、イラク国立博物館（バグダード）蔵。珍しいカッシート時代の作品。（下）**カッシート時代の円筒印章印影図**　アサルルヒ神（左）と礼拝者（右）。右側に、この時代の特徴である長い祈願文が刻まれている。紅玉髄、40×17.5mm、ピエールポント・モーガン・ライブラリー（ニューヨーク）蔵

リア王国へと大きく転換していく。周囲の領土を自らの支配下に取りいれ、マート・アッシュルつまりアッシリアと呼ばれるようになる。アッシリアは、同じアッカド語を使い、同じ神々を祀るなどの同一文化を担うメソポタミアの二大勢力の一方として、南部バビロニアとの間で本格的な覇権争い（パワーゲーム）を展開する。

中バビロニア時代

同じ時期のバビロニアは、前一五九五年にバビロン第一王朝が滅亡した後の時代で、中バビロニア時代（前一六世紀初期―一〇二六年頃）にあたる。

バビロニア南東の低地に独立した「海の国」第一王朝（前一七四〇―一四七五年頃）の短期支配の後に、バビロニ

アを支配したのは民族系統不詳のカッシート人が建国したカッシート王朝（前一五〇〇―前一一五五年頃）である。この時代のバビロニアはカルドゥニアシュといわれた。約三五〇年にわたる同王朝の長期支配で、北方のアッシリアおよび東方のエラム王国と対峙《たいじ》した。王たちはバビロニアの文化や宗教を重視した。ことに文学作品の収集や編集を奨励した。新アッシリア時代の図書館で発見された文学作品の多くはカッシート王朝時代の原典や編集作品の写本であった。カッシート人独自の文化といえば、土地贈与などの碑文だけでなく、神々の象徴などが刻まれた境界碑（クドゥル）がよく知られている。円筒印章は図4―2下のような特徴がある。また、珍しい出土例は牝《めす》ライオンの像であり、カッシート美術の質の高さをあらわしている。

カッシート王朝がエラムによって滅ぼされた後は、イシン第二王朝（前一一五七―一〇二六年頃）が支配する。さらに、その後「海の国」第二王朝（前一〇二五―前一〇〇五年頃）などの短期の王朝がつづく。前二〇〇〇年紀末になると、バビロニアとともにアッシリアは経験したことのないような混乱期を迎える。

最古の国際社会

前二〇〇〇年紀後半の古代オリエント世界は国々の交流が活発になっていて、メソポタミア世界だけで完結する歴史ではない。

メソポタミア北西部のミタンニ王国およびアナトリア中央部からタウルス山脈を越えて長《ちょう》

駆《く》遠征してくるヒッタイト新王国（前一四世紀中頃―前一二世紀初期）の動きが、アッシリアの歴史に大いにかかわることになる。

また、これまではナイル河流域の世界に閉じこもっていたかのような、遠方の大国エジプトが、第一八王朝（前一五五〇―一二九二年頃）の成立とともに、古代オリエント史に本格的に参入する。シリア・パレスティナをめぐって、まずミタンニとエジプトが軍事衝突する。

本格的な国際社会が形成された古代オリエント世界では、アッシリアだけでなく、どの国も複数の敵対勢力との対峙を覚悟し、生き残りをかけての和戦両様の厳しい外交が展開された。こうした前二〇〇〇年紀後半の歴史で、最初に覇権争いの主導権を握ったのが、ミタンニ王国であった。

本章では、ミタンニ王国に支配されていた時期のアッシリアについて話す。ミタンニ支配から脱した後のアッシリアについては次章で紹介する。

二　アッシリア王国を属国にしたミタンニ王国

フリ人のミタンニ王国

前一六世紀末から前一四世紀後半にかけて、メソポタミア北西部のハブル河流域を中心とした地域およびシリア北部に建国したフリ人の国が、ミタンニ王国だった。

ミタンニを、ヒッタイト人はフリ人の国と、アッシリア人やバビロニア人はハニガルバトと、そしてエジプトはナハリンと呼んでいた。ちなみに、ハニガルバトは、ミタンニ滅亡後に建国した末裔《まつえい》の小国の名としても使われている。

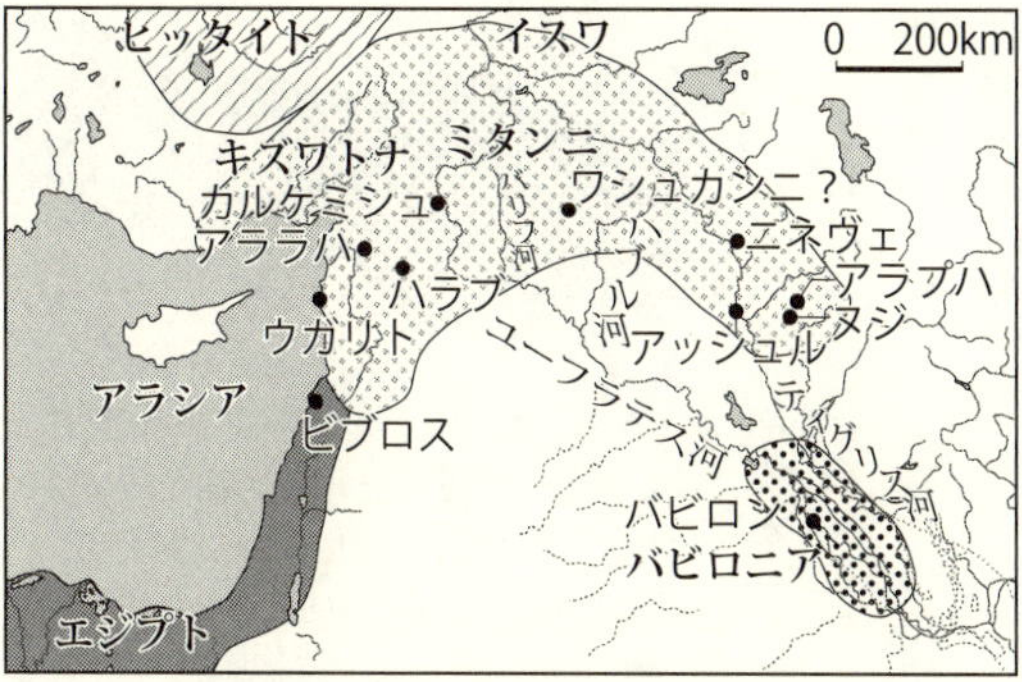

4―3　想定されるミタンニの版図

フリ人の言語であるフリ語はカフカス諸語に属し、膠《こう》着語《ちゃくご》に分類されている。前一〇〇〇年紀前半にアナトリア東部およびアルメニアを支配したウラルトゥ王国（前九世紀中期―前六世紀初期）の言語、ウラルトゥ語と近縁関係にある。

フリ人に対しては、ウル第三王朝のシュルギ王（前二〇九四―前二〇四七年頃）が軍事遠征を繰り返したことからもわかるように、シュメル人などのメソポタミア南部の人々は手こずった。軍事的に強いフリ人によって、メソポタミア北部およびシリア北部の交通の要衝、前章で話した「上メソポタミア王国」の故地に建国されたのがミタンニ王国である。

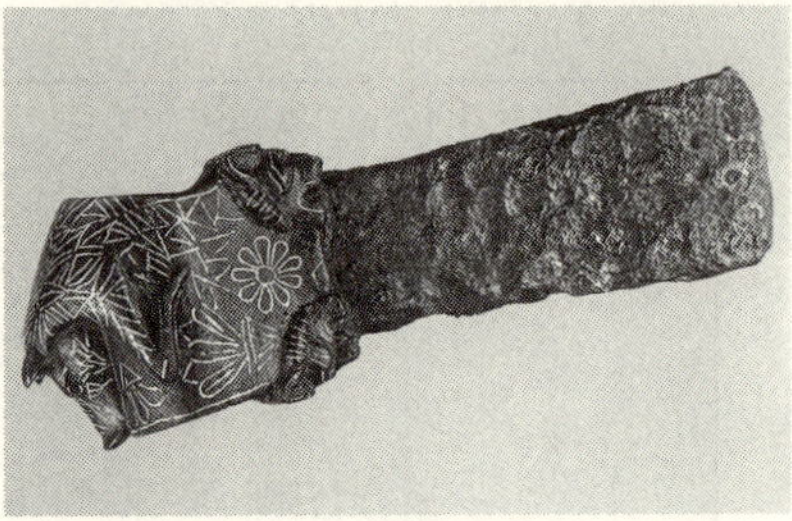

4—4 ミタンニ様式の斧 ウガリト出土、前14—前13世紀、鋼の刃、柄は銅に黄金で象嵌、長さ19.5cm、幅6.4cm、アレッポ博物館蔵

複合弓と二輪軽戦車

わからないことの多いミタンニだが、軍事的に強かった理由としてフリ人が好戦的で、しかも新しい軍事技術の発明と利用とに熱心だったことがあげられている。

一つ目には、複合弓である。単一の材料だけでつくられる単弓に対して、木、動物の骨あるいは金属を貼りあわせた強い弓、つまり複合弓を工夫し、使用した。新兵でもすぐに使える槍とちがって、弓は訓練を必要とし、当然のことながら軍事訓練がおこなわれたはずである。また、実戦用ではないが、ウガリトから鋼《はがね》の刃の斧《おの》が出土していて、この斧はミタンニ様式といわれている。

二つ目には、馬にひかせた二輪軽戦車の使用である。すでに初期王朝時代のシュメル人は戦車を使っていたが、戦車は馬ではなく、ろばあるいはオナゲル（高足ろば）にひかせた。しかも戦車の車輪に輻《や》（スポーク）は使われず、二枚の板をあわせただけで、高性能とはいいがたい。ようやく前二〇〇〇年頃に輻が発明されている。前二〇〇〇年紀前半に馬にひかせた戦車の基本型をつくったのが、ミタンニといわれている。

さらに、ミタンニが戦車をひかせる馬の調教に長《た》けていたことは、ヒッタイト王国の都ハッ

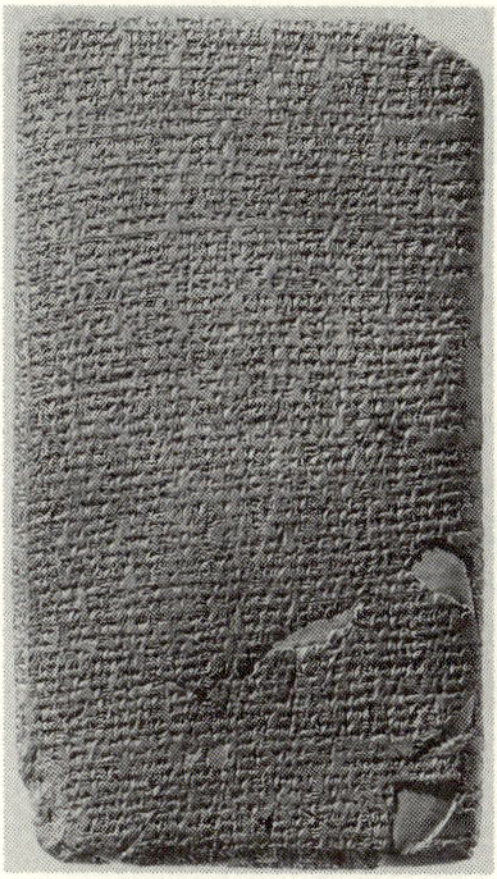

4—5　『キックリの馬調教文書』　ハットゥシャ出土、粘土板、前14世紀、高さ28.5cm、幅16cm、中近東博物館（ベルリン）蔵

トゥシャ遺跡から出土した『キックリの馬調教文書』からわかった。キックリとはミタンニの調教師の名前で、馬への飼葉《かいば》の与え方から、並み足や駆け足などの調教法が、一八四日間にわたって詳細に記されていた。

後代、ミタンニに学んだヒッタイトが、戦車を主体とした機動的な戦術を駆使して、大国に成りあがる。ヒッタイト王ハットゥシリ一世（前一七世紀後半あるいは前一六世紀前半）はシリアでの戦闘で、戦車を使用している。皮肉なことに、ミタンニはヒッタイトによって滅ぼされている。

軍事強国の出現は対戦相手にとっても、たとえ負け戦を経験したとしても、軍事技術の改良など、学ぶべきことがあるものである。ヒッタイトだけでなく、一時ミタンニに制圧されたアッシリアもまたミタンニから学んだことがあったであろう。

以下で、アッシリアの宗主国でもあったミタンニ王国の歴史を、アッシリアとのかかわりを中心に話すとしよう。

ミタンニ王国の建国

前一七世紀末までには、上メソポタミアつまりメソポ

4—6　ヌジ土器文様・線画
ヌジ土器は黒、茶などの暗色系の地に、白色系の顔料で植物文や幾何学文などが描かれ、前16—前13世紀にミタンニ王国領内で使用された。アララハ出土土器に描かれていた文様

タミア北部のフリ人の都市国家群が単一の王国に、つまりミタンニ王国に統一されたようだが、現時点でこの頃のミタンニについての情報はない。前一六世紀以降には近隣諸国から史料が出てくる。こうした情報不足の理由は、なんといってもミタンニの首都ワシュカンニ市がいまだに発掘されていないからである。ワシュカンニの候補地はハブル河流域の現代名テル・ファハリヤといわれている。

現時点で、ミタンニの歴史はエジプト、ヒッタイトおよび少し遅れてアッシリアなどの史料から、対外関係を中心に暫定的に復元されているにすぎない。

また、ミタンニ王は支配領域をすべて直接支配したのではなく、周辺部では属国の王つまり属王を介して間接的に支配していた。ミタンニに敗北、服従しても、必ずしも敗者の王が排除されることはなく、属王として宗主ミタンニ王に服従するという体制であった。

こうした属国のうち、メソポタミア北東のアラプハ王国の地方都市だったヌジ市（前一五—前一四世紀中期）やシリア北部のアララハ市（現代名テル・アチャナ）第四層（前一五世紀）など

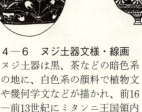

の発掘で、ミタンニの歴史やフリ人の社会を復元するのに役立つ史料「ヌジ文書」や「アララハ文書」などが出土している。また、ミタンニ支配地域からは広くヌジ土器が出土している。円筒印章の新しい印材として、フリット（焼結石英）が使われたり、同時代のカッシート王朝やアッシリアともちがうミタンニ様式の図柄（図4―7）が採用された。

4―7　ミタンニ様式の印章印影図
合成獣上の天候神と蛇の上に立つ神とが相対している場面。メソポタミア北部出土、前1600―前1350年頃、フリット、27.3×11.8mm、個人蔵

シリア北部の大国、ヤムハド王国の盛衰

ミタンニが西方に拡大していくには、ユーフラテス河西岸のシリア北部を支配していたヤムハド王国が障害となっていた。ヤムハドについては前章で話したが、古バビロニア時代にハラブ市を中心に、シリア北部およびメソポタミア北部で栄えたアムル人の王国で、前一九世紀以降の「マリ文書」に登場する。

ヤムハドは前一八世紀初頭までマリやアッシリア（「上メソポタミア王国」）の圧力を受けていた。前一八世紀前半には強国に発展し、バビロン、カトナ、ラルサなどの列強と肩を並べていた。前章で話したように、ヤムハド王家はシプトゥ王女の嫁ぎ先になるマリ王家とは密接な関係にあり、バビロンとの友好も保ちながら東方の脅威を除き、エマル、カルケミシュおよびオロンテス河一帯を勢力圏に加えていった。

ヤムハドの繁栄は豊かな穀倉地帯と中継貿易によって支えられていた。東方へは象牙、ワイン、銅、特産品の織物などを輸出した。前一七六一年頃のマリ滅亡後に、ヤムハドは東方ハブル河方面にも勢力を伸張した。

ところが、前一七世紀中頃、ヤムハドは南進するヒッタイトのハットゥシリ一世に敗北し、ハットゥシリの子ムルシリ一世（前一六世紀前半）のハラブ攻略によって、王国は崩壊する。シリア北部の要地を支配していたヤムハドの滅亡によって、ミタンニが西方へ発展拡大していく道が開けたことになる。

ミタンニ王国の西方への拡大

ミタンニの王統はまだ確定していない。将来、ワシュカンニが発掘されれば、おそらく新史料が出土し、王統や歴史が加筆修正されるはずである。以下に、現時点でわかっていることを話すとしよう。

前一五世紀初期のパラッタルナ（バラッタル）王は、シリア北部を支配し、南方への侵攻を成功させている。前一五〇〇年頃のアララハのイドリミ王の碑文によれば、ハラブを追放されたイドリミは長い流浪の末、パラッタルナの支援を得ることに成功し、アララハをふくむムキシュの王にすえられた。ムキシュ地方はシリア北部のアララハを中心とするオロンテス河下流地域のことで、地中海交易の要衝であった。このことから、ミタンニの勢力がシリア北部の地中海岸に達していたとわかる。

シリア中部、オロンテス河流域のカデシュ王国（現代名テル・ネビ・メンド）やトゥニプ王国（現代名テル・アシャルネ）がエジプトに対抗すべく、ミタンニの支援を求めたことから、ミタンニはエジプトと衝突することになる。

ミタンニ対エジプト

この頃のエジプト王は第一八王朝トトメス一世（前一五〇二―前一四九二年頃）で、同王の遠征時のミタンニ王はパラッタルナと考えられる。

4―8　イドリミ王座像
アララハ出土、前1500年頃、白雲石、マグネサイト、高さ1.04m、大英博物館蔵

ミタンニの影響力はシリア・パレスティナにまでおよんでいて、分立する多数の都市国家がミタンニの宗主権下にあることに直面したエジプトは、シリア・パレスティナを植民地とする帝国主義政策に転換せざるをえなかった。

ミタンニをたたくことを目的とした、トトメス一世のアジア遠征では、エジプト軍の先制攻撃が功を奏し、大した反撃を受けることなく、シリア北部のユーフラテス河に達したという。そこで、同王はカルケミシュ近郊の、ユーフラテス河岸に境界碑を建立した。つまり、ここまでがエジプトの勢力圏と宣言し、一時的にエジプトの宗主権がシリア・パレスティナ全域におよんだことになる。

ただし、こうしたエジプト優勢の情報はもっぱらエジプトから出ていて、現時点ではミタンニ側からの史料はない。

アッシリア、属国となる

前一五世紀中期のサウシュタタル王治世になると、ミタンニはさらに勢力を拡大した。東方はティグリス河東岸のヌジをふくむアラプハ王国から、西方はユーフラテス河を越えて、シリア北部およびアナトリア南東部のキズワトナ地方までと、かつての「上メソポタミア王国」を、さらに東西に拡大したような広い領域を支配した。

この過程でサウシュタタルはティグリス河流域のアッシリアを属国とした。アッシュルからは「金と銀の扉」を戦利品として奪い、自らの宮殿を飾ったという。

サウシュタタルと同時代のエジプト王がトトメス三世（前一四七九―前一四二五年頃）であった。幼くして即位した同王が実権を掌握できたのは治世二二年であった。このときパレスティナ南部を除き、シリア・パレスティナの大部分がミタンニの勢力下にあるという危機的状況に

4—9　アジア人捕虜を打ちすえるトトメス３世　前1479—前1425年頃、カルナクのアメン大神殿の第７塔門の浮彫

あった。

ほぼ連年のアジア遠征は一七回を数え、一連の遠征はカルナク神殿の壁面に刻まれていて、『トトメス三世年代記』と呼ばれている。エジプトだけでなく、古代の王たちは勝利をより大きく記すが、敗北は書かないことが普通である。現時点では、ミタンニとエジプトとの戦いについては、もっぱらエジプト側の史料によって語られていて、注意を要する。

ミタンニを後盾にした反エジプト諸国は手ごわく、トトメスは繰り返し出陣せざるをえなかったということであろう。治世三三年の第八回遠征はミタンニと直接対決し、シリア北部のハラブ市近郊で勝利したという。エジプト軍はカルケミシュ付近でユーフラテス河を渡ったが、ミタンニ軍は決戦を避け、内陸部に退いたので、深追いしなかったという。トトメス三世は祖父トトメス一世の碑に並べて、新たな境界碑を立てたという。あくまでもエジプト側から出されている情報である。

敵対関係から同盟関係への転換

ミタンニとエジプトとの敵対関係は、一転して平和共存を選択せざるをえなくなる。直接のきっかけは、ヒッタイトのトゥトハリヤ二世（前一四世紀前半）がミタンニ勢力下のハラブを占領、破壊したことにあった。

ヒッタイトの脅威がミタンニ、エジプト両国を結びつけ、平和交渉は長期におよぶも、トトメス四世（前一三九七―一三八八年頃）治世に同盟条約が結ばれた。ミタンニはシリア北部を、エジプトはシリア南部とパレスティナを、それぞれ支配することを相互に承認した。シリア・パレスティナをめぐる国際情勢は安定し、力の均衡状態が生まれた。

両国の同盟は、ミタンニの王女たちがエジプト王家に嫁ぐことで保証された。この間の事情を物語る一等史料が「アマルナ文書」である。

三　「アマルナ文書」が語る時代

聖刻文字の国から出土した楔形文字文書

古代エジプトの文字といえば、聖刻文字（ヒエログリフ）が代表的な文字で、事物の形を抽象化せずに物の形をそのまま書いた絵文字である。聖刻文字はパピルス紙だけでなく、神殿や墓室の天井や壁面そして柱と、ありとあらゆるところに刻まれている。エジプト観光では、どこでも目にする代表的な古代文字である。

そのエジプトのテル・エル・アマルナで、一八八七年に、農婦が楔形文字の刻まれた粘土板を発見した。この発見後に合法、非合法の発掘が繰り返され、古物市場に楔形文字を刻んだ粘土板が出まわり、多くが個人の手に渡った。当初その重要性は理解されなかった。その後、前述の大英博物館のバッジが本物と信じ、その多くを買いとり、バッジの鑑識眼が確かだったことが確認された。ほとんどがアッカド語で書かれた手紙で、前一四世紀の古代オリエント世界の外交がわかる一級の史料と判明する。出土地にちなんで「アマルナ文書」、あるいはほとんどが手紙なので「アマルナ書簡」とも呼ばれている。

「アマルナ文書」は現在三八二点を数えるが、その多くは「文書庫」と見られるアマルナ中心部の建物から出土した。三五〇点が手紙、三二点は学校で使用された文学文書や語《ご》彙《い》集《しゅう》などになる。エジプト王にあてられた手紙がほとんどで、アメンヘテプ三世（前一三八八―前一三五一／五〇年頃）治世末から、ツタンカーメン王（前一三三三―前一三二三年頃）治世におよぶが、多くはアクエンアテン王にあてられている。わ

4―10　アメンヘテプ3世と正妃ティイ巨像　ネメス頭巾をかぶり正装した王と重いかつらをかぶっている正妃の像は高さが7ｍもある巨像。両者の膝の高さに見えるのは王女。メディネト・ハブ出土、石灰岩、エジプト博物館（カイロ）蔵

ずかだが、エジプト王が出した手紙もあり、草案か控えであろう。

なお、「アマルナ文書」は前述のように当時の共通語であるアッカド語楔形文字で書かれているが、ヒッタイト語二通、フリ語一通の手紙もふくまれていた。

4—11　アクエンアテン王巨像上半身
高さ239cmもある巨像の部分。カルナク神殿出土、前1351—前1334年頃、砂岩、エジプト博物館（カイロ）蔵

アテン神の都

「アマルナ文書」の出土によってアマルナ遺跡は古代の都アケト・アテンと判明した。「アテン神の地平線」を意味するアケト・アテン遺跡は、エジプト・アラブ共和国の首都カイロ市からナイル河を約二八〇キロメートル南方にさかのぼったところである。このあたりはイスラム原理主義者が多い危険なところといわれ、日本人がエジプト観光にいってもほとんど立ち寄らない。現代の思想的に過激な場所は、今から約三四〇〇年昔もやはり思想的に過激な場所であった。

「宗教改革」を断行したアメンヘテプ四世（前一三五一―一三三四年頃）あらためアクエンアテン王が、国家神アメンと多くの神々を捨てて、テーベ市（現在のルクソールおよびその周辺）からアケト・アテンへ遷都し、アテン神のみを信仰することをひたすら推進したのである。

エジプト史において、アケト・アテンに都があった約二〇年間を「アマルナ時代」という。当時のオリエント世界を知るうえで、重要な史料が「アマルナ文書」だから、これにちなんで前一四世紀中期を「アマルナ時代」と呼ぶこともある。

また、この時期の刷新された美術がアマルナ美術であり、自然を手本とし、写実に徹している。図4―11の王の肖像や図4―12のフレスコ画はその典型である。

4―12　アマルナ王宮床のフレスコ画　ナイル流域の植物と野鳥が描かれている。エジプト博物館（カイロ）蔵

大国と小国

手紙の冒頭を読むと、当時の国際社会での大国あるいは小国といった、国の格がはっきりわかる書式が採用されている。エジプトと同格の諸国では、発信者自らが「大王」と称し、エジプト王を「我が兄弟」と呼んでいる。具体的にはバビロニア、ミタンニそしてヒッタイトで、アッシリアはミタンニ支配から脱した後からこれに加わることになる。

興味深い例は、現代のキプロス島にあたるアラシアの王がエジプト王を「兄弟」と呼んでいることである。キ

4―13　キプロス島出土透かし彫り香炉台　上部の丸い輪の部分に香壺をのせた。下部には１本の樹木と牛の皮型の銅の延べ板を担ぐ男が表現されている。銅は地中海世界の重要な商品で、牛の皮型の銅の延べ板が地中海世界を行き交った。クリオン（現代名エピスコピ）出土、前1250―前1050年頃、青銅、高さ12.5cm、幅11cm、上部直径8.5cm、大英博物館蔵

プロスは小さな島だが、銅を産出する（図４―13）。特産品の銅をエジプトへの貢物としていたので、厚遇されていたようだ。

一方、小国はエジプトの属州支配下に置かれたシリア・パレスティナ諸国で、臣下の礼をとってエジプト王を「我が主人」あるいは「太陽」と呼びかけ、差出人自らは「下僕《しもべ》」とへりくだっている。当時の国際情勢の一端を見ることができる。

ミタンニ王からエジプト王への贈物

ミタンニの王たちからの手紙のなかにはエジプト王たちとの友好関係を公言し、嫁いでいく王女の莫大な婚資を列挙する一方で、見返りとして多量の黄金を露骨に要求している内容もある。

エジプト王アメンヘテプ三世の母は従来ミタンニ王女といわれていたが、近年はエジプト人説も出されている。同王の後宮へは、ミタンニの王女たちが嫁いでいった。

4—14　トゥシュラッタ王の贈物の「目録」　テル・エル・アマルナ出土、粘土板、前14世紀前半、高さ31cm、幅17cm、中近東博物館（ベルリン）蔵

ミタンニのトゥシュラッタ王（前一四世紀前半）はシリア北部への侵出を企てるヒッタイトに対抗するために、エジプトの支援を必要とした。そこで、ヒッタイトとの戦いで得た戦利品の一部をエジプトへ送っている。また王女を嫁がせる際に、アメンヘテプ三世に贈物をしていて、その贈物の「目録」は合計五五〇行を超え、鉄製の短剣や金メッキをした鉄製の腕輪などがふくまれていた。ミタンニもまた鉄製品を贈物として有効利用していた。この頃、鉄は黄金よりも価値があった。

ミタンニとエジプトとの同盟関係は、アクエンアテンが「宗教改革」に専念し、アジア情勢に関心を示さなかった結果、約半世紀で破綻《はたん》してしまう。

シュッピルリウマ一世による急襲

ミタンニのトゥシュラッタ王に敗北を喫したのが、後年武勇を謳《うた》われることになるヒッタイト新王国（前一四世紀中頃—前一二世紀初期）のシュッピルリウマ一世（前一四世紀後半）で、アナトリア内部をまとめ、その後シリア北部に侵攻したものの、負け戦であった。シュッピルリウマは再度のミタンニ遠征にあたっては、慎重にことを運んだ。ミタンニ東部の国々と外交交渉で条約を結ぶなどの策を施し、さらにミタンニを挟み撃ちするような形になるバビロニアから、王女を娶っている。

ミタンニ攻撃の機をうかがっていたところ、好機が訪れた。ヒッタイトに服属していた、ユーフラテス河上流東岸を支配していたイスワ国をミタンニが挑発した。この行為を口実にして、シュッピルリウマは首都ワシュカンニ急襲に成功する。

ミタンニ滅亡そしてアッシリアの転換

首都まで攻め込まれたトゥシュラッタ王は、息子の一人によって殺害されてしまう。ミタンニはヒッタイトに征服され、前一三四〇年頃に属国にされてしまった。この過程で、アッシリアはミタンニの属国の地位から脱することに成功する。

東方はティグリス河東岸から、西方はユーフラテス河の大彎曲を越え、地中海岸までと、東西に広い地域を支配していたミタンニの領土は、シリア北部はヒッタイトが、メソポタミア北部はアッシリアが、それぞれ支配することになる。

勝利したシュッピルリウマは、帰路シリアの要衝カルケミシュとハラブを陥落させ、両市を息子たちに支配させた。前一三世紀末、シリア北部にミタンニの末裔が建てた小国ハニガルバトは、アッシリアの侵攻に対抗したものの、逆に征服されてしまう。

ハニガルバトの首都はミタンニの主要都市の一つ、ハブル河流域のタイドゥ市（現代名テル・アル・ハミディヤか）に置かれていた。

独創的な図柄の出現

メソポタミア美術といえば円筒印章があげられる。印面は小さいながらもその時代の精神性をあらわした図柄が見られ、興味深い。

中アッシリア時代には、ミタンニの属国だったこともあり、ミタンニ様式の図柄が採用されていた。ところが、ミタンニの支配を脱する状況で、独創的にして、清新な生命力あふれる図柄が見られるようになる。

エリバ・アダド一世（前一三八〇—前一三五四年頃、第七二代）の印章の図柄（本章扉図）は新しい発展を示している。

四　前一四世紀前半までのアッシリア王国

よくわからないアッシリア王国

前一四世紀前半までのアッシリアについては、前節まで話したようによくわからないながらも、『アッシリア王名表』では王名の欠落した箇所はなく、国が滅ぶようなことなくつづいていたと考えられる。外交的なかかわりのある国からアッシリアの王名が伝えられていて、以下のようなことはわかっている。

前一六世紀後半、プズル・アッシュル三世（治世年不詳、第六一代）が、カッシート王朝のブルナ・ブリアシュ一世（前一五三〇―前一五〇〇年頃）と条約を締結し、アッシリア、バビロニア両国の境界を定めている。

プズル・アッシュル三世からアダド・ニラリ三世（前八一〇―前七八三年、第一〇四代）にかけてのアッシリアとバビロニアの関係を簡潔に記した歴代記『アッシリア・バビロニア関係史』がニネヴェから出土している。後者の治世末か直後に成立したようだが、全体の三分の一が破損している。王室間の縁組も記されているが、おもに扱われているのは両国間の紛争で、つねにアッシリアの勝利と記されている。

前一五世紀末、アッシュル・ベール・ニシェシュ（前一四〇七―前一三九九年頃、第六九代）は、カッシート王朝のカラ・インダシュ（前一五世紀末、第一五代）と友好条約を締結する。

また、次章冒頭で話すアッシュル・ウバリト一世（前一三五三―前一三一八年頃、第七三代）がエジプトと外交関係をもった祖先としてアッシュル・ナディン・アッヘの名前を手紙（一三八頁参照）のなかであげている。ただし、同名の王が二人いて、一世（前一五世紀、第六六代）か、あるいは二世（前一三九〇―前一三八一年頃、第七一代）かが特定できない。

アッシリアの防衛と侵略

ここまで話してきたように、アムル人シャムシ・アダド一世によって王位を簒奪された、商業立国アッシュル市は、次にはフリ人のミタンニ王国の属国にされた。だが、アッシュル神こそが真の王との国体を護持し、軍事強国へと転換していく。

アッシリアの肥沃な平野に定住する農耕民は、北東部の山岳民や南西部に広がる砂漠や荒野の牧畜民に、しばしば侵入され、繰り返し掠奪されていた。こうした襲撃を阻止する意図もあり、都市の防御を徹底させる必要からも、アッシリアは軍事行動を誇示した。一般論として、当初は侵略をする意図がなかったとしても、微妙なきっかけによって防衛が侵略に転じることもある。アッシリアもこうした例にもれず、侵略者としての役割を演ずることになってしまった。だが、こうした行為が一度成功すると、味を占め、侵略が恒常化していったようだ。

名目上だけでも、一度アッシリアの支配下に入った土地は譲ることのできないアッシリアの領土と信じられるようになる。それゆえ、先王たちが一時的に領土の一部を失うようなことがあると、歴代の王は奪還する責務を負うことになった。即位式で、新王はアッシュル神の領土拡大を神に誓っている。

第五章
領域国家アッシリア王国への転換
――中アッシリア時代Ⅱ

トゥクルティ・ニヌルタ１世奉献祭壇　中アッシリア時代の王の肖像は少ない。左手に王権の象徴である王笏をもった王が、右手の人差し指を突き出している。アッシリアの伝統的な祈りの所作である。立って、跪いて、祈っているのは、ともにトゥクルティ・ニヌルタである。祈る対象は、一説には閃光で象徴されるヌスク神と、別の説では筆記具と書板で象徴されるナブ神ともいう。アッシュル出土、前1233―前1197年頃、雪花石膏、高さ60cm、中近東博物館（ベルリン）蔵

一　国際外交に参入したアッシュル・ウバリト一世

有能な王たちの治世

前一四世紀前半まではミタンニ王国の属国にされていたアッシリアが、独立を回復し、古代オリエント世界の列強へと発展していったのが、前一四世紀後半以降である。中アッシリア時代の隆盛は以下にあげる王たちによってなしとげられた。

第七三代　アッシュル・ウバリト一世（前一三五三―前一三一八年頃）三六年間
第七六代　アダド・ニラリ一世（前一二九五―前一二六四年頃）三二年間
第七七代　シャルマネセル一世（前一二六三―前一二三四年頃）三〇年間
第七八代　トゥクルティ・ニヌルタ一世（前一二三三―前一一九七年頃）三七年間
第八七代　ティグラト・ピレセル一世（前一一一四―前一〇七六年頃）三九年間

どの王も少なくとも三〇年もの間王位にあり、無能ではないだろう。

前述のように、同名の王たちを区別するために「世」をつけたのは近代以降の学者たちである。五人とも「一世」で、少なくとも同名の「二世」がいたことを意味する。凡庸ではなかった王と、功績大と評価したからこそ、後代に同一名がつけられたのであろう。こうした王たちの働きによって、アッシリアはメソポタミア北部に勢力を拡大していった。

「アッシリアの王」アッシュル・ウバリト一世

アッシュル・ウバリト一世およびその後継者たちは、アッシリアを再び独立させ、アッシュル市を首都に定めた。

好戦的なフリ人の影響を強く受け、アッシュル・ウバリトは王の武装勤務という名称のもとに、自由農民を中心に軍隊を組織した。定期的な軍事訓練および実戦で鍛えることで、アッシリア軍を強化していった。

ミタンニ滅亡時の混乱に乗じ、メソポタミア北部に勢力を拡大したアッシュル・ウバリトこそは、アッシリア「中興の祖」であった。はじめてシャル・マート・アッシュルつまり「アッシュルの地（アッシリア）の王」を公式に称した。

アッシリアの勢力拡大にともなって、「アッシリアの王」「世界の王」という称号が使われるようになっても、伝統的な称号は「アッシュル神の副王」や「エンリル神に据えられし者」であった。後者の称号では、メソポタミア南部の最高神エンリルが、アッシリアの主神アッシュルと習合されている。ここにはアッシュル神こそが真のアッシリアの支配者との考え方が継承されている。

エジプトと交流するアッシュル・ウバリト一世

前章で話したように、前二〇〇〇年紀後半は国際交流が活発な時代で、ミタンニ支配から脱したアッシリアもまた独自の外交を展開することになる。このことは「アマルナ文書」に入っていたアッシュル・ウバリトの手紙からわかった。少なくとも二通の手紙をエジプトのアクエンアテン王に送っている。

アッシュル・ウバリトが外交関係を結ぶべくエジプト王に送った最初の手紙の冒頭は次のように書かれている。

エ［ジプト］の王にいえ。［アッ］シリアの王アッシュル・ウバリ［ト］は次のようにいう。

あなた、あなたの家、あなた［の国］、あなたの戦車、あなたの兵士たちが平安であるように。

私はあなたとあなたの国を訪問させるべく、あなたのもとに我が使者を送った。これまで我が父祖たちは（手紙を）書いたことはなかったが、今日、私はあなたに（手紙を）書いた。

エジプトに対しては、アッシリア人にしか通用しない内向きの称号「アッシュル神の副王」を使わずに、国際社会に通用する王の称号「アッシリア王」を使用している。この手紙で、アッシリアはエジプトに対して、独自外交の展開を宣言した。

「大王」を称したアッシリア王

アッシリアはミタンニの属国だったので、エジプトはアッシリアを大国とは認識していなかったようである。このことが不満なアッシュル・ウバリトは次の手紙のなかで、エジプトに不満をいっている。

手紙冒頭は、「[大王]、エジプトの王、我が兄弟［……］にい［え］。［アッシリ］アの王、大王、あなたの兄弟、アッシュル・ウバリトは次のように（いう）」と、記されている。

最初の手紙ではエジプト王の固有名詞はなかったが、この手紙では欠損しているものの、ナプフリヤつまりアクエンアテンと書かれていたはずで、親しさを表現し、さらに「大王」「兄弟」と呼びあう大国間の手紙の書式を採用している。

黄金を要求

冒頭の決まりきった挨拶や贈物の列挙の後で、父祖アッシュル・ナディン・アッへやミタンニの王は黄金二〇ビルトゥ（約六〇〇〇キログラム）もの量を受け取っているのに、自分に贈られた黄金の量が少ないと、アッシュル・ウバリトは不満を述べている。エジプトには「塵《ちり》のように黄金がある」ことは、当時の国々の間でよく知られていた。アッシュル・ウバリトに送られた黄金の量は、記された箇所が欠損していてわからないが、ミタンニへ送られた黄金の量についての情報はアッシリアに伝わっていたことになる。

アッシュル・ウバリトの不満は、黄金の多寡もあろうが、それ以上にミタンニ支配から脱し、列強の仲間入りをしたと考えているアッシリアを、エジプトが大国と認めていないことに、自尊心を大いに傷つけられたということであろう。

こうしたアッシリアの動きに対して、バビロニア王ブルナ・ブリアシュ二世（前一三五九―前一三三三年頃）は、アッシリアのエジプトへの接近を容認できなかった。ブルナ・ブリアシュの手紙では、実際にアッシリアがバビロニアの属国だったかは疑問だが、アッシリアを「臣下」といいきり、アッシリアの使者を追い返すよう、エジプトに要請している。

アッシリアがバビロニアに干渉

アッシュル・ウバリト一世がエジプトに接近し、エジプトの脅威を除いたアッシリアの勢力拡大は、バビロニアにとっては一大脅威となることは必定であった。

結局、バビロニアはアッシリアの台頭を認めざるをえず、アッシュル・ウバリトの娘ムバリタト・シェルア王女がブルナ・ブリアシュに嫁いでいった。ブルナ・ブリアシュ死後に、おそらくアッシリアの影響を危惧《きぐ》した一派が蜂起し、後継者をめぐってバビロニア王家内で混乱が起きている。こうした事態に対処すべく、アッシリアは直接介入した。この結果、アッシリア王女を母とするカラ・ハルダシュ（前一三三三年頃）がバビロニアの王位につく。

アッシュル・ウバリトはバビロニアの政治に干渉するほどの政治力をもつようになっていた。

だが、逆にバビロニア文化の力には圧倒され、結果としてアッシリアを「バビロニア化」することになってしまう。アッシリアがバビロニアに軍事的に勝利しても、バビロニア文化に圧倒される出来事は、この後の時代にも繰り返されることになる。

「上メソポタミア王国」を回復したアダド・ニラリ一世

カラ・ハルダシュが即位した後、バビロニア軍が謀反を起こし、間もなくアッシリア王家の血を引くこの新王は殺害されてしまう。

つづいて、反乱軍に担がれた素性の知れないカッシート人ナジ・ブガシュ（前一三三三年頃）が王位につくも、アッシュル・ウバリトが軍事介入し、孫の仇《かたき》を討つ。その後、アッシュル・ウバリトが立てたクリガルズ二世（前一三三二—前一三〇八年頃）はブルナ・ブリアシュの年少の息子だが、アッシュル・ウバリトの孫かは不明である。

クリガルズ二世死後、アッシリアはバビロニアと戦っている。つまり、クリガルズの後に王位についたナジ・マルッタシュ（前一三〇七—前一二八二年頃）と、アッシリア王アダド・ニラリ一世は境界地域の争奪戦を展開した。

アダド・ニラリは北東の国境防備をかためた後、西方のフリ系国家ハニガルバトと戦って勝利した。ワシュカンニやタイドゥなどの主要な都市を征服し、ユーフラテス河まで領土を拡大した。つまり、東方はティグリス河から、西方はユーフラテス河にいたる過去の「上メソポタミア王国」の領土を回復したということである。この結果アッシリアは、ユーフラテス河の西岸を支配していたヒッタイトと対峙することになる。

二　叙事詩に謳われたトゥクルティ・ニヌルタ一世

ハニガルバトを敗北せしめたシャルマネセル一世

前一三世紀のアッシリアはアダド・ニラリ一世の子、シャルマネセル一世およびその子トゥクルティ・ニヌルタ一世治世にあたり、広大な地域を征服することに成功している。

両王治世の五五〇枚以上の行政文書がハブル河東岸、ドゥル・カトリム（現代名テル・シェイク・ハマド）から出土している。ここはアッシリア王宮直属の政治的、経済的出先機関で、出土史料からアッシリアの西方経営があきらかにされてきている。

シャルマネセルが即位するや北方ウラルトゥ諸族が反旗を翻したので、すぐさま出陣した。五一もの町を破壊、焼尽し、人や財産を掠奪し、その上重い貢納を課したと王碑文に記している。ウラルトゥの弱体化には成功したが、これでウラルトゥとの戦いが終わったということではなく、この後もアッシリアは長期にわたって対決していくことになる。

シャルマネセル最大の功績ともいえるのが、西方フリ人のハニガルバトを敗北せしめたことである。シャットゥアラ二世（前一三世紀中頃）を「矢の先で日の没するところまで追いかけた」「私は敵の大軍を殺害し、生存者のうちの一万四四〇〇人を失明させ、連れ去った」「彼の町一八〇を破壊した」などと、自らの武勇を自慢している。

征服した領土は地方長官に統治を委ねた。フリ人がアッシリア支配下に入ったことで、アッシリアの拡大を脅威と見たヒッタイトは、バビロニア支配のカッシート王朝と条約を結ぶが、あまり効果はなかったようだ。

シャルマネセル一世が伝える大地震の記録

中アッシリア時代には王碑文は長文になり、王が軍事遠征や建築活動などの功業をとくとくと自慢していて、さまざまな情報がふくまれている。

建築活動における王の功業を記念し、誇示することが建築碑文本来の目的である。前述の建築碑文の形式に軍事遠征を詳細に記す新様式の王碑文、つまり年代記の原型を考案したのはアダド・ニラリ一世である。年代記とは、支配者一代の年ごとの事績を年代順に記し、原則として支配者が、「彼が」ではなく、「私が」と一人称で語る形式になる。

シャルマネセル一世の建築碑文のなかに大地震についての記録があった。現代ならば、地震の起こった日時や規模、被害の有無などが重要視され、新聞やテレビなどで報道されるが、前一三世紀のアッシリア王は次のように記録している。

ニネヴェ市の女主人であるイシュタル女神の神殿を、私の前任者であるシャムシ・アダド王が以前に建て、そして老朽化した。その後、私の祖先であるアッシュル・ウバリトのとき、神殿は地震で倒壊寸前になってしまった。私は神殿を取り壊し、壊れた部分を復旧し、基礎から胸壁にいたるまで修復した。

アッシリアの神殿や宮殿などでは建造物の表面に石材を使用しているが、基本は煉瓦構造であった。

この王碑文を記した目的は、「私」つまりシャルマネセルが神殿を修復した功績を記すことだが、先王たちについての情報も記されていた。

アッシリア人と地震

碑文にあるニネヴェのイシュタル女神神殿を建立したシャムシ・アダドとは、前述のシャムシ・アダド一世のことで、シャルマネセルよりも五〇〇年以上も前の王である。王位の簒奪者だが、王統につらなる前任者と認識されていたようだ。五〇〇年も経てば、当然神殿は老朽化していたであろう。

つづいて、約九〇年前のアッシュル・ウバリト一世治世におそらく大きな地震が起きた。それで、神殿が倒壊寸前になってしまったので、シャルマネセルが修復したと伝えている。

役人たちは大きな地震が起きて、神殿などが倒壊するようなことになれば、当然王に報告する。第七三代から第七六代まで、約九〇年間も放置されていたことになる。シャルマネセルは修復せざるをえなかったようだ。同王治世にニネヴェのあたりでは地震が頻発していたという記録がある。

こうした記録のなかには、火災によって焼失した神殿の再建も記されている。

シャルマネセル一世の子、トゥクルティ・ニヌルタ一世の建築碑文にも、地震によって市の門に被害があったことが記されている。

地震を司るのはアダド神あるいはエア神と考えられていた。地震によって起きる凶事を避けるには予防儀礼をする必要があり、これにはエアがかかわっていた。迷信といえばそれまでだが、科学が未発達であり、より大きな災いを避けたいとの願いが予防儀礼をおこなわせた。呪術師や占卜師《せんぼくし》などの知識こそが真理と信じられていたのである。こうしたことがエサルハドン王（前六八〇—前六六九年、第一一二代）に仕えていた高位の占星術師バラシの手紙に書かれて

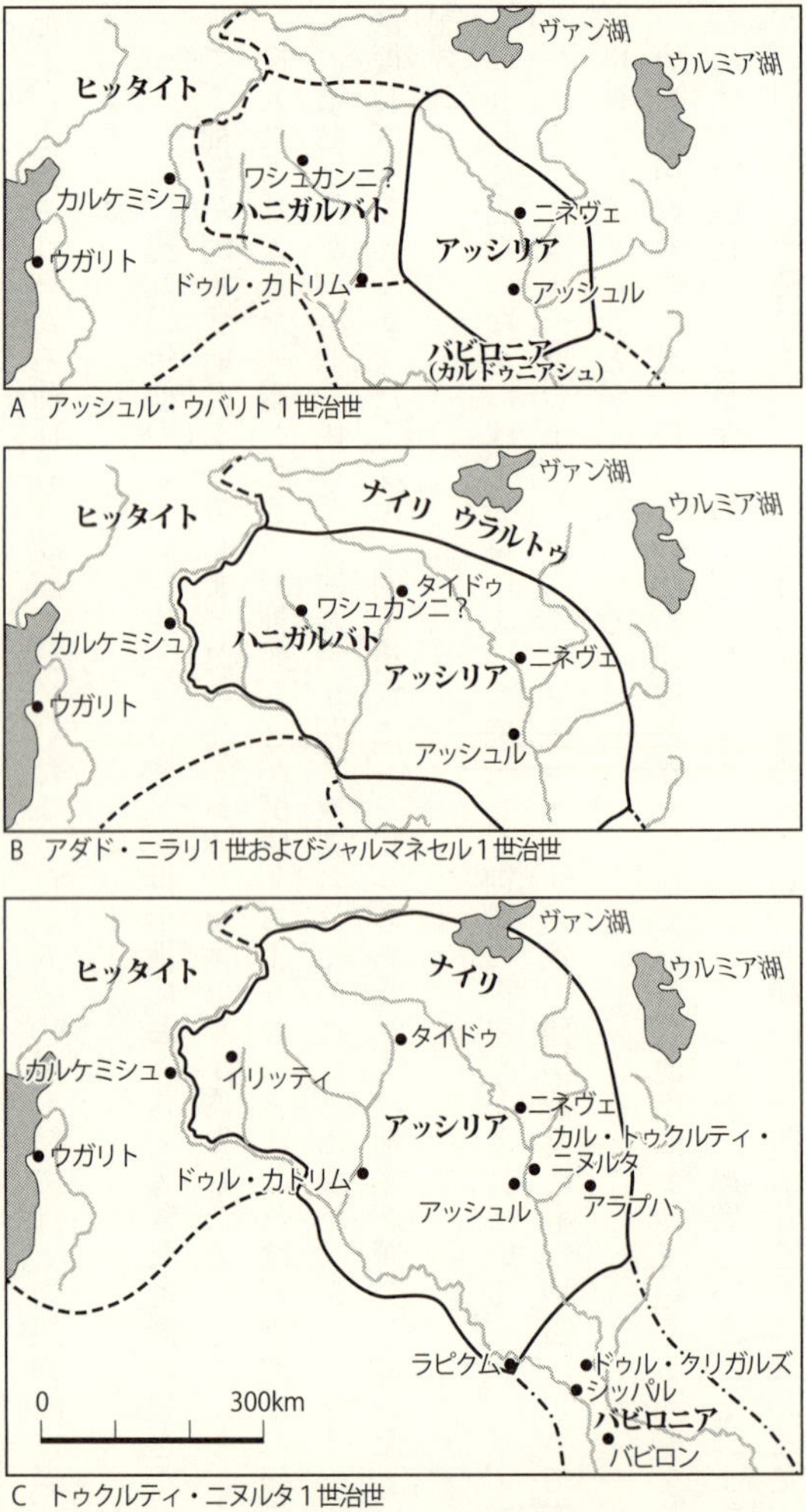

A　アッシュル・ウバリト１世治世

B　アダド・ニラリ１世およびシャルマネセル１世治世

5—1　中アッシリア時代の版図拡大図

いた。バラシについては第八章でふれることになる。

最盛期の王、トゥクルティ・ニヌルタ一世

アッシュル・ウバリト一世にはじまるアッシリアの領土拡大は前一三世紀半ばから後半にかけて頂点に達する。トゥクルティ・ニヌルタ一世の治世にあたり、同王は軍事遠征、建築活動ともに精力的で、同王が武力をもって達成した版図はこれまでで最大であった。

トゥクルティ・ニヌルタとは「ニヌルタ神は私の頼りである」の意味である。アッシュル神やアダド神のようなメソポタミア北部起源の神ではなく、メソポタミア最南部のシュメル人が祀っていた、戦争と農業を司るニヌルタ神を名前に採用している。戦勝を願う新アッシリア時代の王たちによってもニヌルタは厚く祀られていた。

トゥクルティ・ニヌルタは即位の年に「ユーフラテス河の彼方から二万八八〇〇人のヒッタイト人を引き抜いて、我が国に連行した」と記していて、多数のヒッタイト人をユーフラテス河の対岸から強制移住させている。この頃、ヒッタイトは急速に国力を弱体化させていた。

前一二世紀初期に、アナトリア中央部に覇を唱えた大国ヒッタイトは約五〇〇年で滅亡する。ヒッタイトの滅亡は西方への侵出を目論《もくろ》んでいるアッシリアにとっては、好機到来以外のなにものでもなかった。

トゥクルティ・ニヌルタ一世の山岳地方への軍事遠征

トゥクルティ・ニヌルタ一世は北方および東方の山岳地方など、広範囲で軍事遠征を成功させ、被征服地から大量の戦利品や恒常的な貢納品がアッシリアにもたらされた。

北方では、アナトリア東部、ティグリス河上流域を中心とするナイリ地域に侵攻した。同地は後にウラルトゥ王国に組み込まれる。なかでも、現在ではトルコ領内のディアルバクル地域の豊かな銅資源およびウルミア湖周辺の野生馬は、とくにアッシリア軍が獲得したいものであった。このほか、北方山岳地帯からは各種の貴重な金属や木材が供給され、こうした資源獲得が、アッシリアが軍事遠征をさかんにおこなった理由の一つでもあった。

西方では、ユーフラテス河支流のバリフ河流域地方まで支配権を拡大した。このうち属国化された地域は行政州に分割され、中央から任命された州長官が治めた。これらの行政州は後代のティグラト・ピレセル一世治世の史料によれば、アッシュル神に対して毎年食糧を奉献していたようだ。

バビロニア王を捕虜にしたトゥクルティ・ニヌルタ一世

前一二二五年頃、トゥクルティ・ニヌルタ一世はアッシリア王としてはじめてバビロニアを攻略した。前述のように、約一世紀前のアッシュル・ウバリト一世はバビロニア政治に干渉し、アダド・ニラリ一世は境界地域の争奪戦を展開したが、トゥクルティ・ニヌルタはバビロニア内部にまで進軍している。

バビロニア王カシュ・ティリアシュ四世（前一二三二―前一二二五年頃）をマルドゥク神像とともに捕囚し、トゥクルティ・ニヌルタ自身がしばらくの間バビロニアの王とも称した。前一二二一年頃に王位を奪還されるまでの短期間だが、アッシリアがバビロニアを支配したのである。

すでに話したように、前三〇〇〇年紀後半の都市国家アッシュル市は南部のアッカド王朝やウル第三王朝の支配下にあったが、約八〇〇年後には立場を逆転させたのである。

5―2　神像の捕囚浮彫線画　ティグラト・ピレセル３世の兵士たちが神像を捕囚する場面。４体の神像のうち、後方の像は斧と稲妻をもつアダド神。カルフ出土、前744―前727年頃、石膏、大英博物館蔵

マルドゥク神像を捕囚したアッシリア

バビロニアの最高神マルドゥクの像は対偶神の像とともに、バビロンを陥落させた敵国、たとえばヒッタイトやエラムに捕囚されることがあった。現代人には理解しがたい、古代人独特の考え方による。神像が捕囚されたら、新しい神像をつくれば済むとは考えなかった。神におもどりいただくという意味で、バビロン王は神像を取りもどさざるをえなかったのである。アッシリアによるマルドゥク神像捕囚は、トゥクルティ・ニヌルタによる捕囚が最初のことで、

この後のアッシリアの歴史で繰り返されている。前述のように、アッシリアは南部の勢力によって支配された歴史がある。そのアッシリアがバビロニア王を最高神の像とともに捕囚したことは、誇らしいことであった。

逆に、バビロニア王はアッシリアに勝利しても、アッシュル神像を必ずしも捕囚していない。ただし、ティグラト・ピレセル一世治世にイシン第二王朝のマルドゥク・ナディン・アッヘ(前一〇九九―前一〇八二年頃)はアッシリアに侵攻、勝利し、エカラテ神殿に祀られていたアダド神とシャラ女神の像を獲得したようだ。

バビロニアの祭儀を導入

バビロニアで盛大に挙行されていた新年祭をアッシリアに導入したのはトゥクルティ・ニヌルタである。新年祭の祭儀の形態や意味はバビロンの新年祭をそのまま受け継いだが、アッシリアの祭儀なので、主神はアッシュル神に、神殿はエクル神殿に変更されている。

王の即位式の式次第もトゥクルティ・ニヌルタ治世の粘土板に記されていた。この頃に導入されたようだ。即位式もまたエクル神殿に祀られたアッシュル神像の前でおこなわれた。神官から王に王権を象徴する「王杖」などが渡され、王は国土の支配者であるだけでなく、主神アッシュルに仕えるエクル神殿の最高神官でもあった。

即位式は新王への王位授与式であると同時に、すべての国家職務の長《おさ》たちはその職務をいったん放棄させられたうえで、王の命令によって職務に復帰するという、国家体制の更新を意味し、新アッシリア時代にも継承されていった。

なお、本章扉図のトゥクルティ・ニヌルタはアッシリアの伝統的な祈りの所作をしているが、後代にはバビロニア風の鼻の前に手を置く所作をアッシリアは採用している。

戦利品の粘土板文書

トゥクルティ・ニヌルタ一世によるバビロニア征服は『トゥクルティ・ニヌルタ叙事詩』に謳われている。バビロニア王カシュ・ティリアシュ四世の罪を糾弾し、トゥクルティ・ニヌルタを讃《たた》えている。この作品には、バビロンから獲得した捕虜や戦利品についても記され、奪取した多数の粘土板文書はアッシリアの王室図書館の基礎を形成することになった。アッシリアはバビロニアの粘土板を価値あるものと認識していたのである。第八章で話すことになる、アッシュル・バニパル王（前六六八―前六二七年、第一一三代）の図書館からも、『トゥクルティ・ニヌルタ叙事詩』は発見されている。王を称賛する詩を創作することは、『シュルギ王讃《さん》歌《か》』などのように、すでにシュメル文化で見られ、こうした面でもアッシリアはバビロニア文化を継承したことになる。

軍事的には勝利したアッシリアだったが、マルドゥク神像を捕囚し、バビロニアの宗教文書を戦利品としたことで、またしてもアッシリアの「バビロニア化」を促進した。

5—3　カル・トゥクルティ・ニヌルタの王宮の彩色壁画復元

新都造営と悲劇的最期

トゥクルティ・ニヌルタ一世は対外的な戦争だけでなく、国内の建設活動にも力を注ぎ、アッシュル市では市壁や神殿を建設し、ニネヴェでも建設活動をおこなっている。

さらに、アッシュル市から三キロメートル上流のティグリス河東岸に新都を築き、「トゥクルティ・ニヌルタの港」を意味するカル・トゥクルティ・ニヌルタと名づけた。新都造営の労働力の大半は、被征服民の強制労働によるものであった。また、発掘された宮殿の彩色壁画は前一三世紀の重要なアッシリア絵画で、画家が出現していたことを意味する。樹木の左右に動物が向かいあい、その周囲にパルメット文様などが配置されている。

同王治世晩年には宮廷内で権力闘争が激化した。これには新都造営に反感をもつアッシュル市の勢力が絡んでいたとの見解もある。

「アッシリアの英雄」と謳われたトゥクルティ・ニヌルタの最期は悲劇的で、おそらく息子で、後継者のアッシュル・ナディン・アプリ（前一一九六—前一一九三年頃、第七九代）が首謀者となって、暗殺された。王の暗殺後も宮廷内の権力闘争は収まらず、アッシリアは弱体化し、抑え込んだ南部のカッシート王朝に反撃され、逆に優位に立たれてしまった。

さらに、この頃から、以下で話すように、メソポタミアだけでなく、古代オリエント世界や東地中海世界が広範囲にわたって、混乱期に入る。なかでも「海の民」が荒らしまわったことで、アッシリアの西方での交易活動は壊滅的な打撃を受けてしまう。

「前一二世紀の危機」

こうした危機的状況は「前一二世紀の危機」といわれ、研究会の開催や報告書の出版が、歴史学者や考古学者だけでなく、古気象学、古植物学などの研究者らも参加して、一九八〇年代から九〇年代にかけての一時期、日本やアメリカなどで活発であった。前一二世紀の一〇〇年間というよりも、前二〇〇〇年紀末のかなり長期にわたって、地域によりかなり時間差があるが、国々の滅亡や民族移動が起こった。西方バルカン半島をギリシア人の最後の一派、ドーリス人が南下してくる。東地中海世界では「海の民」が荒らしまわる。そしてシリア砂漠からアラム人がメソポタミア方面に移動する。この頃、ギリ

5—4　海の民　前からリビア人、シリア人、ヒッタイト人、海の民そしてシリア人。エジプト、メディネト・ハブのラメセス３世（前1183/82—前1152/51年頃）の葬祭殿浮彫壁画、高さ約1.5m

シアではミケーネ文明（前一六―前一二世紀頃）が、アナトリアではヒッタイト王国が、そしてウガリトやカルケミシュなども滅亡に追い込まれている。

こうした一連の出来事の原因として、気候変動などが論じられた。国や文明の滅亡は、原因が一つだけということはまずない。純然たる歴史学の問題というよりも、現状に対する警鐘を兼ねた視点での取りあげ方になっていた。

歴史学は一等史料、つまり同時代の文字史料にもとづいて研究する分野なので、一等史料が十分とはいいがたい「前一二世紀の危機」については、全体としてあまり熱心に取り組まなかった印象があり、いつしか話題にならなくなった。

ところが、二一世紀に入って、二〇世紀後半以上に地球環境の悪化が深刻化していることで、またしても「前一二世紀の危機」の問題が放送などの一部メディアで取りあげられている。

アラム人の侵入

すでに前一三世紀末には、アッシリアはかなりの領土を失っていた。大きな原因は自然環境の悪化である。何年にもわたる降雨量の減少という気候の変化が食糧生産に大きな影響をもたらし、国力が著しく低下した。アッシリア一国だけでなく、古代オリエント世界全域を襲った深刻な事態であった。アッシリアとバビロニアは歴史上で最悪の経験をしたようだ。一説には、バビロニアはアッシリアよりも深刻であったという。

前一二世紀以降には、西方シリア砂漠からアラム系諸部族が侵入してきた。都市の周囲には、北西セム語の一派、アラム語を話す牧畜民が流入し、定住しはじめる。アラム人の流入はつづき、メソポタミアとシリアの大部分に定着し、その後独立国をつくっている。アラム人とその後のカルデア人（二二五頁参照）の国の多くは、ビート・アディニ（一八四頁参照）、ビート・ヤキン（二二五頁参照）などのように、建国者名にアッカド語で「家」を意味する語ビートを冠した国名をつけている。

また、アラム人はビート・ヒラーニ様式と呼ばれる公共建造物をシリア北部に建造していた。

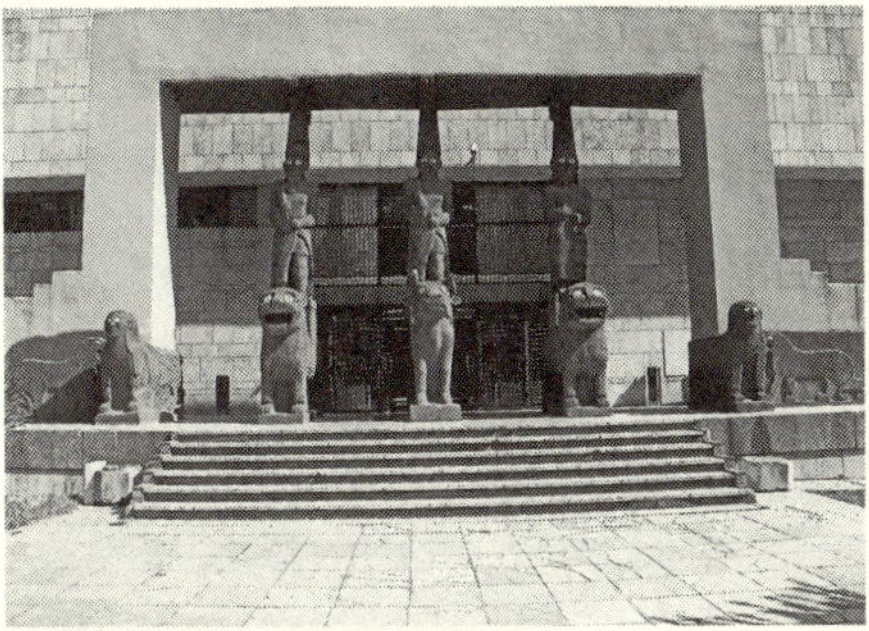

5―5　（上）ビート・ヒラーニ様式建造物正面　グザーナ市（現代名テル・ハラフ）のビート・ヒラーニ様式建造物の正面が、アレッポ博物館の正面入口として復元されている。**（下）2人のアラム人**　ジンジルリ出土、前8世紀後半、閃緑岩、古代オリエント博物館（イスタンブル）蔵

三　版図拡大から縮小に転じたティグラト・ピレセル一世治世

勢力を回復したティグラト・ピレセル一世

トゥクルティ・ニヌルタ一世没後の停滞した状況から約一世紀を経て、アッシリアは勢力を回復する。

ティグラト・ピレセル一世の治世にあたる。序章で話したように、ティグラト・ピレセルはヘブライ語名、アッカド語名はトゥクルティ・アピル・エシャラで、「我が拠《よ》り所《どころ》はエシャラの子」の意味になる。エシャラはアッシュル神を祀った神殿である。

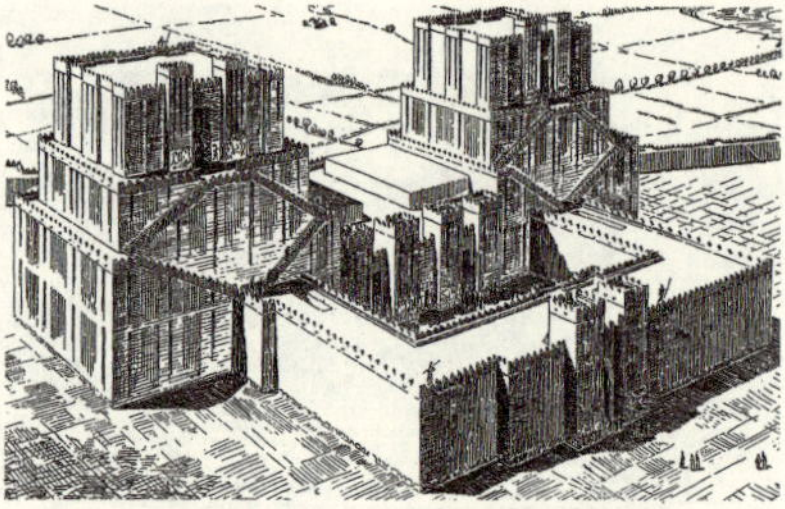

5―6　アヌ・アダド神殿復元図

ティグラト・ピレセルは一対のジックラトをともなう珍しい形式のアヌ・アダド神殿（図1―7参照）をアッシュル市に再建した。はじめはアダド神の神殿だけだったが、父王のアッシュル・レシュ・イシ一世（前一一三二―前一一一五年、第八六代）がアヌ神の神殿を加えて、双子神殿を建立した。老朽化して崩れてしまったので、ティグラト・ピレセルが再建し、父王についてはふれずに自分の功績とした。

ティグラト・ピレセルの治世前半は版図拡大に成功した。だが、後半になるとアラム系遊牧民の侵攻などで、拡大した版図は縮小することになってしまう。

5―7　八角柱碑文　アヌ・アダド神殿の定礎碑文　アッシュル出土、前1109年頃、焼成粘土、高さ39.5cm、直径17cm、大英博物館蔵

アッカド語解読のテストに使用された八角柱碑文

前述のように、アダド・ニラリ一世の時代に原型がつくられた年代記は、ティグラト・ピレセルの時代に年ごとの軍事遠征記事を時代順に記すアッシリア年代記の形式として完成する。後代の新アッシリア時代の諸王の年代記の先駆けとなった。

ティグラト・ピレセルの年代記はアヌ・アダド神殿から出土した粘土製八角柱に記されていて、八角柱碑文と呼ばれている。この碑文は別の理由から、よく知られている。一八五七年に、アッカド語が解読されたことを主張する四人の研究者たちが別々にこの碑文を訳し、イギリスの『王立アジア学会雑誌』に発表された。四人の訳文がほぼ一致し、これをもってアッカド語解読が認定され、新しい学問分野アッシリア学誕生が公的に認知されたのである。

北方および北西方への軍事遠征

ティグラト・ピレセル一世もまた前任者と同様に、あるいはそれ以上に軍事遠征をせざるをえなかった。

北西方からムシュキがタウルス山脈を越え、ティグリス河沿いにアッシリアへ進軍してきた。ムシュキはフリュギアをさすようだ。ティグラト・ピレセルは二万の敵を迎え撃ち、その後山岳地域を鎮圧し、ヴァン湖北方まで侵攻した。

治世五年までには四二の国々とその王を征服し、神々の像を捕囚し、戦利品を首都アッシュルに運び込んだ。戦利品は戦車、馬、銅、鉛など、貢納品は鉄、銅、鉛などであった。

征服した国々の神像はアッシリアの偉大な神々の御前でひれ伏させたと王碑文に記されている。このことは、神々の戦いの代行者を称するアッシリア王にとっては重要な凱旋《がいせん》の象徴的な行為であった。

西方地中海方面への軍事遠征

アラム人の侵入への対応を迫られたティグラト・ピレセルは、アラム人の本拠地ビシュリ山方面への攻撃のために、ユーフラテス河を二八回も渡ったと記している。それでも、アラム人の流入はやまなかった。アラム人によってユーフラテス河の大彎曲周辺を支配された結果、アラム人勢力を除去しない限り、シリア北部を横断して西方への進軍はできなくなってしまった。ここをアッシリアが回復するのは前九世紀になってである。

ペルシア湾に臨むバビロニアとちがい、ティグリス河中流域が本拠地のアッシリアにとっては、海への道は近くはなかった。それでも、ティグラト・ピレセルは地中海に一回は達したようだ。この遠征によってフェニキア諸都市を服属させ、アルワド市（ギリシア語名アラドス）から船出して海の珍獣を捕らえ、さらにグブラー市（ギリシア語名ビブロス、現代名ジュベイル）とシドン市（現代名サイド）から朝貢を受けた。

ティグラト・ピレセルは遠征の記録のなかで、野生動物についてよく記している。地中海の「海馬」と呼ばれていたナヒル、つまりいるかなどを捕獲あるいは殺戮《さつりく》している。ライオン、象そして水牛など、野生動物について記した意図は、自然界の野生の力をも支配する王の力をあらわすことにあったともいう。

5―8　グブラーのオベリスク神殿
神殿中庭に、高さが3mから50cmの複数のオベリスクが立てられていた。オベリスクは砂岩製で、表面に漆喰が塗られていた。前2000年紀のグブラーの繁栄を見ることができる

南方バビロニアへの侵攻

南方、バビロニアへは二回進軍し、イシン第二王朝マルドゥク・ナディン・アッヘと対戦した。

一回目は国境付近での抗争で、負け戦だった。二回目はバビロニア内部まで侵攻し、諸都市を攻撃した。シッパル市（現代名フブー・ハッバハとテル・エッ・デール）やバビロンを占領、掠奪するも、支配者の座につくことはしなかった。

この直後、メソポタミア一帯に起きた飢饉《ききん》で、アラム人が大挙バビロニアに侵入し、混乱のなかマルドゥク・ナディン・アッヘは消息不明となる。

また、ほかの地域の征服と同様に、バビロニアから多数の強制移住民をアッシリアへ連行している。すでにトゥクルティ・ニヌルタ一世の時代に見られた政策で、新アッシリア時代にはさらに大規模になる。強制移住政策については二〇六頁で話す。

アッシリアの衰退

ティグラト・ピレセル一世の治世後半については記録がない。その治世末は大飢饉に見舞われている。

年代記形式の文書断片にはアラム人の攻撃とアッシリアに迫る飢饉のことが書かれていたと考えられている。アッシリア一国だけでなく、オリエント全域を襲った深刻な事態であった。前一〇世紀中頃までには、アッシリアの領土はメソポタミア北部のティグリス河流域周辺までに縮小してしまったものの、よくもちこたえ、消滅することはなかった。

四　アッシリア法に見られる社会

『中アッシリア法令集』とは

5—9 『中アッシリア法令集』 アッシュル出土、ニヌルタ・アピル・エクル王治世（前1181—前1169年頃、第82代）、粘土板、高さ32cm、幅20.5cm、厚さ2.8cm、中近東博物館（ベルリン）蔵

古アッシリア時代や新アッシリア時代の成文法は現時点で発見されていない。中アッシリア時代の『中アッシリア法令集』（『中アッシリア法典』）だけがあきらかになっている。

ティグラト・ピレセル一世の治世に、『ハンムラビ法典』などメソポタミア南部に伝わる「法典」を参考にして、アッシリアでも『中アッシリア法令集』が編纂された。これは法文集の総称で、別個の粘土板文書に記されていて、現時点で序文や跋文《ばつぶん》はない。

残存する粘土板文書のほとんどがアッシュル市から出土している。比較的保存状態の良い文書Aには、五九条が記されている。そのほかは欠損が多く、Bに二〇条、Cに一一条、残りの断片には多くても六条が残るだけで、合計九六条になる。

Aでは窃盗、偽証、婚姻および離婚、姦淫《かんいん》、男性の同性愛（男色）などが扱われている。この後で、やや詳しく話す。

Bには農耕地の相続、売買、不当耕作、農業用水の共同利用などがふくまれ、土地の境界移動への罰則も書かれている。隣人の境界地を大きく取り込んだことが証人によって証明されると、取り込んだ耕地の三倍の耕地を被害者に与え、加害者の指一本が切り落とされる。さらに、鞭《むち》で一〇〇回打たれ、一ヵ月間王のために労役をつとめることになる。

Cでは不当な人身売買、家畜の窃盗や売買などが扱われている。

厳しい刑罰

『中アッシリア法令集』は前述の「エブラ・アッシュル通商条約」と同じ解疑法形式である。日本国では『日本国憲法』のもとに国民は平等であることが当たり前と考えられている。ところが、古代メソポタミア社会はちがっていて、階級により量刑もちがった。

アッシリアは人つまり自由人と奴隷の二階級だが、「アッシリア人」「アッシリア女」の表現が見られる。これらの語は『ハンムラビ法典』に見られる、自由人と奴隷との中間層にあたる、半自由人をさすとの見解もあるが、確定していない。

また、アッシリア法はバビロニア法に比較して、一条の条文が長い。慰謝料や与えた損害への弁償は別にして、刑罰は全体として行為者個人に向けられた不法行為の公的処罰であった。そこで、不法行為の証明と告訴、つまり公の認定がまず必要なことから、条文が長くなってしまったようだ。

不法行為は公的秩序の侵犯と考えられていた。侵犯者は与えた損害の弁償だけでなく、死刑や身体の部分的な切断などの厳罰に処された。また、バビロニア法にはない、アッシリア独自の刑罰として「五〇回の鞭打ち」や「一ヵ月間の王のための労役」などが見られる。

これらの条文が当時の社会で現実におこなわれていた法、つまり実定法かは、疑問が残るという。『ハンムラビ法典』と同様に、実定法というよりもむしろ一種の道徳的な民衆教化が目的との見方もある。

契約なしの結婚

『中アッシリア法令集A』には女性についての条文が多く残されている。

約半分が「もし女性が」「もし人妻が」などのように、女性のなんらかの行為が扱われている。また、残り半分のなかで、「もし人が」と男性の加害行為であっても、おもに女性にかかわる行為が扱われている。

女性は外出する際には、頭に被り物《かぶりもの》をつけなければならず、娘はさらにヴェールか衣服かマントで顔を隠さなければならなかった（第四〇条）。また、娘の処女性が重要視されている（第五五条）。

バビロニアと同様に、アッシリアでも家庭内のもめごとなどについて公が一定の規則を提示している。次にあげるような条文がある。

第三四条では、寡婦《かふ》の再婚を扱っている。男性が契約せずに寡婦を娶った場合でも、二年間同居したならば、正式な妻であって、出ていく必要はないと記されている。

『ハンムラビ法典』第一二八条では、契約なしの結婚、つまり内縁関係は一切認められていない。そこで、第三四条から、内縁関係であっても妻として認めるということで、アッシリアのほうがバビロニアよりも人権保護の姿勢がうかがえるとの見解もある。

不倫行為

第一三条では不倫行為を扱っている。

不倫行為は男女合意のうえであれば、両者とも死刑であった。こうした行為は公的秩序の重大な侵犯と考えられていたという。

バビロニアでは一律に規制しない女性の行為が、アッシリアでは規制の対象になっている。それというのも、アッシリア社会はバビロニアとはちがって、家父長権が強く、女性の地位も相対的に低かったようだ。

新アッシリア時代の法律文書においても、女性が契約や訴訟の当事者として登場する例はあるものの、バビロニアよりもずっと少ない。

女性への耳鼻削ぎ刑

アッシリア法の刑罰のなかで、おぞましい刑罰は女性への耳鼻削《そ》ぎ刑である。

第五条は人妻が窃盗をした場合の罰則で、この刑罰が適用されている。

もし人妻が別の人の家から、錫三〇〇シェケル以上の価値があるなんらかのものを盗んだ場合、盗品の所有者は、「決して私は彼女に（それを）取らせていない、私の家から盗めともいっていない」と、誓うべきである。もし夫が同意するならば、彼（夫）は盗品を手渡しし、彼女を引き渡すべきである。彼は彼女の耳を切り落とすべきである。もし夫が彼女の引き渡しに同意しないならば、盗品の所有者は彼女を捕らえ、彼女の鼻を切り落とすべきである。

（三〇〇シェケル＝約二・四九キログラム）

人妻が窃盗を働いた場合、まず被害者は窃盗の被害にあったことをあきらかにする必要がある。加害者の人妻が公権力に引き渡された場合と、そうでない場合では、量刑に差がつけられる。身体の部分的な切断はどこであれ、残酷でおぞましい刑罰である。なお。『ハンムラビ法典』第二八二条では耳削ぎ、『ヒッタイト法典』第九五条などでは耳鼻削ぎが奴隷に対する刑罰として採用されている。

こうしたおぞましい刑罰は世界各地に見られ、日本でもおこなわれていた。明治期から昭和期にかけての日本法制史の大家中田薫《なかだかおる》（一八七七―一九六七年）がすでにこの問題を扱っていて、アッシリアの女性への耳鼻削ぎ刑を、アッシリアの男性への去勢に対応すると考えている。

清水克行《しみずかつゆき》著『耳鼻削ぎの日本史』によれば、刑罰としての耳鼻削ぎは、中世には女性や宗教者に対しての刑罰であった。つまり男性ならば死罪であるべきところを宥免《ゆうめん》されて、耳鼻削ぎになったということである。こうした認識は近世に入ると失われ、逆に「見せしめ」のための残虐性が前面に押し出されていったという。

江戸幕府（一六〇三—一八六七年）の安定とともに、「見せしめ」第一の厳罰主義から日本は決別していった。ところが、二一世紀に入っても耳鼻削ぎを女性に対しておこなったのがアフガニスタンを支配する、過激なイスラーム原理主義集団タリバーンで、過去の話ではなかったのである。

男性への対応する罰則

中アッシリア法の第九条に記されている婦女暴行の場合もおぞましい罰則になる。行為が実証されたら、指一本が切り落とされる。あるいは接吻《せっぷん》したら、下唇が切り落とされることになる。

第二〇条では男性の同性愛が扱われているが、罰則は去勢である。

性についての考え方は民族や国によってちがっていて、男性の同性愛（少年愛）は古代ギリシアならば罪に問われることはないし、バビロニアではこうした法規は見られない。

後宮の存在

『中アッシリア法令集』にはふくまれていないが、後宮についての規則が別に制定されていた。古代メソポタミア史で、後宮が確認できるのは中アッシリア時代からで、後宮についての罰則をともなう規則が制定され、『後宮勅令』あるいは『中アッシリア宮廷布告集』などと呼ばれている。

一夫多妻が認められた社会の権力者はしばしば後宮をもった。後宮の語は制度および王宮の一部分をさす。前者は組織化された王の側室制度のこと、後者は側室たちのために確保された宮殿の一部で、双方をさす名称である。

後宮をアラビア語でハレムという。アッカド語ハラームに由来する。ハラームは動詞「分ける」が語源で、社会的に区別された女性たちや、こうした女性たちの居住区域をさすことになったようだ。

アラビア語ハレムは「出入り禁止の聖域」の意味で、イスラーム世界特有の家屋内の女性の生活区域をさす。夫以外は男子禁制だが、元来の目的は女性の保護にあるともいう。

カルフの北西宮殿南翼にはアッシリア王家の後宮があった。これについては一九〇頁で話す。

5—10　宦官　ドゥル・シャルキン出土、前710—前705年、石膏、高さ64cm、幅53cm、大英博物館蔵

『後宮勅令』の発布

アッシュル・ウバリト一世からティグラト・ピレセル一世までの間の約二〇〇年間で、九代の王が勅令を発布している。王家の女性たちが居住する「内部の区域」の秩序と不可侵性を維持することについての二三条が発布され、ティグラト・ピレセル治世に集成された。

こうした命令は宮廷内の風紀紊乱《ふうきびんらん》の防止や王宮内の謀反に対する危惧の念から出されたようである。対象になったのは、宮廷に仕える女性全般というよりも、後宮に居住する女性たちおよび彼女たちにかかわる宦官《かんがん》をふくむ従者の男性たちである。ゆるい規則ではなく、厳しい罰則をともなっている。

たとえば、「もし宮廷の従者が宮廷の女性と話したいのならば、彼は七歩以上彼女に近づくべきではない」とされている。宮廷の従者、おそらく宦官が宮廷の女性と話すときには、七歩以上離れることが決められていて、違反すれば死罪であった。

勅令は女性たちの口論にも言及する。もし男性が女性たちの口論を盗み聞きしたならば、彼は一〇〇回打ちすえられるか、一方の耳を切り落とされることが定められていた。後宮の女性は女奴隷に対して三〇回の鞭打ちをすることは認められたが、彼女を殺してはならなかった。

また、女性たちが女奴隷に金や銀などの贈物を与えることは許されなかった。

アッシリアの宦官（シャ・レーシ）

アッシリア王家には多数の宦官が仕えていた。

去勢された男性の存在はすでに前三〇〇〇年紀のシュメル社会に確認できるが、宮中ことに後宮の管理や王の側近として仕える役人、つまり宦官の制度の整備は確認されていない。

宦官の制度が確認できるのは中アッシリア時代からで、本格的に宦官を採用したのは新アッシリア時代のティグラト・ピレセル三世（前七四四―前七二七年、第一〇八代）になる。

宦官はシュメル語でルサグといい、「頭の人」を意味する。アッカド語シャ・レーシは「二つの頭をもつ者」を意味し、「頭」は睾丸《こうがん》に対応し、「二つの頭がない者」の婉曲《えんきょく》表現になる。シャ・レーシと呼ばれた人々の職種はさまざまで、書記、楽師、そして奴隷などと、官僚から私的な使用人までアッシリア社会に広くおよんでいた。

「宦官と髭《ひげ》のある者」という表現は、宮廷に属す全アッシリア官僚をさした。

アッシリアの軍隊と行政において、宦官は高官であった。前一〇〇〇年紀はじめの高官の一割以上は宦官との推定もある。宦官には特別な土地が給付され、しかも免税措置もあった。宦官は「宦官長」が統率する別個の団体を形成していた。

アッシリアの浮彫で「髭のない人」として表現された官僚たちは、一部は若い少年などの可能性もあるが、一般に宦官と同定される。宦官のために刻印された新アッシリア時代の印章の大部分は、髭のない礼拝者の姿を刻んでいて、宦官の印章であったことを示している。

後代の諸文化における宦官は、結婚をすることも養子を迎えることも可能だったが、アッシリアでは許されなかった。アッシリアでは、死亡した宦官の財産については王が権利をもち、埋葬に対する責任を負っていたからである。

また、ヘロドトスはアケメネス朝の行政区と年々の租税徴収に関する配分を詳細に書いていて、「バビロンはじめその他のアッシリア地区からは、銀一千タラントンと五百人の去勢された男児が納められた。これが第九徴税区である」（松平千秋訳『歴史』（上）巻三、九二）といっている。

第六章
アッシュル・ナツィルパル二世　カルフ市に都す
——新アッシリア時代Ⅰ　先帝国期

聖樹の両側に立つアッシュル・ナツィルパル２世　真ん中は抽象化された聖樹、両側にアッシュル・ナツィルパルとその背後に守護霊（有翼の精霊）、樹上の有翼日輪から飛び出す神は異説もあるが、アッシュル神と考えられる。王は王冠をかぶっている。こうした王冠は第７章扉図のほかに、図７—９上・下、８—２、８—13左などでも見られる。新アッシリア時代の王冠は先が尖った円錐だが、ターバンを巻いているので、先を切りとった円錐のような形をしていて、背中にターバンの先端が垂れている。カルフ北西宮殿、石膏、高さ195cm、大英博物館蔵

一　鉄器時代に入る

アッシリア帝国とは

古アッシリア時代は、シュメル・アッカドの支配を脱した、ティグリス河流域の都市国家アッシュル市にはじまった。

中アッシリア時代には、ミタンニ王国の支配を脱して、領域国家アッシリア王国へと転換し、バビロニアと覇権を争い、一時期はバビロニアを支配するまでに成長している。

そして、ナイル河流域のエジプトまでの広大な版図を支配する世界帝国へと飛躍的に発展したのが、新アッシリア時代（前一〇〇〇頃―前六〇九年）である。

新アッシリア時代は以下のように三分される。

先帝国期　アッシュル・ナツィルパル二世（前八八三―前八五九年、第一〇一代）以降
帝国期　ティグラト・ピレセル三世（前七四四―前七二七年、第一〇八代）以降
絶頂期　センナケリブ（前七〇四―前六八一年、第一一〇代）以降

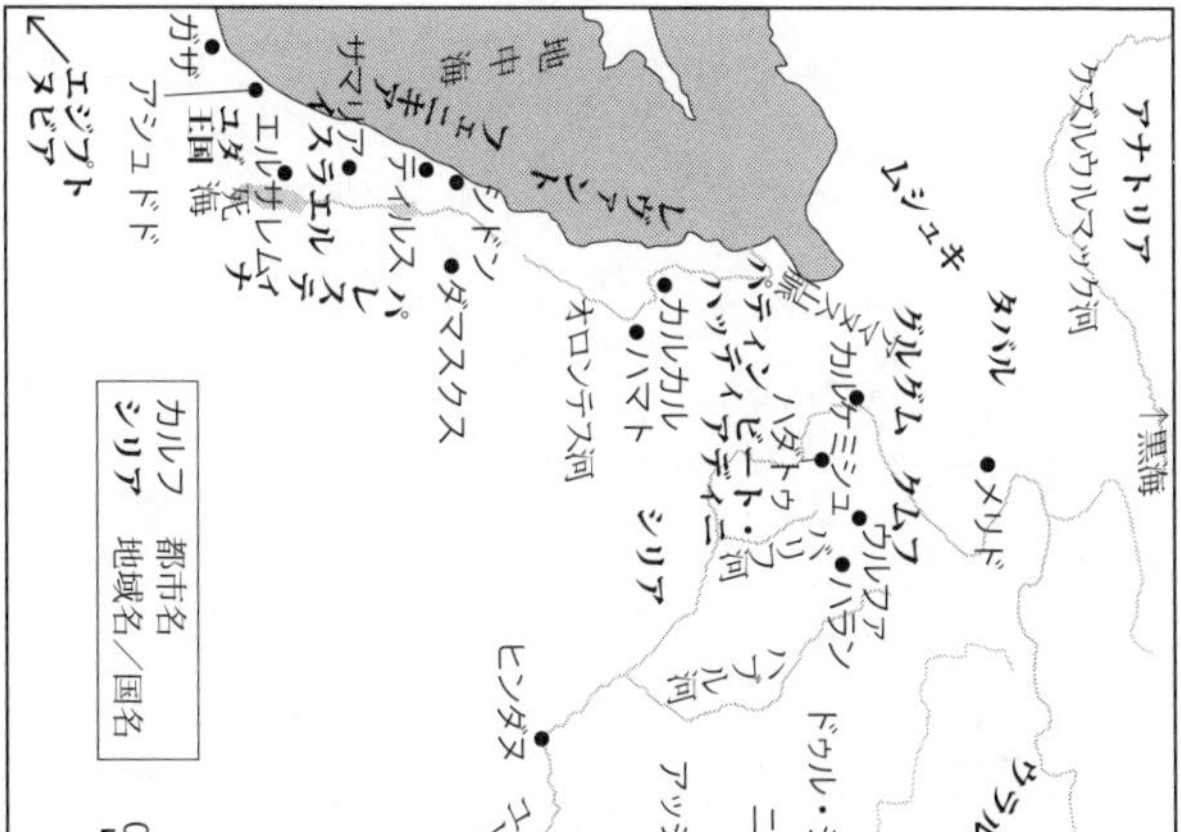
アナトリア
クズルウルマック河
黒海
カフカス山脈
カスピ海
ムシュキ
タバル
メリド
グルグム
クムフ
カルケミシュ
ウルフア
ハラン
ビート・アディーニ
バリフ河
ハブル河
パティン
ハッティナ
オロンテス河
カルカル
ハマト
シリア
ダマスクス
シドン
ティルス
フェニキア
レヴァント
地中海
サマリア
イスラエル
エルサレム
ユダ王国
死海
アシュドド
ガザ
パレスチナ
エジプト
ヌビア
ヒンダヌ
スフ
ユーフラテス河
ドゥル・シャルキン
ニネヴェ
アッシュル
カルフ
ティグリス河
大ザブ河
小ザブ河
ウラルトゥ
ヴァン湖
ウルミア湖
フブシュキア
ギルザヌ
ムサシル
マンナイ
イムグル・エンリル
メディア
ザグロス山脈
ルリスタン
ケルマンシャー
エクバタナ
イラン高原
バグダード
ディヤラ河
ボルシッパ
バビロン
シュメル・アッカド
（バビロニア）
カルヘ河
カールーン河
エラム
ペルシア湾
カルフ　都市名
シリア　地域名／国名
0
200km

6—1　第6章、第7章地図

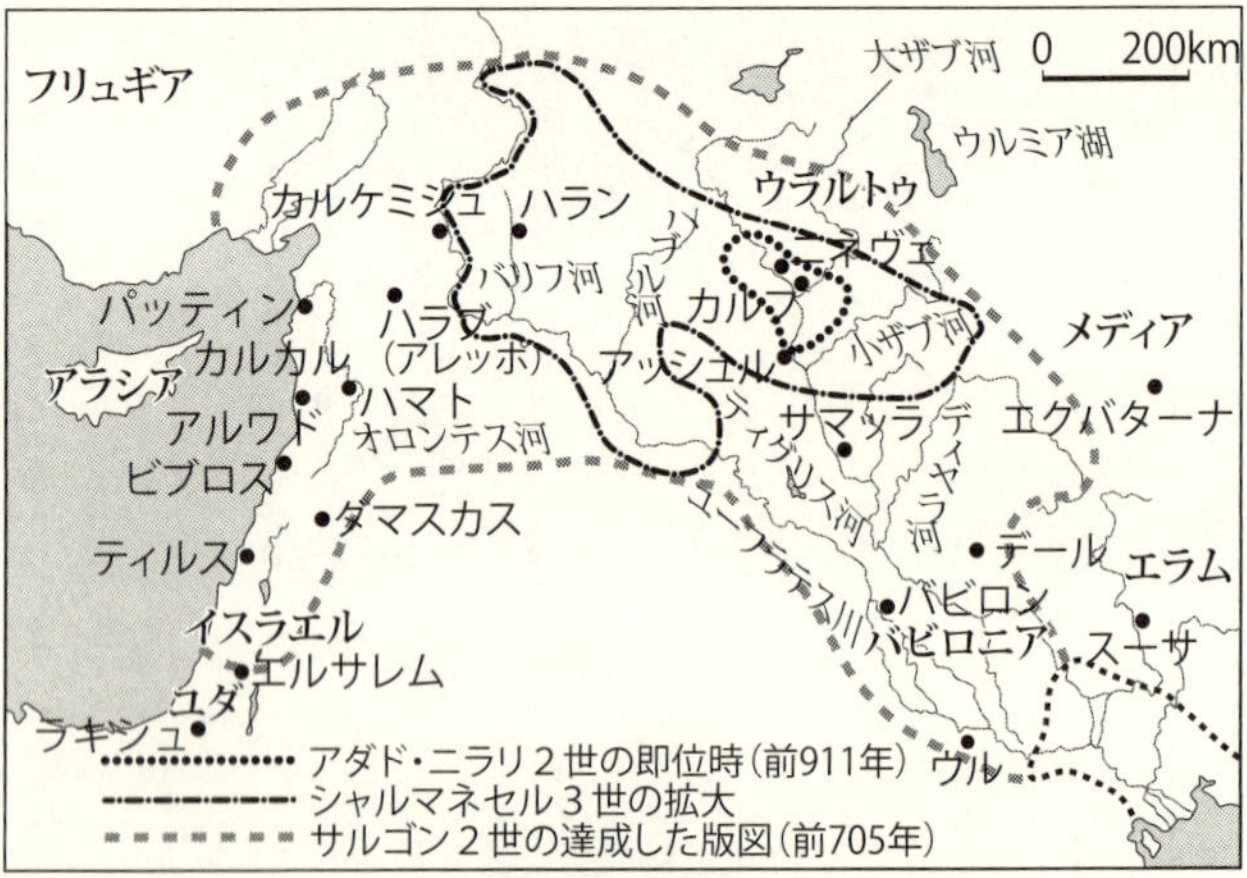

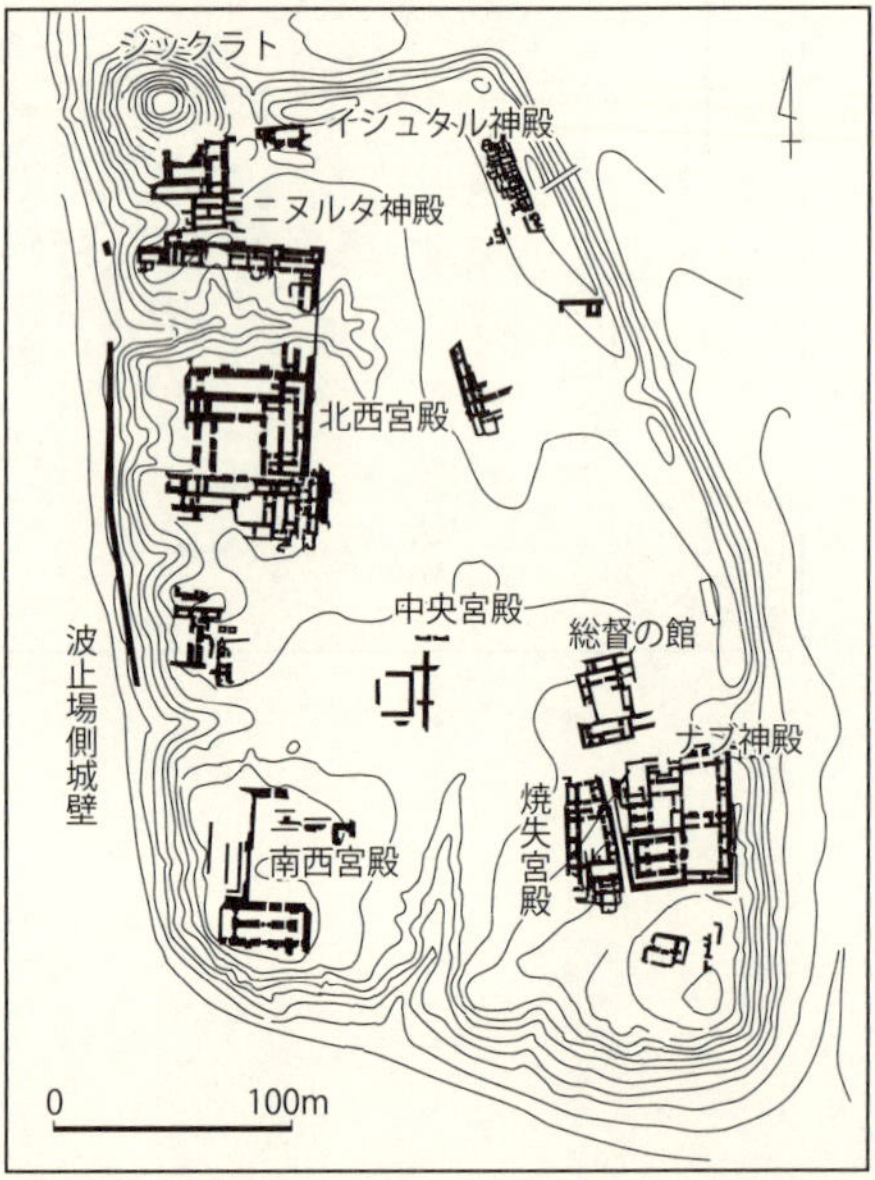

６―２ （上）アッシリア帝国の発展拡大、（下）カルフ

アッシリア帝国は武力で大きな版図を切り取っていき、絶頂期を迎えるも、凋落《ちょうらく》ははやく、その最期は不明瞭で、イラン高原の新興勢力メディア王国（前八世紀後半―前五五〇年）および新バビロニア王国（前六二五―前五三九年）連合軍により、前六一二年にはニネヴェが陥落し、滅亡に追い込まれる。

本章では、領土を拡大していく、先帝国期について扱う。

青銅器時代から鉄器時代へ

メソポタミア最南部でシュメル人が担い手となる普遍的都市文明がはじまって、すでに二〇〇〇年以上の時間が経ち、前一〇〇〇年紀は新しい段階に入る。前一〇〇〇年紀に入ると、時代の趨勢《すうせい》を決めるような、帝国形成を可能にしたいくつかの新しい要素が出現しているので、まずここから話をはじめよう。

メソポタミア最南部シュメル地方で最古の都市文明がはじまった段階は、青銅器時代であった。ところが、前一〇〇〇年紀は鉄器時代に入っている。

初期の段階の鉄は青銅よりもあきらかにすぐれていたということではない。また、いうまでもなく、銅がまったく無価値になったということでもない。銅も必要だが、鉄が銅以上に有用な金属としての価値を漸次高めていったということである。

ヒッタイト王国は武器に適したかたい鉄つまり鋼の鋳造技術を国家機密にしていたが、前章で話したようにヒッタイト王国が滅亡したことで、この技術が近隣諸国に伝播《でんぱ》した。銅の産地は少ないが、鉄鉱石は比較的多く、しかも近隣にある。アッシリア北方の山岳地帯は鉄鉱石の産地で、入手しやすい。

別の理由として、アラム人の移動により、銅の交易路が途絶された結果として、入手しやすい鉄鉱石を利用することになった。銅に比較して鉄は安価なので、鉄製の農具や工具が普及したため、これまで人間が住めなかったような山岳部や島嶼部《とうしょぶ》にも、人間の居住世界が大きく広がった。この結果、広がった世界を鋼の武器を手に統一し、一元的に支配する世界帝国、つまりアッシリア帝国が誕生する。

アッシリア帝国では、戦利品や貢物の記録に鉄がふえていき、このことが鉄の重要性を裏づけている。サルゴン二世（前七二一―前七〇五年、第一一〇代）の新都ドゥル・シャルキンからは約一五七トンものインゴット（鉄の塊）をふくむ鉄製品が出土している。

有用な金属を求め、ときに武力行使を厭《いと》わないことは二一世紀になっても人類は繰り返している。

荷役獣らくだの採用

次に、広がった古代オリエント世界の各地への軍事遠征となれば、兵士たちの食糧、武器および馬の飼葉などを大量に運搬する必要があった。そこで、アッシリアではらくだを荷役獣として利用するようになった。

らくだはメソポタミア北部のステップ地帯の輸送に適していた。アッシリアでは、前一一〇〇年頃にふたこぶらくだをメディアから山岳交通用に、前七〇〇年頃にひとこぶらくだを砂漠での輸送用に導入した。らくだが兵站《へいたん》を担うことで、砂漠を横断する大規模な軍事遠征が可能になった。

一方、メソポタミア南部ではらくだの使用は広まらず、一般的な荷役獣はろばのままであった。

6―3　2種類のらくだ　（上）女性が4頭のひとこぶらくだを率いている カルフ出土、前744―前727年、高さ1.01m、大英博物館蔵。**（下）ギルザヌのスアがふたこぶらくだ2頭ほかを貢物として持参する場面** シャルマネセル3世の黒色オベリスク（図6―14）の部分。カルフ出土、前858―前824年、石灰岩、大英博物館蔵

「馬の背」でつくられた帝国

アッシリアは「馬の背」で帝国をつくったといわれている。

馬はまず戦車の牽引用《けんいんよう》に、ついで騎乗用に使われた。おもに軍事的な目的での使

用が先行したが、ほかに狩猟などにも使用された。

馬を制御するにはさまざまな馬具の工夫が必要で、数多くの馬具（図7―8中・下）がことにカルフから出土している。こうした発掘による出土品に加えて、アッシリアの浮彫が馬具についての豊富な情報を提供してくれる。

大規模な軍事行動が頻発したため、多数の馬を必要としたが、アッシリアの中心地は多数の馬を育成するには適していなかった。そこで、外国から馬を調達してきた。

戦車をひく大型馬はエジプトやヌビア産、騎兵用の小型馬は北方および北東方、ことにウラルトゥ産であった。

多くの馬を供給した地域は、アッシリアの北部と北東部、つまりウラルトゥ、マンナイ、メディアの各王国であった。馬の飼葉に適した牧草に恵まれたザグロス山脈の丘陵地帯やイラン高原は、馬の飼育場として理想的な土地で、後代のペルシア人は「良き馬と良き人に恵まれたパールサ（ペルシア）」と自慢していた。

アッシリアでは、良馬を集めるための国王直属の高官がいて、こうした役人たちが送った「徴馬報告書」が残っている。多数の馬を集め、中央および地方の厩舎《きゅうしゃ》に配分する官僚機構や、馬を飼養するための食糧の備蓄体制などが整備されていた。

また、戦利品や貢物としても、多数の馬を獲得している（口絵③下）。

二　アラム人の拡大

アラム人の建国とアラム語の普及

前章で話したように、アラム人がアッシリアの弱体化に乗じ、周囲に定住した。

この後で話すことになる強制移住政策で、アラム人はアッシリアによって各地へ拡散されている。アラム人は統一国家をつくることはなかったものの、メソポタミアおよびシリア各地に小国を建国した。

また、アラム人が内陸交易で活躍したこともあって、アラム語およびアラム文字が普及することになった。アラム語は北西セム語に属し、アラム文字は文字数が二二の単音文字（アルファベット）である。

前七〇一年、センナケリブ王がヒゼキヤ王（前七二八―前六九七年）支配のユダ王国を攻撃したとき、降伏を勧告するアッシリアの代表に対して、「僕《しもべ》どもはアラム語が分かります。どうぞアラム語でお話しください。城壁の上にいる民が聞いているところで、わたしどもにユダの言葉で話さないでください」（『旧約聖書』「列王記下」一八章二六）と、ヒゼキヤの家臣たちが答えている。

この話から、アッシリアとユダ両国の役人たちはアラム語を理解でき、外交用語として利用

6―4　インクで書かれた楔形文字（下部）　ニネヴェ出土、粘土板、前7世紀、高さ5.1cm、幅3.8cm、大英博物館蔵

されていたことがわかる。

共通語に採用されたアラム語

この後で話すことになるが、アッシリアの軍事遠征が西方に拡大したことで、後宮に北西セム語の名前をもつ女性がいたことがわかっている。つまり、アッシリア王家そのものもアラム人と無関係ではなくなっていたようだ。また、強制移住政策で大挙して人々が移動させられたこともあって、アッシリアではアッカド語を強制するのではなく、柔軟に対応し、アラム語も共通語として採用した。

アラム語を共通語とすることは後代のアケメネス朝（前五五〇―前三三〇年）でもつづき、帝国アラム語として採用され、長く、広く使われつづけることになる。

ナザレのイエス（前四年以前―後三〇年、生没年については諸説あり）もアラム語を話していた。アラム語使用地域は七世紀のアラブの侵攻とイスラーム教の布教とともに、アラビア語化が進んでいった。それでも、ダマスクス市北方のマアルーラなどの村落には、間もなく消滅するといわれながらも、二一世紀になってもアラム語話者が少数残っているといわれている。

6—5　2人の書記　手前、髭のない書記はパピルスにアラム語を、奥の髭のある書記は蠟引きの書板にアッカド語で記録。敵兵の首級が書記の前方に立つアッシリア兵の足もとに積まれている。ニネヴェ南西宮殿出土、前640—前615年頃、石膏、大英博物館蔵

アラム文字の採用と印章の変化

アラム文字は文字数が少ないこともあり、普及した。粘土板にアッカド語楔形文字を書く書記とともに、「皮に書く書記」としてアラム語、アラム文字を書く書記が併用されることになった。アラム文字からアラビア文字、シリア文字およびヘブライ文字が生まれた。

書写材料としては粘土板や羊皮紙、皮だけでなくパピルスも使用された。楔形文字は湿った粘土板に特殊な削り方をした葦ペンを押すので、インクは必要ない。だが、アラム文字は当然インクが必要である。第八章で話す「アッシュル・バニパルの図書館」出土の粘土板には、インクで楔形文字を書いた珍しい例もある。

前八世紀末には楔形文字にかわって粘土以外のものの上に、アラム文字のような単音文字を書く方式が普及した。書写材料の変化は、湿った粘土板上にころがす円筒印章の使用に適さず、スタンプ印章の使用を招くことになる。アッシリア王の印章にもスタンプ印章（図6—6）が採用されている。

三　残酷なだけか、アッシュル・ナツィルパル二世

6—6　王印の印影図
新アッシリア時代の王印には王が獅子にとどめを刺す図が刻まれていた。ニネヴェ出土、前715年、粘土、直径3.8cm、大英博物館蔵

奪還、拡大されていく領土

前章末尾で話したように、前一三世紀末には版図を縮小せざるをえなかったアッシリアだったが、前一〇世紀の後半以降に、失われた固有領土「アッシュルの地」を回復するために毎年のように軍事遠征を繰り返した。前九世紀中頃までにはすべて取りもどし、さらに領土を拡大していった。アッシリア帝国はアッシュル・ダン二世（前九三四—前九一二年、第九八代）をもって、幕開けとする。アラム人に奪われた領土を奪還し、亡命していたアッシリア人を元の土地にもどした。

前九世紀の拡大していく時期は、先帝国期といわれ、アッシュル・ナツィルパル二世とシャルマネセル三世（前八五八—前八二四年、第一〇二代）父子の治世が中心になる。両王の治世、つまり前九世紀中頃には、アッシリアには征服地からさまざまな朝貢品（図6—7）がもたらされた。たとえば、アナトリアの鉄、アマヌス山脈の銀、そしてレバノン杉などの良材を手にいれることができた。また、シリアの職人をアッシリア諸都市に強制移住させた。

強制移住政策（二〇六頁参照）は反乱を未然に防ぐことと同時に、アッシリアでは未発達な

技術を導入する意図もあった。すでに五六頁で話したことだが、ぜいたくな貴金属、ガラスそして象牙などを細工する技術は、シリアから地中海沿岸にかけての職人のほうがすぐれていたので、こうした職人を連行してくることで、アッシリアの手工業が発達したことは、出土品を見れば一目瞭然である。

連年の軍事遠征

アッシュル・ナツィルパルは多数の王碑文を残していて、しかもその豊かな内容からアッシリアの歴史の復元に大いに貢献している。

6—7 アッシュル・ナツィルパル2世への朝貢 （上）塔のある城塞の前に立つ同王 右端では貢物を量っている。（下）運ばれてくる家具 カルフ出土、前883—前859年、黒色玄武岩製オベリスクの断片、大英博物館蔵

一年に一度、ときには二度も軍事遠征をした結果、同王治世末にはアッシリアの版図が北方はティグリス河上流、東方はザグロス山脈およびクルディスタン山岳地域に達し、西方はハブル河よりも西へと拡大されていた。この頃、ユーフラテス河大

彎曲部両岸を支配していたのは、アラム系国家ビート・アディニで、アッシリアが西方に版図を拡大するためには排除すべき勢力であった。アッシュル・ナツィルパルの征服は一部だけで、同国の征服は息子シャルマネセル三世によって達成されている。

ただし、アッシュル・ナツィルパルは地中海に達し、シリア北部やフェニキア地方に朝貢させることには成功している。地中海方面へは繰り返し遠征し、自らの碑を立てた。

南方バビロニアは征服できなかった。

露悪趣味な残酷行為の描写

アッシュル・ナツィルパルは反乱軍を容赦なく征伐し、掠奪した。見せしめに、「串刺し」「目をくりぬく」「皮膚をはぐ」などと、戦場での敵に対するおぞましい残酷な行為が露悪趣味といえるほどに、浮彫図像や王碑文で強調されている。この過度な見せしめは効果があったようで、「アッシュル・ナツィルパルの計算された恐怖」という研究者もいる。

だが、ここまで残酷でなくとも、戦争における残酷な行為はほかの国でも、たとえば日本においても敗者の首をとり、首級《しるし》をさらすことなどは、武士が活躍した時代には平然とおこなわれていた。

王の像

6―8　シャルマネセル3世　胸部にはアダド神にあてた形式で同王治世の主要な出来事が41行で刻まれている。カルフ出土、前839―前838年頃、石灰岩（？）、高さ103cm、イラク国立博物館（バグダード）蔵

アッシリアでは浮彫だけでなく、丸彫像も制作された。ほかの王たちも自らの像を制作していたが、現時点でアッシュル・ナツィルパル二世（口絵②下左）とシャルマネセル三世父子の丸彫立像が出土している。

カルフのイシュタル女神神殿で発見されたアッシュル・ナツィルパルの立像は、王冠はかぶっていないが、鷲鼻《わしばな》と鋭い眼《め》をした専制君主らしい容貌の像である。石像胸部には以下の短い碑文が刻まれている。

アッシュル・ナツィルパル、偉大な王、強き王、世界の王、アッシリアの王（で）、トゥクルティ・ニヌルタ（二世）の子。（トゥクルティ・ニヌルタは）偉大な王、強き王、世界の王、アッシリアの王（で）、アダド・ニラリ（二世）の子。（アダド・ニラリは）偉大な王、強き王、世界の王、アッシリアの王。（アッシュル・ナツィルパルは）ティグリス河の対岸からレバノン山や大きい海（地中海）までもの、彼が征服した東方から西方までのすべての領土の征服者。

同じ称号が繰り返されるくどい表現だが、父はトゥクルティ・ニヌルタ二世（前八九〇―前八八四年、第一〇〇代）、祖父はアダド・ニラリ二世（前九一一―前八九一年、第九九代）と、正統な王統に属すことが記されている。

こうした長い名乗りは、すでに初期王朝時代のシュメル語で書かれた王碑文に見られ、後代にはアケメネス朝の王たちも継承していて、正統な王との表明になる。

浮彫にせよ、丸彫にせよ、王の像は神殿に神像などとともに安置された。この習慣は第三章で話したように、シュメル人に学んだと考えられる。

礼拝者としての王を象徴したようで、像をとおして地上における神の代理人として、また神々が与えるあらゆる恩恵を分かちあう者として、すべての礼拝行為に参与すると考えられていた。

新都カルフ市造営

アッシリア王は国外では軍事遠征に、国内では神殿などの建設活動や灌漑事業などに励んだことが、王碑文に記されている。王の功業としてふさわしい事業といえよう。

アッシュル・ナツィルパル二世の事業のなかでことに重要なのは、前八八〇年頃のアッシュルからカルフへの遷都で、この事業は一代では終わらず、息子のシャルマネセル三世が完成することになる。

アッシュルは狭く、しかもアッシリアの中心地域の南端に位置し、交通や軍事、あるいは経済活動にはやや不便であった。一方、ニネヴェは重要な都市に成長しつつあったものの、アッシュル・ナツィルパルは両市の間に位置するカルフを新都に選んだ。

カルフはティグリス河と大（上）ザブ河の合流点付近の、シャルマネセル一世が築いた小さな町であった。カルフの城壁に囲まれた面積は約三六〇ヘクタールで、遠方からの捕囚民をふくむ、多くの住民を住まわせた。ある記録では、人口約一万六〇〇〇人のところに、約三倍にもなる約四万七〇〇〇人が連れてこられたという。

カルフ市の灌漑事業

灌漑施設を整備しなければ、カルフ周辺地域ではせいぜい六〇〇〇人が暮らせる程度と考えられている。アッシュル・ナツィルパルはティグリス河に近い低地の沖積土に目をつけ、大規模な灌漑事業に着手し、「私は大ザブ河から運河を掘り、それを「豊饒の運河（パッティ・ヘガリ）」と名づけた。私はその近くに果樹園をつくった。私は果実や葡萄酒《ぶどうしゅ》を我が主人アッシュル神と我が国の神殿に奉献した」、と記している。運河建設は後代の王たちも継承している。

大規模な用水路の名残は、大ザブ河沿いの岩を削ってつくられた水路に現在も見ることができる。アッシュル・ナツィルパルは整備された土地を果実やぶどうの畑にしたと記しているが、

6—9　（上右）アッシュル・ナツィルパル２世の碑。（上左）宴会へのくだものの搬入　ニネヴェ南西宮殿、前705—前681年、石膏、大英博物館蔵。**（下）ざくろといなご**　食材のいなごとざくろが運ばれる場面の浮彫線画

こうした作物は贅沢品《ぜいたくひん》で、おそらく土地の大半では穀物が植えられ、カルフに住んでいる人々へ供給される食糧にされたにちがいないとの説もある。

アッシュル・ナツィルパル二世主催の大宴会

前八七九年、北西宮殿が完成した。玉座の背後に置かれたオルトスタット（壁面の腰羽目《こしはめ》にもちいられた石板）が本章扉図である。新アッシリア時代に好まれた主題で、

王宮が神と精霊とによって守られていることをあらわしている。さて、このとき、アッシュル・ナツィルパルは記念の儀式を挙行し、宴会を開催して、詳細を一面の石碑に刻んだ。表面真ん中には王自身の大きな姿が刻まれ、表裏両面に刻まれた碑文には、宴会で消費された多種多様な大量の食材の種類と数量とが列挙されていて、当時の食生活の一端が見え、興味深い。

「アッシリアの王、アッシュル・ナツィルパルがその歓喜の宮殿を、カルフのすべての技芸を具現した宮殿を飾り立てたそのときに、そして彼は偉大な王アッシュル神と国じゅうの神々を祝宴に招いたとき。大麦で肥育した牡牛《おうし》一〇〇〇、畜舎からの仔牛《こうし》と肥育羊一〇〇〇」

と書きだし、この後は食材の名前と数量が長々とつづいている。

牛、羊のほかに、羚羊《れいよう》（ガゼル）や鹿《しか》があげられているが、豚は出てこない。鳩《はと》や鴨《かも》などの鳥や、具体的な種類はあげられていない魚も食材にされている。また、昆虫食も採用されていて、いなごが食べられていたようだ。

かぶ、にんにく、たまねぎなどの野菜、アーモンド、ピスタチオなどの木の実、レンズ豆やいなご豆などの豆、そしていちじく、ざくろ、ぶどうなどの果実も使われている。こうした食材をどのように調理したかは記されていないが、豪華なご馳走《ちそう》であったにちがいない。アルコールとして、ビールとワインが提供されたようだ。

碑文の最後は次のようにしめくくられている。

私がカルフの宮殿を飾ったとき、我が国のすべての地区から四万七〇七四人の男女が招かれた。スフ、ヒンダヌ、パティン、ハッティ、ティルス、シドン、グルグム、メリド、フブシュキア、ギルザヌ、クムフおよびムサシルの高官や使節五〇〇〇人、カルフ市の住民一万六〇〇〇人、すべての我が宮殿のザリクゥ職一五〇〇人。合計六万九五七四人。カルフ市の人々とともにすべての国々の幸運な人々を一〇日間にわたって私は酒をふるまい、湯をつかわし、油を注いだ。そして（このように私は）彼らを礼遇し、彼らを平安と喜びのうちに彼らの国に帰らせた。

カルフの住民や外国からの使節など、女性もふくまれていて、合計六万九五七四人もの人々を、一〇日間にわたって饗応《きょうおう》したという。敵には残酷なアッシリア王だが、味方には宴会で大盤振る舞いをしていた。

黄金の副葬品をともなった后妃たちの墓

カルフの北西宮殿南翼を一九八九年にイラク考古総局が調査し、後宮の跡と特定された。第四九室床下の墳墓から、二体の被葬者が納められた石棺と豊かな副葬品が発見されている。副葬品に刻まれていた碑文などから、三人の后妃の名前が判明した。

ティグラト・ピレセル三世のヤーバー后妃、シャルマネセル五世（前七二六―前七二二年、第一〇九代）のバーニーティ后妃、およびサルゴン二世のアタリア后妃である。

このうち、ヤーバーとアタリアは北西セム語の名前である。ということは、アッシリアが西方へ軍事侵攻を繰り返したことで、政略結婚あるいは強制連行などにより、後宮にはアラム人をふくむ北西セム系の女性たちがいたことになる。なお、ヤーバーとバーニーティについては同一人物説が出されていて、シャルマネセル五世治世の後宮で生存していたとも説明されている。

この墳墓から出土した冠、耳飾りや首飾りなどの黄金製品は一四キログラムであった（口絵④下）。

また、第五七室床下の墳墓からは、総量が二三キログラムにもおよんだ黄金製品が出土した。こちらは本来アッシュル・ナツィルパル二世のムリッス・ムカンニシャト・ニヌア后妃の墓だったが、後代に再利用されていた。この后妃の石棺は空だったが、墳墓の外にある小室に納められた三基の青銅製棺からは、保存状態の悪い遺骨と副葬品の数々が発見されている。

こうした出土品からも、アッシリア王家の経済的な豊かさやすぐれた技術をもつ職人の存在が確認できる。

ニヌルタ神殿の建立と「リスム」儀礼

アッシュル・ナツィルパル二世はカルフにニヌルタ神殿も建立した。アッシリア王はアッシュル神を別格に扱うも、南部起源の神々も大いに尊崇していた。中アッシリア時代からシュメル起源の戦の神ニヌルタ礼拝に熱心で、神話にもとづいた祭儀劇も演じられている。

ニヌルタ神殿正面入口の両側の壁面を飾った石板浮彫については別の説もあるが、両手に稲妻を握った有翼のニヌルタ神が怪鳥アンズーを打ち負かしている場面があらわされている。新アッシリア時代の浮彫といえば、写実的で大規模な戦争の場面や狩猟の場面はよく扱われているものの、神話の場面は珍しい。

6—10　ニヌルタ神の怪獣退治浮彫線画
ニヌルタ神が合成獣（アンズーあるいはアサグ）を退治している場面　カルフのニヌルタ神殿入口に刻まれた浮彫、前9世紀頃

新アッシリア時代のアッシリアでは、キスリム月に国じゅうの神殿で「リスム」と呼ばれる徒競走がおこなわれた。キスリム月はメソポタミアで使われていた標準暦第九月で、現行太陽暦の一一月から一二月にあたる。「リスム」はニヌルタがアンズーを退治したことにちなんだ祭儀劇である。

神殿入口を飾った浮彫の主題もこの徒競走である。この儀礼は二六五頁で話す「獅子狩り」と同じ意味になる。アッシリア王に殺される獅子あるいはニヌルタ神に殺されるアンズーは

「魔」を象徴し、王は「魔」を退治し宇宙の秩序を整えることになる。つまり、王は宇宙の秩序を整える現身《うつしみ》のニヌルタ神と解釈されていた。

四　連年の軍事遠征を記録したシャルマネセル三世

宿敵ビート・アディニ国を滅ぼす

アッシュル・ナツィルパル二世の後継者シャルマネセル三世は、父王より一〇年も長い三五年の治世であった。図像のみならず、文字による詳細な軍事遠征記録をふくむ、年代記をはじめ多くの歴史碑文を残した。遠方まで親征したが、晩年になると体調に問題があり、指揮を代理に委ねた。

前八五八年、父王の代から懸案のビート・アディニをついに滅ぼし、その領土をアッシリアに併合した。ユーフラテス河の両岸を支配できたことは大きな成果だった。これ以降一世紀以上にわたり、アッシリア本土の西方の境界はユーフラテス河付近になった。カルケミシュなどのユーフラテス河沿いの臣従国家を次々属州に転換していき、直接支配地域を拡大した。

シャルマネセルの長い治世の間に、南方ではバビロニア北部に、西方ではシリア全域およびパレスティナにも、アッシリアの覇権がおよんだことになる。

また、アナトリアにも進軍、北方ではウラルトゥと繰り返し戦い、東方ではザグロス山脈方面に勢力を拡大している。勝ち戦ならば軍事遠征は一回で済むはずである。アッシリアは敗北を記さないが、時に負け戦あるいは苦戦していたにちがいない。

次に話す戦いも、アッシリアは勝ち戦と記している、歴史的に重要な戦いである。

カルカルの戦い

前八五三年、シャルマネセル三世治世六年に、シリアのオロンテス河畔の都市カルカル市（現代名テル・カルクル）で、同王率いるアッシリア軍を反アッシリア同盟軍が迎え撃った。これがカルカルの戦いである。

アッシリア側の記録では、反アッシリア同盟軍はアラム・ダマスクスのアダド・イドリ王を盟主として、一二王が表6―11のような陣立てで参戦した。

反アッシリア同盟軍のほうが、軍勢は多かったようだ。欠損箇所があり、正確な数は把握できないものの、歩兵だけでも五万以上になる。

6―11　反アッシリア同盟軍

ダマスクスのアダド・イドリ	戦車1200、騎兵1200、歩兵20000
ハマト人イルフレニ	戦車700、騎兵700、歩兵10000
イスラエル人アハブ	戦車2000、歩兵10000
ビブロス	歩兵500
エジプト人	歩兵1000
イルカタ人	戦車10、歩兵10000
アルワド人マティヌ・バアル	歩兵200
ウサナタ人	歩兵200
シアン人アドゥン・バアル	戦車30、歩兵［……］000
アラブ人ギンディブ	らくだ1000
ルフビの子、バアシャ	歩兵［……］000
アンモン人	

盟主アダド・イドリは「戦車一二〇〇両、騎兵一二〇〇、歩兵二万」で参戦しているが、『旧約聖書』では評判の悪い、イスラエルのアハブ王（前八七三―前八五三年）は、「戦車二〇〇〇両、歩兵一万」と、戦車の数は同盟軍のなかで最多である。

また、アラブ人ギンディブ王は一〇〇〇頭のらくだを連れて参戦していた。これがアッシリアの記録での「アラブ」の初出になる。現在の西アジア世界はアラブが支配する世界だが、西アジアの長い歴史では七世紀にイスラーム教が創唱されて以降が、アラブが本格的に主導した歴史である。前九世紀のアラブは先進国アッシリアから見れば、蛮族にすぎなかった。

6―12　らくだにまたがるアラブ兵
ニネヴェ北宮殿出土、前645―前640年、石膏、高さ約45cm、大英博物館蔵

さて、カルカルの戦いを記した王碑文では、アッシリアの勝利が強調されているが、すぐに信じることはできない。アッシリアの王たちは敗北を記録しないのが普通である。この戦闘の後も同盟軍の抵抗はつづいていた。ということは、アッシリアは苦戦、あるいは敗戦であった可能性がある。

バラワト門の門扉装飾帯

シャルマネセル三世はこうした軍事遠征の記録を文字だけでなく、目で見る形にして残している。現代名バラワト、

6—13　バラワト門復元　（左）門の実物は前848年頃に建てられた。浮彫をほどこした青銅の帯で、扉の板をとめている。帯の高さ27cm、大英博物館蔵。（右上）碑が建立され、犠牲獣がつれてこられている場面。（右下）幕舎内ではパンがつくられている

古代名イムグル・エンリルから出土した青銅製門扉装飾帯は前八四八年頃に打ち出し浮彫の技法で制作された。（口絵②上、図6—13）北方はウラルトゥ王国、西方ではフェニキア地方北部などへの軍事遠征や朝貢の場面が刻まれている。

　ウラルトゥについては前章で話したように、一度アッシリアに鎮圧されたが、復活していた。ウラルトゥはカフカス山脈を越えてオリエント世界へ侵攻してくる、騎馬民族キンメリアやスキタイとの緩衝地帯になっていたが、鉱物資源が豊かで、その支配地域は鉄鉱石の主要産地なので、アッシリアはウラルトゥと死闘を繰り返していた。

黒色オベリスクの朝貢者行列図

6—14　黒色オベリスク　カルフ出土、前858—前824年、黒い石灰岩、全高202cm、下部の幅61cm、大英博物館蔵

もっぱら朝貢の場面が浮彫の図像と文字で記録されたのが、一八四六年にレヤードがカルフで発見した、黒色オベリスクである。石灰岩製四角柱の四面に五段にわたって、朝貢の場面が浮彫の図像とアッカド語楔形文字で記されている。治世はじめから三一年間の長期にわたる遠征の記録で、治世の後代に作成されたと考えられる。

朝貢者行列図は古代オリエント世界で好まれた主題で、エジプトやイランでも制作されている。黒色オベリスクでは、誰がなにを持参したかが記されている。上から順に、イラン北西部のギルザヌのスア、イスラエルのエヒウ、エジプト、ユーフラテス河中流のスフのマルドゥク・アプラ・ウツル、およびオロンテス河下流の新ヒッタイト系のパティンのカルパルンダが各々朝貢する場面である。エジプト人朝貢者の名前は記されていない。

上から二段目のイスラエル王が朝貢する場面では、黄金の皿や黄金のコップなどを貢物として持参し、かつてアハブ王が戦ったシャルマネセルの足もとに、ひれ伏しているイスラエル王の姿が刻まれている。エヒウとはイエフ王（前八四五—前八一八年）のことで、この朝貢は前八四一年の出来事である。

これらの朝貢者は当時アッシリアの政治的影響力がおよんだ遠方の国々で、軍事遠征と外交努力によって達成されたアッシリア王の広大な権勢を、目に見える形で誇示したのである。

シャルマネセル三世の治世が終わるまでに、再征服は完全に達成され、さらに遠方まで遠征する。かつての領土を回復するとその外側にある国々は属国にして、朝貢させている。

セミラミス女王のモデル、サンムラマト后妃

シャルマネセル三世の晩年には、息子たちの間で王位継承をめぐる争いがあった。アッシリアには王位継承についての原則がなかった。このときの争いが、王家内の権力闘争として確認できる最初の例になる。王家内の権力闘争はやむことはなく、アッシリアを弱体化させ、滅亡させるにいたる要因の一つでもあった。

王位継承争いはアッシリアだけでなく、どこでもありえた。こうした事態に直面したヒッタイト王国では、前一五〇〇年頃のテリピヌ王が王位継承順位を『テリピヌの勅令』で成文化している。アッシリアではこうした成文化についての史料は現時点ではない。

シャルマネセル没後約八〇年間は、アッシリア中央の求心力が低下した。こうした時代に即位した王の一人が、幼くして王になったアダド・ニラリ三世（前八一〇―前七八三年、第一〇四代）である。母はシャムシ・アダド五世（前八二三―前八一一年、第一〇三代）のサンムラマト

后妃で、「セミラミス伝説」のモデルといわれている。

古代メソポタミア史に女王は実在しなかったが、伝説の女王は伝えられていて、その一人がセミラミス女王である。ヘロドトスは「バビロンの平野を貫く、じつに驚くべき堤防を築いた」（松平千秋訳『歴史』巻一、一八四）のは、セミラミスと伝えている。「セミラミス伝説」は虚構だが、権勢をふるったサンムラマトの話などが、伝説誕生の背景にはあったようだ。

サンムラマト后妃とアダド・ニラリ三世母子の強い絆

アッシリアの女性はバビロニアに比較して社会的に優位とはいえないことは前章で話した。だが、なかには権力の中枢で自らの力を誇示できた女性はいたのである。サンムラマトの名が刻まれた複数の碑が残っている。アッシュルで発見された碑には、「サンムラマトの碑、世界の王、アッシリアの王、シャムシ・アダド（五世）の宮廷の女性（后妃）、世界の王、アッシリアの王、アダド・ニラリ（三世）の母、四方世界の王、シャルマネセル（三世）の義理の娘」と、記されていた。

アッシリア王家で王と母后との結びつきが強い例はほかにもある。後代のエサルハドン王と母后ナキアについては二四〇頁で後述する。ほかに例がない珍しいこととして、サンムラマトは軍事遠征に同行したという。アナトリア南部のクムフとグルグムの境界を画定する碑にもサンムラマトとアダド・ニラリ母子の名が記され、サンムラマトは息子とともに軍事遠征でユーフラテス河を越えたと記されている。アダド・ニラリ治世に建立された代表的建造物がカルフのナブ神殿である。同神殿で発見された二体の人物像にもサンムラマトとアダド・ニラリ母子の長寿を祈願した碑文が見られる。ナブ神の崇拝をアッシリアで広めたのはこの母子といわれている。

ナブは元来バビロニアの書記術の神で、バビロニアの最高神マルドゥクの子とされ、バビロン付近のボルシッパ市（現代名ビルス・ニムルド）のエジダ神殿に祀られていた。バビロニアそのものを象徴するようなマルドゥクに比較し、アッシリア人にとっては憧れのバビロニア文化を象徴するナブは受けいれやすい神でもあった。

第七章
強制移住政策を推進した
　ティグラト・ピレセル三世
——新アッシリア時代Ⅱ　帝国期

戦車上のティグラト・ピレセル3世　宦官がさしかけている日傘の下に立つ王は縁飾りのついた長衣を着ている。右手をあげ、左手には花を握っている。戦車（図7—9上参照）は前9世紀よりも大型になり、車輪の輻は6本から8本へとふえ、戦車正面と軛（くびき）の間に垂れる布には有翼日輪の図が見える。御者は3本ずつ手綱を握っているが、きらびやかに飾られた馬は2頭しか表現されていいない。カルフ南西宮殿出土、前730—前727年頃、石膏、大英博物館蔵

一 バビロニア王も兼ねたティグラト・ピレセル三世

父の名を記さないティグラト・ピレセル三世

ティグラト・ピレセル三世（ヘブライ語名。アッカド語名はトゥクルティ・アピル・エシャラ。前七四四―前七二七年、第一〇八代）の治世をもって帝国期の幕開けとされる。そして、サルゴン二世治世までに、アッシリアの固有領土は約二倍に拡大していた。

前述のように、アッシリア王のなかには祖父や父の名をあげ、正統な王統に属することを公言している。ところが、アッシュル・ナツィルパル二世は父の名を記さない王もいて、その一人がティグラト・ピレセル三世である。王位の簒奪者ともいわれるが、アッシュル・ニラリ五世（前七五四―前七四五年、第一〇七代）の子、アダド・ニラリ三世（前八一〇―前七八三年、第一〇四代）の子あるいは孫と、諸説ある。

また、『旧約聖書』「列王記下」一五章二九、一六章七、一〇ではティグラト・ピレセルの名で記されているが、一方、「列王記下」一五章一九ではプルの名が出てくる。プルはティグラト・ピレセルの別名といわれ、バビロニア王としてプルを名乗ったとの説もある。だが、後代のヘブライ語やギリシア語の史料には見られるものの、同時代の記録からはプルの名前は確認できない。

ティグラト・ピレセル三世の行政改革

ティグラト・ピレセルの即位とともに、アッシリアの国力は回復する。同王は即位時にすでに四〇代か五〇代に達していて、正統な王位継承者ではなかったようだが、有能であった。后妃が前述のヤーバーで、後継者のシャルマネセル五世およびサルゴン二世はともにティグラト・ピレセルの子と考えられている。

まず、ティグラト・ピレセルは行政、軍制などの国内問題を改革し、地方分権化していたアッシリアを中央集権国家として再建した。行政改革では、アッシリア本土の州長官の権限を削減し、征服地では旧来の支配者を排除し、属州にかえた。

また、重要な軍制改革をおこなった。この改革によって、兵士は属州や臣従国などで徴募され、訓練された常備軍が主力をなし、アッシリアの軍事力が一段と強化された。

さらに、ほぼ毎年軍事遠征を繰り返し、大規模な強制移住政策をおこなった。アッシリア軍の詳細は二一四頁以下で話す。

7―1　（上）ウラルトゥ王国、ムサシルの神殿でのアッシリア兵の掠奪　浮彫線画。ドゥル・シャルキン出土、前721―前705年。**（下左）人面有翼獅子像**　トプラクカレ（トルコ）出土、前8世紀後期あるいは前7世紀初期、銅の合金、石、高さ15.5cm、長さ15cm、エルミタージュ博物館蔵。**（下右）ウラルトゥ酒杯官**　トプラクカレ（トルコ）出土、前8世紀後期あるいは前7世紀初期、銅の合金、石灰岩、金箔、高さ36cm、幅13.5cm、中近東博物館（ベルリン）蔵

北方の脅威ウラルトゥ王国との死闘

前八世紀中頃、ウラルトゥ王国が国力を増大させていた。アッシリアの勢力範囲にまでその影響力がおよび、アッシリアの領土自体をも脅かすことになった。

ティグラト・ピレセルは軍事遠征を選択した。ウラルトゥとの戦いは長引き、息子のシャルマネセル五世、さらにその後継者のサルゴン二世も戦いを継続せざるをえなかった。同王は戦いの様子を長い碑文（図7―10）と浮彫（図7―1上）にして伝えている。一方、ウラルトゥは大文明国アッシリアと戦うなかで、その美術をまね、

7―2　（左）守護の獅子像　足はラマッスと同様に5本である。ハダトゥ出土、前8世紀、玄武岩、長さ3.7m、高さ2.7m、アレッポ博物館蔵。**（右）牡牛像**　牡牛の足も5本である。ハダトゥ出土、前8世紀、玄武岩、長さ2.24m、高さ1.57m、ルーヴル美術館蔵

ウラルトゥ独自の美術（図7―1下左、下右）を残している。

また、ウラルトゥに内通していたシリアの諸都市やメディア人を敗北せしめ、強制移住政策による大規模な住民いれかえで新行政州を建設し、アッシリアに併合した。

南方ではバビロニアの王権を掌握し、ティグラト・ピレセル自らがバビロニア王を兼ね、アッシリアおよびバビロニアの両地方を支配した最初の王となった。

東方ではティグリス河東岸などのアラム人に勝利し、前七四四年にはじめてメディアに軍事遠征した。西方では、地中海岸まで達し、シリアやレヴァント地方南部に新しい属州を定め、さまざまな言語、文化をもつ諸民族を支配する、大帝国を形成した。

ティグラト・ピレセル三世の建築活動

ティグラト・ピレセルはほかのアッシリア王にくらべて建築活動についてはあまり記していないが、カルフの北西宮殿の修復を手掛けている。カルフにビート・ヒラーニ様式の建造物（図5―5上）を建てたとの碑文もある。

また、シリア・トルコ国境付近で、ユーフラテス河東方約三〇キロメートルに位置するハダトゥ（現代名アルスラン・タシュ）は、一九二八年に序章で話したアッシリア学者テュロー＝ダンジャンによって発掘された。ハダトゥの町は城壁に囲まれ、三ヶ所に門があり、各門には守護の獅子の彫刻がほどこされている。アッシリア美術を採用したものの、地方様式である。テュロー＝ダンジャンは一対の大きな玄武岩製の牡牛像を発見し、刻まれていたアッカド語碑文を読んでいる。冒頭は欠落箇所があるものの、ティグラト・ピレセルの名前が出てくる。例によって父の名は刻まれていない。牡牛については「イシュタル女神の［命令で］門にかたい玄武岩の牡牛を配置した」といっている。イシュタル女神といえば、獅子が随獣（図8―18参照）だが、理由は不明ながらもここでは一対の牡牛それぞれに長い勇猛な名前をつけている。

本格化した強制移住政策

ティグラト・ピレセル三世以降に本格化したのが、強制移住政策である。

征服地の住民をその居住地から別の土地へ強制的に移住させる政策は、エジプトやヒッタイ

7―3　故郷を追われる人々
（左）子に革袋から飲み物を与えるカルデア人の母　ニネヴェ、センナケリブ宮殿出土、前630―前620年頃、大英博物館蔵。**（右上）連行されるアスタルトゥ市の住民**　ダマスクス南方、アスタルトゥ市（現代のヨルダン）を制圧後に、住民たちが連行されていく。アッシリア兵が追い立てる4人は、おそらく財産をいれた袋を肩に担いでいる。本章扉図の上に刻まれている図。カルフ南西宮殿出土、前730―前727年頃、石膏、大英博物館蔵。**（右下）ナイル河の畔を引き立てられていくエジプト人**　子どもたちの姿も見られる。ニネヴェ北宮殿出土、前645―前640年、大英博物館蔵

トおよび中アッシリア時代にも見られたが、新アッシリアの版図拡大とともに、規模が大きくなり、のちの新バビロニア王国も実施している。

この政策の目的は指導者を追放し、反乱を阻止することであり、一方で前述のように技術者を獲得して、アッシリアの技術力を高めることでもあった。

記録のある大規模強制移住は新アッシリア時代だけで一五七

7—4　強制移住政策

王名	回数	③	④	⑤
アッシュル・ダン2世	2			2
アダド・ニラリ2世	1			1
トゥクルティ・ニヌルタ2世	2			2
アッシュル・ナツィルパル2世	13	12,900		5
シャルマネセル3世	8	167,500		3
シャムシ・アダド5世	6	36,200		2
アダド・ニラリ3世	1			1
ティグラト・ピレセル3世	37	368,543	x+25,055	19
シャルマネセル5世	1			1
サルゴン2世	38	217,635	x+21,650	24
センナケリブ	20	408,150	x+61,000	17
エサルハドン	12			12
アッシュル・バニパル	16			16
合計	157	1,210,928		105

③史料に報告されている移住民の合計数
④史料に報告されている不完全な移住民の合計数
⑤人数が不明な強制移住の回数

件を数え、かかわった人数は一二一万九二八人であった。一回の移住で最大の人数は、センナケリブ王がバビロニアからアッシリアへ捕囚した二〇万八〇〇〇人である。ごくまれに、帰還が許された捕囚民もいたが、大多数は二度と故郷にもどれなかった。捕囚民の多くはアッシュル、ニネヴェ、カルフなどアッシリア本土の主要都市に連行され、働かされた。また、防備のため周辺地域へ移され、兵力増強にも役立てられた。

こうした各地からの民族衣装を着た、女性や子どももいる捕囚民の姿がアッシリアの浮彫の図像に刻まれている。

　未曽有の大移動によって、前述のようにアラム語が普及することになる。

　新しい移住先での捕囚民の地位については議論がある。センナケリブ王の頃までは税や賦役の義務はあるものの、自由民であった。ところが、エサルハドン王治世になると、捕囚民は「王の奴隷」で、ほかの戦利品とともに個々人の間で分配された。

二　帝国の構成

「アッシュルの地」

本章では帝国期の話をしているが、ここでアッシリア帝国の構成や社会・経済をまとめて話しておこう。アッシリア帝国には、アッシリアの行政組織によって統治される固有領土「アッシュルの地」と、一定の自治はあるものの、アッシリアの支配「アッシュルのくびき」を受けいれた多数の属国があった。

拡大されていった固有領土「アッシュルの地」は、複数の行政州に分割され、各州には行政長官が置かれた。行政長官たちは、それぞれの州都に自分の宮廷と行政組織をもち、中央の政策にしたがって州全体を管理した。各州は輪番でアッシュル市のアッシュル神の神殿へ供物を奉献した。

国家中枢

アッシリア社会の頂点は王であり、王族や高級官僚などが国家の上層を構成する。

7―5　戦場での内臓占い　アッシュル・ナツィルパル2世の野営での一齣。左に立つ内臓占い師が、羊の臓器を点検している場面。カルフ北西宮殿出土、前865年頃、石膏、大英博物館蔵

王は原則として国家の政治、軍事、宗教、司法において絶対的権威をもっていた。実際には広大な帝国を運営するにあたっては、発達した官僚組織が機能していた。

官職名表には二〇〇におよぶ職名が見られ、高位の官僚は王族や貴族が独占した。

王のかたわらには高官たちが控えていた。最高位の五人は、最高軍司令官（トゥルターヌ）、侍従長（ラブ・シャキ）、王宮布告官（ナーギル・エーカルリ）、国庫長官（マセンヌあるいはアバラック）および家令（スッカル）である。

王に仕える者たちは、前で話したように「髭のある者」と宦官に二分されていた。多数の宦官が王に忠実な家臣として、官僚組織の要職につき、権力をふるった。

また、王の側近には呪術師や占卜師がいた。王が行動する際には吉凶が占われ、魔除《まよ》けなどをおこなった。ときには宗教者は戦場にも同行し、たとえば内臓占いをおこなったりしている。

第五章でも話したように、科学と迷信ははっきりと分けられてはいなかった。呪術師や占卜師などは読み書きができる知識人であり、彼らのいうことが当時の真理であった。アッシリアだけが迷信深いということではない。日本でもすでに七世紀末には中務省《なかつかさしょう》に陰陽寮《おんみょうりょう》が置か

れ、陰陽師《おんみょうじ》といわれる術士などが属していた。天皇が行幸（外出）するとなれば、吉凶を占い、災いを避ける方違《かたたがえ》をおこなっていた。

市民と奴隷

上層の人の下につづくのは、家宅や土地、財産を所有して単婚家族を営む市民層つまり自由人である。底辺は奴隷層であった。

理論的にはアッシリア全土は王の所有と考えられていたが、実際には王領地はアッシリア中心部の一部に限られていた。

国家の最大の経営体は王家だった。通常の農地経営や通商産業活動に加え、属国からの定期的な貢納と、軍事遠征での戦利品とが、王家の大きな収入源となっていた。

人口調査

第三章で、具体的なことはわからないながらも、古アッシリア時代に人口調査がおこなわれていたことを話した。

新アッシリア時代にも人口調査はおこなわれていた。おそらくアッシュル・バニパル王治世の記録で、「ハラン人口表」と呼ばれている粘土板文書がニネヴェから出土している。ハラン市（現代名アルトゥンバシャク）はバリフ河上流に位置し、現在はトルコに属す。交易の中継地で、月神信仰の中心地でもある。ミタンニに一時期支配されたが、前九世紀にアッシリアに征服され、属州とされていた。

「ハラン人口表」の一部を序章で話した杉勇が次のように紹介している。「その家族構成をみると、世帯主六八に対し、妻の数九四は多妻であることを示し、男児七四、女児二六と意外に少なく、一家族の数も八人が最高であることは意外の感がする。（略）そのほか、果樹園、ぶどう樹の数、家畜の数があげられていて、検討されなければならない多くの問題がこの戸口地調査表に含まれている」。

ちなみに、杉勇の祖父は「日本近代統計の祖」といわれる杉亨二《こうじ》（一八二八―一九一七年）で、日本における国勢調査実現に尽力した人物である。

経済

元来アッシリア経済の基礎は、メソポタミア北部での穀物生産と牧畜だったが、新アッシリア時代の国家規模の拡大は、アッシリア経済をより広い経済構造のなかに再編成させたにちがいない。ことに東地中海の海洋交易センターとアナトリアの鉱物資源を直接支配できたことが、経済的に大きな意味をもったようだ。

また、アッシリアは帝国内の各都市で、商品の通過に関税をかけた。

州行政

国家が必要とするものを市民から調達する役割を果たしたのは、州行政制度である。帝国各地の行政州では、州の役人が農作物とわらを税として集め、管理した。また、一定期間の労働義務や従軍義務が市民に課された。このように、州は王家の要請にしたがって、労働力、兵士、軍馬、武器、手工業製品や糧食などを管理し、提供した。

一方、帝国各地では王家の宮廷官吏や地方長官などが私的大土地所有者となり、小作人を使って耕作をした。都市部の有力者には富が集中した。

属国

アッシリアの直接支配領土の外側に多数の属国があった。属国はアッシリアの宗主権を認め、その戦争に協力し、定期的に貢納する義務があった。アッシリア王と属国の王との間には、宗主・属王関係の遵守を誓った宗主権条約が交わされ、条約の証《あかし》としてアッシリアの宮廷に人質を差し出した。

アッシリアに対する裏切りは厳しい処罰を受けた。二四九頁で話すティル・トゥーバの戦いの浮彫上段（図8―16G）には、男たちだけでなく、女も子供もアッシリアに捕らえられた姿が刻まれている。この者たちはアッシリアを裏切り、エラムに寝返ったバビロニアのガンブル族である。欠損箇所をはさんで左方向に、ガンブル族の指導者たちがアッシリア兵によって先祖の骨を石臼でひくよう強制されている場面（図8—16A）が刻まれている。

交通・通信

広い版図を維持、運営するとなれば、交通・通信網の整備は不可欠である。帝国の道路といえば、なんといってもアケメネス朝の「王の道」だが、これについては二九一頁で紹介する。

メソポタミアでは、前三〇〇〇年紀末の統一国家ウル第三王朝で、限定的ながらも道路整備や宿駅設置などがおこなわれていた。また、王と地方に派遣された家臣との間で粘土板に書かれた行政上の手紙を往復させていた。シュメル人にはじまるこうした制度をアッシリア帝国は継承し、発展させていた。

アッシリアでも「王の道」は整備されていた。アッシリア王の手紙には王印（図6—6）が捺されていて、公文書とわかるようになっていた。遠方へは複数の使者がリレー式に交代して届けられた。急ぐ場合は、宿役に配置されたらばに騎乗した。

なお、アッシュル市のイシュタル神殿への行列用道路は焼成煉瓦を重ね、その上に敷石が置かれていた。

三　アッシリア軍とは

7—6　（上）河越え　裸の平士たちが浮袋（家畜の胴体部分）を使って泳いでいる。馬は人間にひかれ、泳がされている。画面中央上部では戦車を船に乗せ、渡している。カルフ出土、前865年頃、大英博物館蔵。

（下）工具を運んでいる男たち　石切り場からニネヴェまでラマッスを運搬する場面の一部。のこぎり、つるはし、シャベルが確認できる。前700年頃、大英博物館蔵

アッシリア軍こそ「兵器」

徴兵されたアッシリア人を、王あるいは将軍が率いたアッシリア軍こそが、オリエント世界に恐怖と破壊をもたらした「兵器」そのものであった。

軍事遠征は山を越え、河を渡り、そして兵士の食糧と馬の飼葉を集めるなどの必要から、夏が適していた。しかも、夏は農閑期であった。次節で話すサルゴン二世の北方ウラルトゥ方面への軍事遠征の開始は、ドゥウズの月、つまり現行太陽暦で六月から七月にあたる。河を渡る際には、兵士は浮袋を使って泳ぎ、馬も泳がせた。図7—6上のように、浮袋は羊などの胴体を抱きかかえるようにして、使用した。戦車は舟に乗せて、河を渡らせている。

前九世紀の戦闘では、一万あるいは二万の軍隊が激突した。

前八世紀には歩兵が細分化され、弓

7―7　**騎兵の登場**　初期には、1人で馬にまたがり、斥候などの任務をおこなった。その後、1人が2頭の手綱を握り、別の1人が武器を使うようになった。（上）**浮彫**　ティグラト・ピレセル3世治世、大英博物館蔵。（下）**上図をもとにした想像図**

兵、槍兵そして盾兵などに分けられた。

浮彫では工具をもってあらわされている工兵は重要であった。工兵は山越えの道を整備し、河を渡るための準備をするなど、アッシリア軍で重要な役割を担っていた。また、攻城戦ともなると破城槌車（図8―3参照）などの攻城兵器を、傾斜路を使って城壁の前に配置することもした。攻城兵器を戦場に運ぶために、道をつくり、浮橋をかけた。浮橋は舟や筏を並べてつくった。

前七世紀のアッシリア軍は前九世紀よりもはるかに規模が大きく、少なくとも五倍以上と推測されている。当然、死者の数もふえた。戦闘員だけでなく、巻き添えをくった非戦闘員つまり一般住民もかなり死んだであろう。

騎兵の登場

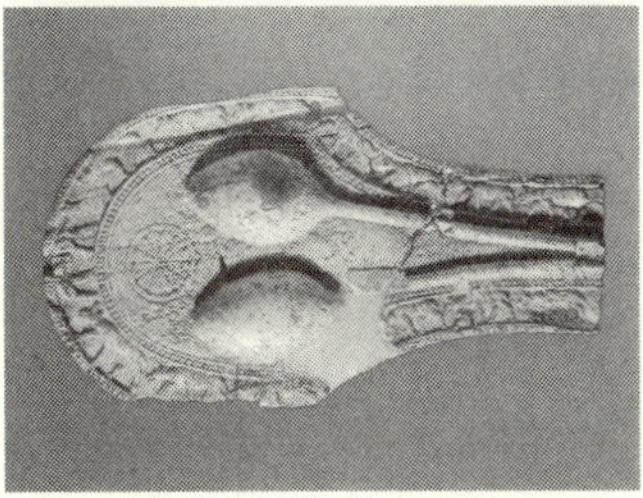

7—8　(上) 軍馬の手入れ　アッシュル・ナツィルパル2世の野営での一齣。カルフ北西宮殿出土、前865年頃、石膏、大英博物館蔵。**(中) 馬鈴**　カルフ出土、青銅、高さ最大8.15cm、最小4.85cm、大英博物館蔵。**(下) 遮眼帯**　ロータスのつぼみが高浮彫で中央に表現された「靴底形」の遮眼帯。カルフ出土、前9—前8世紀、象牙、長さ16.1cm、大英博物館蔵

騎兵はアッシリア軍の融通のきく小隊となった。

馬は戦場で戦車をひく動物として、まず投入された。本章扉図のように、王が乗る戦車をひく馬はきらびやかに飾り立てられ、王威を増す存在とされた。人間が馬にまたがり制御する、つまり騎兵の登場までには、馬具の工夫などが必要で、時間がかかっている。図7—8上のように馬が大切に扱われていたことを示す浮彫や、工夫した馬具が数多く出土している。

トゥクルティ・ニヌルタ二世治世の文書に騎兵が出現し、

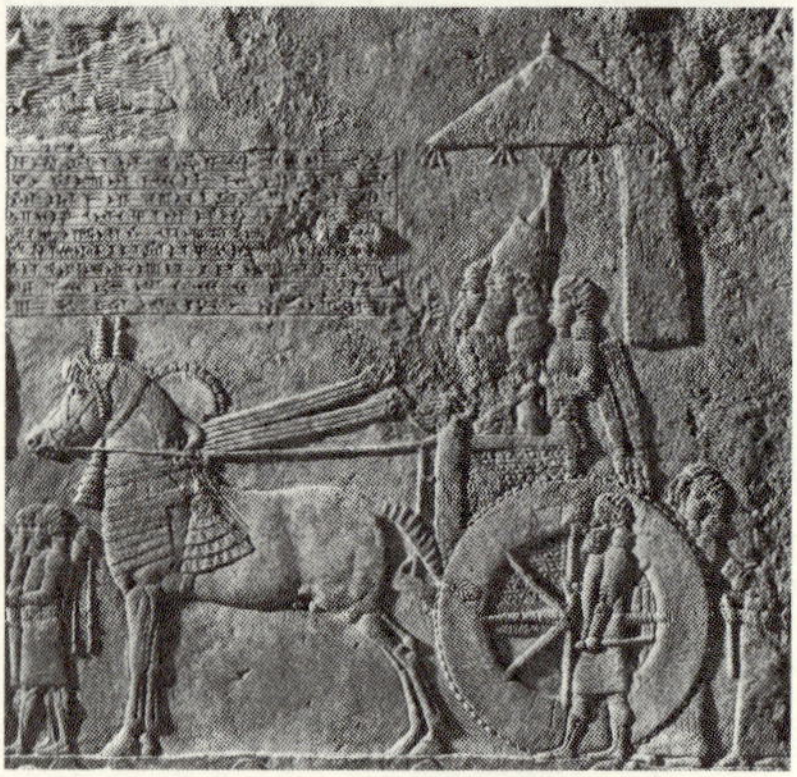

7—9　アッシリアの戦車の発達
（上）戦車上で弓をひくアッシュル・ナツィルパル２世　王の前には同様に弓をひくアッシュル神。輻が６本で、車輪が小さい。カルフ北西宮殿、前865—前860年、石膏、大英博物館蔵。**（下）戦車上のアッシュル・バニパル王**　バビロン攻略後の場面。本章扉図、本図上に比較し、車輪が大きい。馬の手綱は３本ずつ握られているが、飾り立てられた馬は１頭だけである。ニネヴェ北宮殿出土、前645—前640年頃、石膏、大英博物館蔵

アッシュル・ナツィルパル二世治世の浮彫に騎兵が見られるようになる。まず、アッシリアの騎兵は斥候や使者として使われた。ついで、アッシリア騎兵は二人一組で乗馬し、並走した。一人が両方の馬の手綱を握り、別の一人が弓を使った。のちに、新型の馬勒《ばろく》（くつわ）が登場した。これによって、乗馬者が手綱を手放して武器を使用できるようになる。これ以後、騎兵は本当の戦闘部隊となった。

戦車を使いつづけた理由

アッシリアは騎兵隊を戦力として最初に使ったが、戦車隊も使いつづけていた。後代、とくにセンナケリブやアッシュル・バニパルの時代になると、乗馬の技術が向上し、自分が乗った馬を操りながら、同時に弓や槍を使うことができるようになった（図はじめに—1参照）。しかし、依然として鐙《あぶみ》は発明されていなかった。また、馬の足の保護に欠かせない蹄鉄《ていてつ》がなかったことも、アッシリアが戦車を使いつづけた理由になるだろう。

馬にひかせた戦車は速度が速く、乗り手は二輪の箱型の輿《こし》の部分に立ったまま乗った。新アッシリア時代の後半になると、戦車が大きくなり、乗り手の数も二人から四人へとふえている。浮彫の図像では、王たちはもっぱら戦車に乗った姿で表現されている。アッシュル・バニパルは馬にまたがった姿を残しているが、戦場ではなく、狩猟の場面においてである。

四　天性の軍人にして、有能な行政官サルゴン二世

簒奪者か、サルゴン二世

ティグラト・ピレセル三世の後は正統な後継者シャルマネセル五世が王位を継承した。シャルマネセル五世の治世は五年と短い。『旧約聖書』「列王記下」一七章三—六および一八章九—一一に「シャルマナサル」については記されていて、イスラエル王国の首都サマリア市陥落が伝えられている。サマリアはエルサレム北方約五六キロメートルのセバスティエと呼ば

れている遺跡にあたる。

シャルマネセルの後継者がサルゴン二世であった。サルゴンは天性の軍人にして、行政官としても有能な王であった。アッカド王朝のサルゴン王と同様に、アッシリアのサルゴン二世もまたヘブライ語名で、アッカド語名は「真の王」を意味するシャル・キンである。この名前から、王位の簒奪者と見られ、同王にはじまるアッシリア最後の段階の王統は「サルゴン朝」と呼ばれていた。

近年、サルゴンはシャルマネセルの兄弟とする説が有力で、正式な皇太子ではなかったとしても、王位継承の有資格者ともいわれている。しかしながら、おだやかな王位継承ではなかったようで、即位後すぐに六〇〇〇人以上のアッシリア人がオロンテス河中流域のハマト市（現代名ハマ）へ送られていて、この者たちはサルゴン支持勢力ではなかったようだ。

内政では、サルゴンは先王たちの政策を取捨して、人心の掌握につとめた。たとえば、ティグラト・ピレセル三世による地方行政や軍制改革を推進し、荒地の開拓にも積極的であった。同王が廃止した大神殿の免税特権の復活や、アッシュルなどの大都市の諸特権を認めた。また、シャルマネセルが廃止したアッシリア本土の兵役免除の特権を再確認して、本土の人心を安定させている。

反アッシリア勢力の集結

目を外に転じると、サルゴン二世治世は反アッシリア勢力が一大集結した大変な状況にあった。それというのも、ティグラト・ピレセル三世以来、アッシリアは属州支配機構をバビロニアやパレスティナにまで拡大しようとした。これによって、北方は黒海、南方はペルシア湾、東方はクルディスタンおよびイラン高原、そして西方は地中海を結ぶ大交易圏の直接支配を、アッシリアが目論んだことになる。

これらの地域と交易で利害関係をもつエジプトとエラムには大変な脅威であった。エジプトとエラムは、アッシリアの仇敵《きゅうてき》ウラルトゥと結んで、アッシリアに征服された国々に反乱をそそのかしていた。そこで、こうした状況を打開すべく、サルゴンはシリア・パレスティナ諸国の反乱制圧を決断した。

前七二一年、イスラエル王国を滅ぼしたと、サルゴン二世は年代記に記している。だが、『バビロニア年代記』や『旧約聖書』「列王記下」一七章一―六の記述によれば、イスラエル王国が滅ぼされたのは前七二二年で、シャルマネセル五世の治世にあたる。つまり、サルゴンは先王の功績を横取りしたことになる。

サルゴンはユダ王国やシリア・パレスティナのほかの小国も服属させた。だが、これらの小国はアッシリアに朝貢する一方で、エジプトの支援を受け、反乱を繰り返した。たとえば、サルゴンがガザ市北方三五キロメートルのアシュドドに将軍を派遣し、戦って占領したことが『旧約聖書』「イザヤ書」二〇章一―二に記されていて、これはサルゴン王治世一一年、つまり前七一一年の出来事である。

カナートを記録したサルゴン二世

前七一四年、サルゴンは北方の強敵ウラルトゥと戦い、大打撃を与えることに成功した。このときの第八次遠征記録は、アッシュル神にあてた手紙の形式で、格調高い、長い文章でつづられていて、カナートについても記されている。カナートの語源はアッカド語で「葦」を意味するカヌといわれる。山麓に水脈まで達する竪坑《たてこう》を掘り、地下の横坑によって平野部の都市や農村にまで水を引くことができる。カナートの利用を、ウルミア湖付近ウルフーの町に遠征したサルゴンが次のように記録している。

7―10　サルゴン２世の第８次遠征記録　表裏両面に４欄に分け、430行にもなる長い手紙形式の記録。購入品（アッシュル出土か）、粘土板、高さ37.5cm、幅24.5cm、ルーヴル美術館蔵

彼の［心の］欲するところに従って、ウルサ、王、彼らの主人、［……］は水源を発見し、あふれる水をもたらす運河を掘った。［そして……］彼はユーフラテス河のように豊かな［水を］流れさせた。彼はそこ（運河）から無数の灌漑用溝を引き、［そして］耕作地を灌漑した。

ウルサとはウラルトゥ王ルサ一世（前七三五頃―前七一四年頃）をさす。サルゴンはウラルトゥの技術をほめてはいるものの、施設を破壊した。しかし学ぶべきことは大いにあったようだ。

7―11　イランで現在も使われているカナート

　鉱物資源が豊かなウラルトゥはアッシリアとの死闘以上に、鉱山開発の技術を利用した地下用水路、カナートの発明で、歴史に名を残すことになった。カナートは中央アジアのイラン語系言語ではカーレーズあるいはカーリーズともいわれている。

　サルゴンは地下水層から水を得る秘訣《ひけつ》を学んで、アッシリアに導入した。この技術の導入によって、すでにアッシュル・ナツィルパル二世が着手していた水利事業を発展させることになる。第五章でも話したが、アッシリアの建築碑文などは王の功業を伝えるのが本来の主旨だが、敵対勢力の情報も記されていて、こうした情報が歴史の復元には大いに役立つ。

　カナートはアケメネス朝で農地拡大のために採用され、その後広く伝播し、東方は中央アジアから西域へ、西方は北アフリカからイベリア半島へと伝わっていった。現代でもカナートは使われている。イランにはカナートが約三万本残っているともいわれるが、そのう

7—12 （上）ドゥル・シャルキン想像図。（中）ドゥル・シャルキン俯瞰図。（下左）伝ギルガメシュ像 ドゥル・シャルキン出土、モスール大理石、高さ470cm、ルーヴル美術館蔵。（下右）伝エンキドゥ像 ドゥル・シャルキン出土、モスール大理石、高さ545cm、ルーヴル美術館蔵

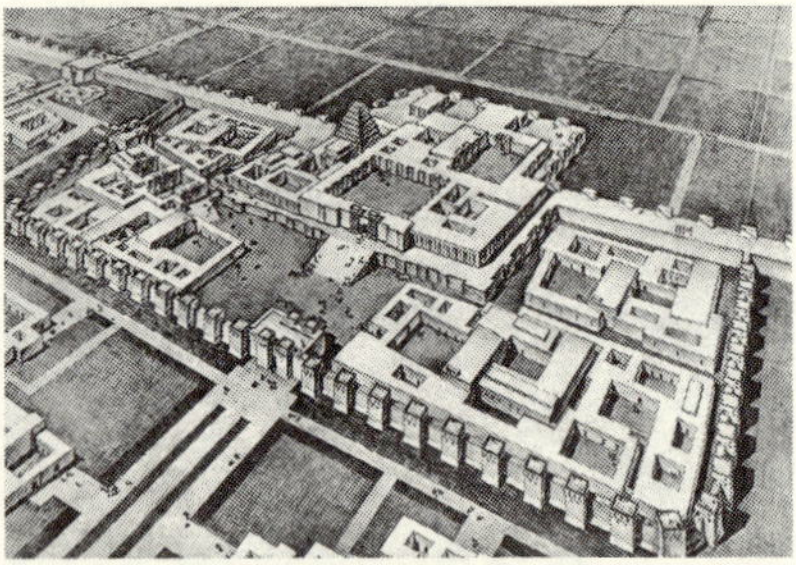

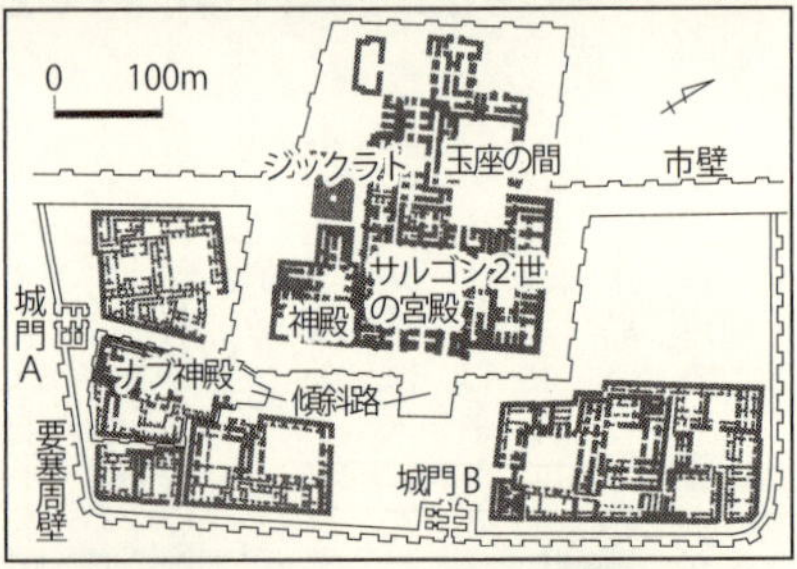

ち一一本が二〇一六年にユネスコ世界遺産に登録された。イラン観光では、カナートは見学先の一つである。

結局、アッシリアはウラルトゥをたたいたものの、滅亡に追い込むことはできず、先に滅んでしまう。ウラルトゥはアッシリアよりも長く存続するも、前六世紀初期に西進するメディア軍と手を結んだスキタイの攻撃で滅亡した。

借金までして造営したドゥル・シャルキン

前七一三年、サルゴン二世は北方山岳地帯から主要街道を支配するために、カルフに代わる新都、「サルゴンの城塞」を意味するドゥル・シャルキンをニネヴェ北東一二キロメートルの地に建設した。面積は三二〇ヘクタールと、カルフよりも狭いが、宮殿の規模は大きく、サルゴン治世には首都として機能した。

ドゥル・シャルキン建設で、サルゴンは借金をした。金融業者がサルゴンにあてた督促状には、ドゥル・シャルキン建設資金の一部として貸した「五七〇マナ（約二八五キログラム）の銀の借用書」があるから、返済するようにと書かれている。アッシリア王に資金を融通できる金融業者がいたということである。この金融業者の名前は、粘土板が欠損していてわからない。サルゴンもまた借金を踏み倒したりせず、払うつもりはあったのであろう。

バビロニア支配

話は少しさかのぼるが、前七二一年、サルゴンの即位直後にメロダク・バルアダン二世（ヘブライ語名）はバビロンに入城した。同王はバビロニア南東の「海の国」に栄えたカルデア人部族ビート・ヤキンの反アッシリア運動の指導者であった。前七二一―前七一〇年、前七〇三年と二度バビロニア王位についている。

反アッシリア勢力を糾合する意図があるメロダク・バルアダンは、ユダ王国のヒゼキヤ王に見舞いの使者を送った。この出来事が『旧約聖書』「列王記下」二〇章一二―一九、「イザヤ書」三九章一―八に記されていて、王名をメロダク・バルアダンと記したためにこの名前が一般に知られるようになった。アッカド語名はマルドゥク・アプラ・イッディナで、「マルドゥク神が息子を与えてくれた」の意味である。

メロダク・バルアダンはサルゴン軍を敗走させ、エラムと同盟を結び、サルゴンと対峙しながら、一〇年余もバビロニアを支配していた。

前七一〇年、サルゴンは前回の屈辱を晴らすべく、バビロニアへ軍事遠征する。大都市に重税を課したので、バビロニアでのメロダク・バルアダンの人気はすっかり下落していたこともあって、この度はサルゴンが勝利を収め、バビロン入城を果たすことができた。

ティグラト・ピレセル三世に倣って、サルゴンはマルドゥク神像の手をひいて即位の行列をおこなった。このほかにも、バビロニア支配にあたっては、細心の注意を払っている。アッシリア本土と同様に神殿への特権付与や神殿再建を許可することで、大神殿の神官たちを味方につけた。また、「バビロニア王」という称号を避け、「バビロニア総督」の肩書に甘んじるといった配慮をし、行政官としての有能ぶりを発揮している。

サルゴン二世に朝貢したミダス王

前七〇九年、ムシュキのミタ王がサルゴンに和を乞い、以後朝貢するようになった。ミタはアナトリアへの侵出を図るサルゴン二世に対して、前七一八年以降、新ヒッタイトの諸王と結んで、敵対していた。

この王がフリュギア王国（前八—前七世紀）のミダス王をさすと考えられている。ミダス王といえば、古代ローマの詩人オウィディウス（前四三—後一八年）の『変身物語』に見られる、「触れたものがなんでも黄金になる」「王様の耳はろばの耳」といった話で、よく知られている。

7—13　朝貢するフリュギア人　浮彫線画。前方の男が使っている半円形の大きなとめピンがフリュギア人の特徴。前721—前705年

サルゴン二世の無残な最期

サルゴン二世はアッシリア帝国の拡大、維持のためによく尽力した王で、ほぼ毎年のように国境での戦闘に親征し、東方の峻厳《しゅんげん》な山岳地帯での戦闘ではしばしば小部隊の先頭に立って戦った。前七一三年には、ザグロス山脈中央部を突破し、ケルマンシャーやエクバターナ（現代名ハマダン）地方の町々や小王国を手中に収め、メディア人を撃退した。

サルゴンはメソポタミア、シリア・パレスティナ、アナトリア東部、ザグロス山脈とクルディスタンの山岳地、そしてペルシア湾岸を支配し、前八世紀後半から本格的になったアッシリア帝国の領土

拡大を完成した。

前七〇五年、イラン西部の山岳地帯での作戦行動に従軍していて、サルゴンは部下の部隊とともに敵の罠《わな》に落ち、惨殺されたらしい。別の説では最期の地はアナトリアのタバルともいう。

享年六〇といわれるサルゴンの最期は無残で、遺骸を回収できなかった。当時の考え方では、葬儀や供養がおこなわれない死者の霊は悪霊になると恐れられ、息子で後継者センナケリブは不吉として新都ドゥル・シャルキンを捨て去った。この最期こそが神罰であって、やはりサルゴンは王位の簒奪者であると主張している研究者もいる。

王の戦死は国勢の衰退と見られ、各地で反乱が頻発した。

『ギルガメシュ叙事詩』第一二書板が追加されたのはサルゴン二世の不慮の死に由来するとの説が近年出され、おおむね受けいれられている。不死を得ることに失敗したことが記された第一一書板（図はじめに―2）で、叙事詩は元来おわっていた。追加された第一二書板はシュメル語で書かれた『ビルガメシュ神、エンキドゥと冥界』の冒頭部分を削除し、ほぼ残りをアッカド語に訳した内容である。死んだエンキドゥ（図7―12下右）が冥界からもどってきて、ビルガメシュつまりギルガメシュ（図7―12下左）に冥界にいるさまざまな死者たちがどのような扱いを受けているかを詳細に語っている。その最後は供養されない霊が捨てられたパンを食べている惨めな話で終わっている。まさしくサルゴンの死と重なる内容で、哀惜の念に堪えない知識人の仕事と推測されている。

第八章
センナケリブ、エサルハドン　およびアッシュル・バニパル三代
——新アッシリア時代Ⅲ　絶頂期

ラキシュ攻城戦に臨むセンナケリブ王　ラキシュ攻城戦浮彫壁面部分。王の顔面は、前612年のニネヴェ陥落時に損傷された。王の玉座はエジプト伝来ともいわれる「玉座担ぎ」（終―11参照）の意匠。ニネヴェ南西宮殿出土、前700―前692年、石膏、大英博物館蔵

一　悪名高きセンナケリブ王

サルゴン二世の子を称さないセンナケリブ王

前述のように、ティグラト・ピレセル三世とサルゴン二世が版図を拡大したアッシリア帝国は、長い歴史のほぼ最後の段階で、絶頂期を迎えた。ということは、ここが頂点であって、後は没落していくことになる。センナケリブ（前七〇四―前六八一年、第一一一代）、エサルハドン（前六八〇―前六六九年、第一一二代）およびアッシュル・バニパル（前六六八―前六二七年、第一一三代）父子相承三代七八年間の治世にあたる。

前七〇四年、サルゴン二世の息子センナケリブが即位した。即位時に四〇歳ぐらいで、父王のもとで、次代の王となるべく修行を積んでいたという。序章で話したようにセンナケリブはアッシリア王のなかでも、後代までその名を広く、長く伝えられていた。

『旧約聖書』のみならず、前三世紀のベロッソス『バビロニア史』や一世紀のユダヤの歴史家フラウィウス・ヨセフス（三七―一〇〇年頃）『ユダヤ古代誌』などにも、伝えられている。

センナケリブとはヘブライ語名で、原語つまりアッカド語名はシン・アッヘ・エリバである。

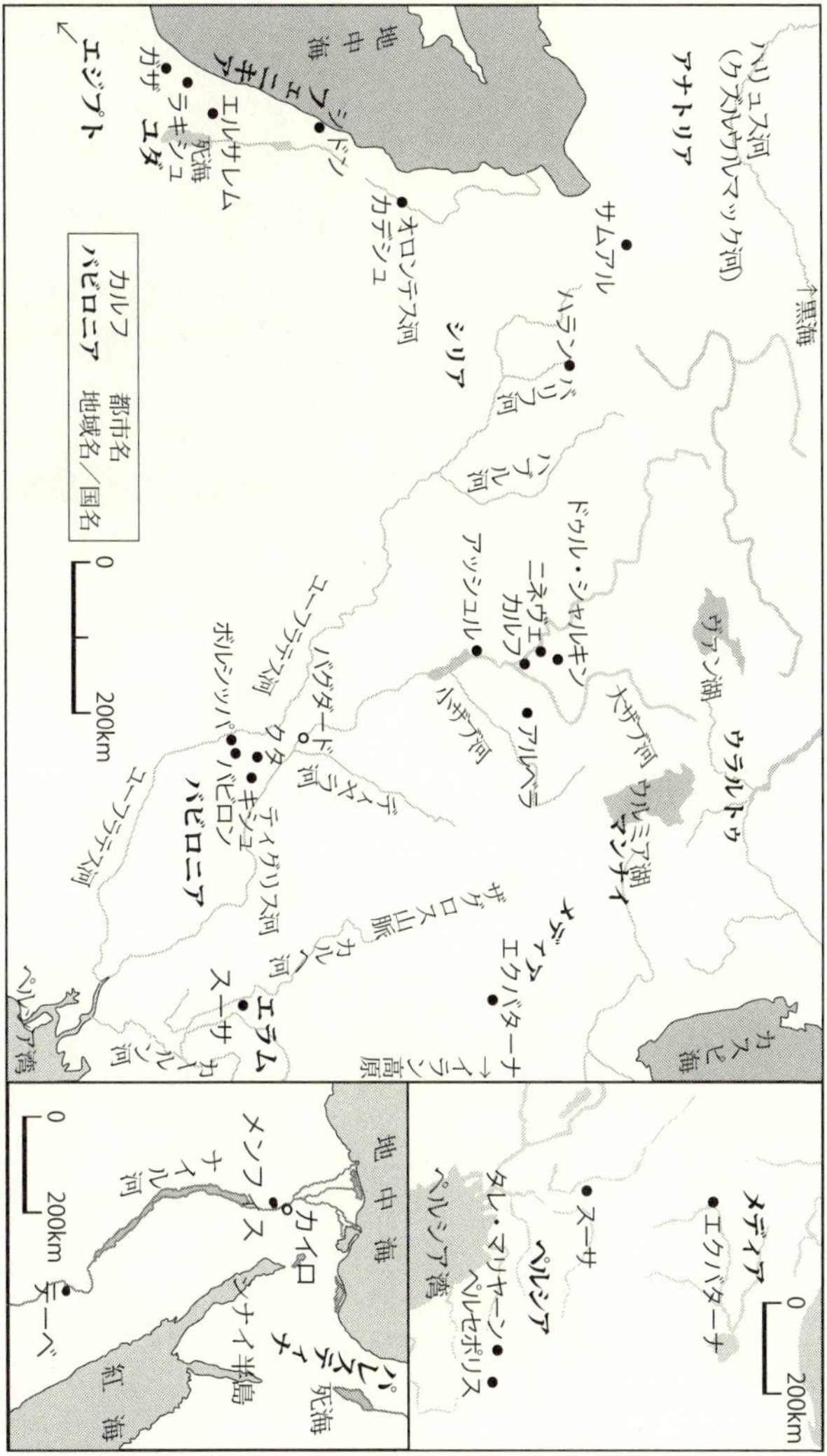

アナトリア
ハリュス河（クズルウルマック河）
↑黒海
サムアル
ハラン
バリフ河
ハブル河
シリア
オロンテス河
カデシュ
地中海
シドン
フェニキア
エルサレム
死海
ラキシュ
ガザ
ユダ
エジプト
カルフ　都市名
バビロニア　地域名／国名
0
200km
ドゥル・シャルキン
ニネヴェ
カルフ
アッシュル
ヴァン湖
ウラルトゥ
大ザブ河
小ザブ河
アルベラ
ウルミア湖
マンナイ
ユーフラテス河
バグダード
ディヤラ河
シッパル
クタ
キシュ
ボルシッパ
バビロン
バビロニア
ティグリス河
ザグロス山脈
カルヘ河
メディア
エクバターナ
イラン高原→
カスピ海
エラム
スーサ
カルン河
ペルシア湾
メディア
エクバターナ
スーサ
ペルシア
タレ・マリヤーン
ペルセポリス
ペルシア湾
0
200km
地中海
カイロ
メンフィス
ナイル河
テーベ
シナイ半島
パレスティナ
死海
紅海
0
200km

8—1　第8章、終章地図

8―2　サルゴン2世とセンナケリブ　王冠をかぶったサルゴン2世（左）と皇太子センナケリブ。ドゥル・シャルキン出土、前721―前705年、石膏、高さ290cm、大英博物館蔵

「シン神は兄弟たちの代わりを与えてくれた」の意味から、兄たちの死後に生まれた待望の男児とも考えられている。

センナケリブは自らの王碑文で、サルゴンの子とは名乗っていない。前述のようなサルゴン王の死を不吉と考え、一切かかわりたくなかったともいわれているし、ティグラト・ピレセル三世と同様に、家系よりも自らの能力を信じた王ともいわれている。

父王建立のドゥル・シャルキンの王宮を放棄し、ニネヴェに首都を移した。ニネヴェがアッシリア最後の首都になる。

センナケリブは軍事と行政の両面で手腕を発揮した有能な王である。同王の軍事遠征の回数は完全にはわからない。高官たちが率いたこともあるが、ほぼ親征であった。

エルサレム征服の失敗とラキシュ攻城戦

前七〇一年、ユダ王国のヒゼキヤ王がエジプトと結んで反乱を企てたので、センナケリブは遠征した。この軍事遠征については『旧約聖書』「列王記下」一八―一九章および「歴代誌

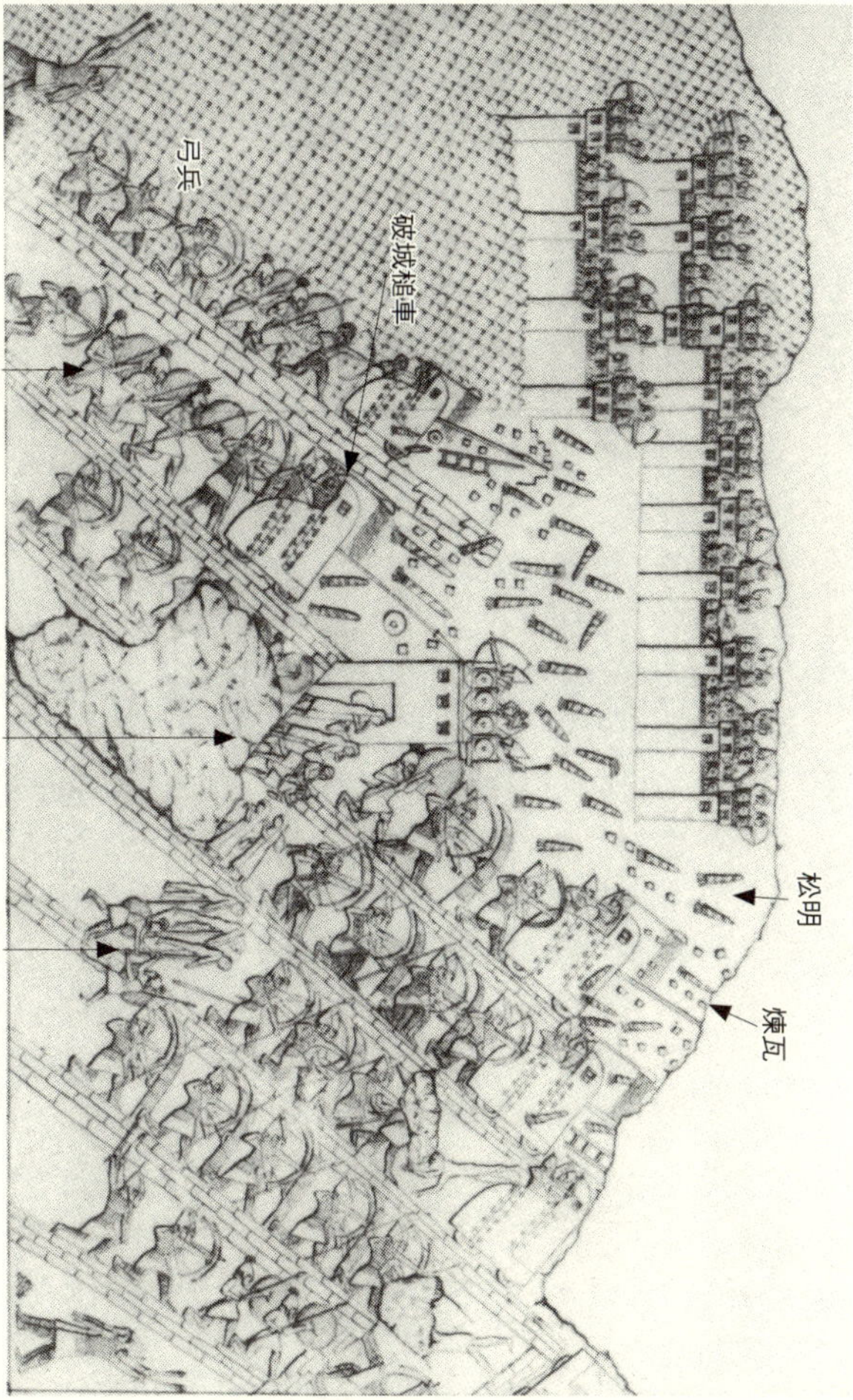

8―3　**ラキシュ攻城戦浮彫模写線画**　城壁めがけて前進する破城槌車。ニネヴェ南西宮殿出土、前700―前692年、石膏、大英博物館蔵

下」三二章一―二二に見え、センナケリブはエルサレム征服には失敗した。一方で、エルサレム南西三八・五キロメートルのラキシュ市（現代名テル・エッ・ドゥウェイ）を攻め落としている。この戦いがラキシュ攻城戦で、「年代記」などのほかに、ニネヴェのセンナケリブ宮殿の壁面を飾っていた浮彫がある。この浮彫から、アッシリア軍の総力戦であった城攻めが一目瞭然である。二重の城壁で守られたラキシュは押し寄せるアッシリア軍に対して、城壁の上から矢を射かけ、松明《たいまつ》や煉瓦を投げつけている。アッシリアの攻撃をよくしのぎ、ラキシュはなかなか陥落しなかった。前述のように、すでに古アッシリア時代のシャムシ・アダド一世が攻城戦を採用していて、傾斜路をつくるなどの作業が必要で、工兵の役割が重視されていた。アッシリア軍の先頭を破城槌車が進み、その後を槍兵、弓兵そして投石兵の順につづいている。

なお、浮彫に描かれた城壁や城門などの建造物や傾斜路、および矢じりや投石器の弾丸石などは、発掘によって実際に出土した。

ちなみに、ヘロドトス『歴史』巻二、一四一では、「サナカリボス王がアラビアおよびアッシリアの大軍を率いてエジプトに来攻したが」（松平千秋訳）と記されていて、サナカリボスはセンナケリブをさすといわれている。実際には、センナケリブはエジプトへは侵攻していない。

センナケリブ王が難渋したバビロニア政策

センナケリブが悪名を立てられた理由はなんといってもメソポタミア文化の中心都市、バビロンを破壊したことにある。バビロニア支配はなまやさしいことではなかった。

それというのも、歴史と伝統のあるバビロンほか諸都市の扱いが難しいだけでなく、新興勢力のアラム人やカルデア人、さらには東方のエラム王国といった複雑な勢力の動きを見極める必要があったからである。

時間をさかのぼることになるが、父サルゴン二世もバビロニア支配では苦汁をなめている。前章でも話したが、サルゴンによって追われたメロダク・バルアダン二世がエラムと結んで、前七〇三年に再度バビロニア王位についていた。

センナケリブは大軍を率い、クタ市（現代名テル・イブラーヒム）とキシュ市での戦いに勝利し、ついにメロダク・バルアダンはバビロニアを追われ、エラムに逃れざるをえなかった。アッシリアの傀儡《かいらい》ベル・イブニ（前七〇二―前七〇〇年）を後継のバビロンの王にするも、反旗を翻したので、これを鎮圧する。かわりに、センナケリブは息子のアッシュル・ナディン・シュミ（前六九九―前六九四年）を王位につけた。

エラムへの軍事遠征およびバビロン破壊

その後、センナケリブはエラムへの軍事遠征を断行する。このとき、艦船と陸の大軍とを併用し、バビロニア最南部の沼や湿地を突っ切って、ペルシア湾に出ている。この水陸併用作戦

8―4　フェニキアの軍船　フェニキアで建造された軍船。センナケリブによって雇用されたフェニキア人が乗り組んでいた。ニネヴェ南西宮殿出土、前704―前681年、石膏、高さ66cm、大英博物館蔵

をよほど気にいったようで、浮彫にその場面を刻ませている。この間、エラム軍は陸路バビロニア侵攻に成功する。

前六九四年、センナケリブが立てた新王アッシュル・ナディン・シュミを、バビロニアの反乱者たちはエラム軍に引き渡した。バビロニアでは親エラムの王が二代にわたって立てられた。

前六八九年、バビロニアを支援するエラム軍を打ち破り、難渋の末にセンナケリブはバビロン征服にようやく成功する。もはや一切の配慮なく憎悪のうちに、運河の流れを変えて放水し、センナケリブはバビロンを徹底的に破壊した。

このとき、バビロニアの最高神マルドゥク神像がまたしてもアッシリアへ捕囚されている。

こうした一連の所業こそが、センナケリブが悪くいわれている理由である。

翌年、前六八八年からは、センナケリブがバビロニア王を兼ねた。

ラマッス像運搬図

センナケリブはバビロンを破壊した。だが、アッシリアでは運河開削や都市建設に尽力し、

土木工学方面での才能を発揮している。王の意向で制作された浮彫には、巨大なラマッスと呼ばれる人面有翼獣身像を移動させる場面が克明に描写されている。大勢の人々を動員するだけでなく、科学技術の原点とでもいえる古代人の知恵や工夫を見ることができ、興味深い。

ラマッスについてはすでに話してきたが、アッシリア人の想像力、技術力などを集大成したのがラマッスの巨像であり、ここでまとめて話すとしよう。

知性をもつ人間の頭部、鳥の王である鷲の翼、そして砂漠を支配する獅子あるいは豊饒多産の象徴である牡牛を合成したのがラマッスである。

8—5　ラマッス像運搬図浮彫線画　梃子や丸太のころを使って、修羅（そり）に載せた大きなラマッスを動かす。前700年頃にニネヴェの南西宮殿に彫らせた浮彫。ラキシュ攻城戦勝利後で、ユダヤ人をふくむ捕虜たちが働かされている

ラマッスの原型ともいえる人面牡牛は、シュメル都市国家時代にさかのぼる。人面有翼牡牛の造形は前一八世紀にさかのぼれ、マリ王宮の壁画はかなり欠損しているが、人面有翼牡牛が描かれていたようで、おそらくこれが最古の例になろう。

王宮の出入り口に一対で安置された魔除けの守護神像ラマッスには翼の有無があり、獣身が牡牛だけでなく、獅子像もあるが、カルフからは獅子像（図序—6参照）、ドゥル・シャルキンからは牡牛像が出土している（序章扉図、図終—13参照）。座像はなく、立像である。新アッ

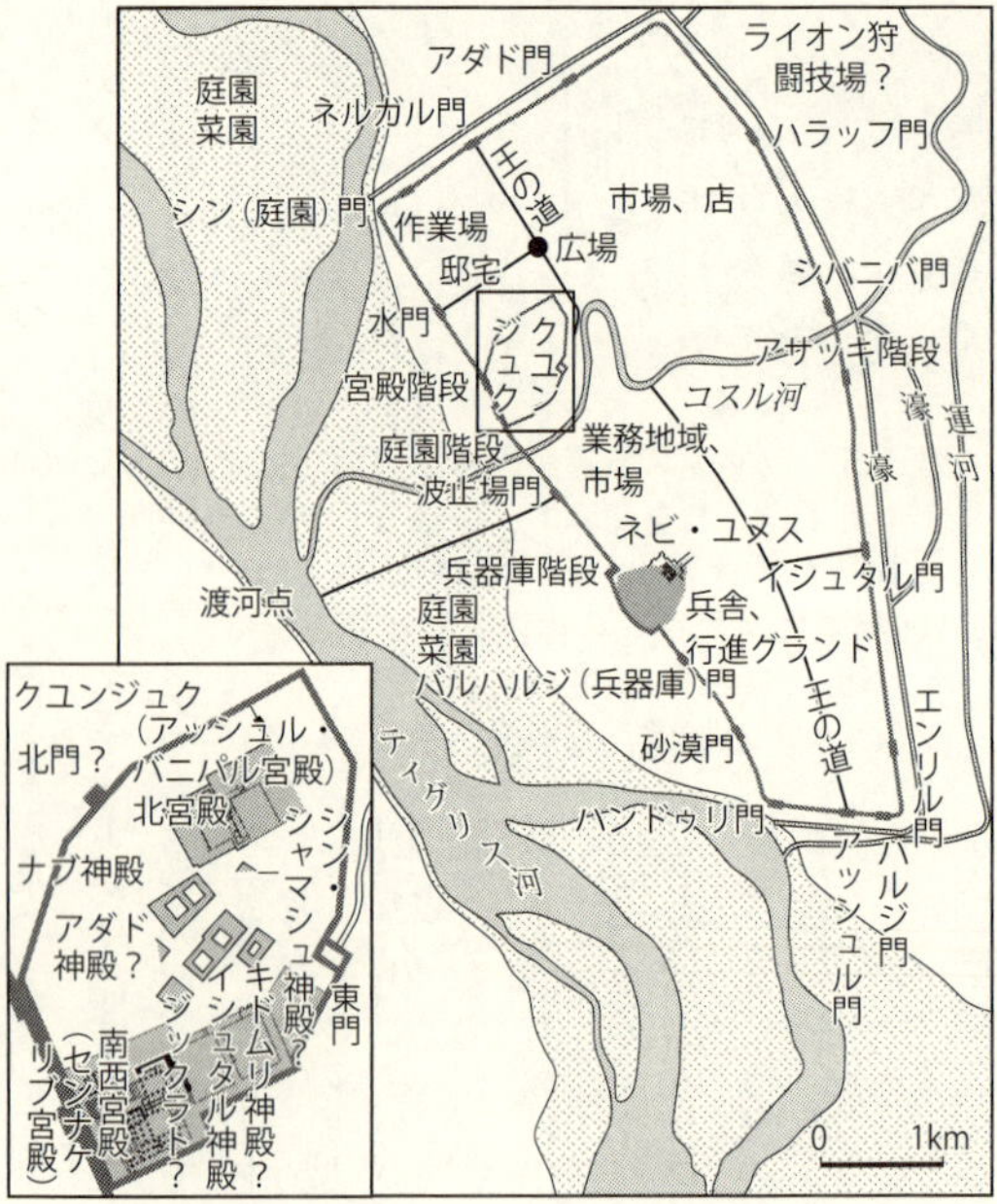

8―6　ニネヴェ市

シリアでは、巨大な石像で、正面からも側面からも四本足に見えるように、ラマッスの足は五本刻まれた。

アッシュル・ナツィルパル二世からエサルハドンまでの諸王は王宮にラマッスを安置したが、ニネヴェのアッシュル・バニパルの北宮殿には見られない。ラマッス像が安置されなかった理由は、大きな石材が入手できなかったからともいわれている。

ニネヴェ市の拡張工事

センナケリブ治世に、ニネヴェは大帝国の首都にふさわしい、洗練された都市となった。城壁に囲まれたニネヴェは面積が七二〇ヘクタールある。城壁は長さが一二キロメートルにもなり、一五の城門や階段状の矢狭間《やざま》つき胸壁も備えられ、これまでで最大の都市になった

（口絵①上左・上右）。南北に二分され、北部に行政、市街地区、南部に軍の野営地があった。市街地区では広場や道路の整備もしている。

運河を精巧にめぐらし、庭園や果樹園を潤すために山地から水を引いた。ゴメル河が山間部を抜ける地点にそびえる崖の上に刻まれた碑文は、王がどのように国を横断する用水路に水を引いて、ニネヴェの北東約五〇キロメートルのところを流れるコスル河に合流させたかを、誇らしげに記している。

8—7　バビロンの空中庭園のモデルか
口絵①下参照。ニネヴェ北宮殿出土、前704—前681年、石膏、高さ208.3cm、幅129.5cm、厚さ18cm、大英博物館蔵

また、水道橋の建設といえば、現代にいたるまで残っていて、高い技術力を見ることができるローマが有名である。だが、ローマに先行して、アッシリアも水道橋を造営していたのである。現代のジェルワン村付近の涸《か》れ谷《だに》にまたがる石造りの水道橋を建設し、これが一つの涸れ谷にかけられた世界最古の水道橋である。前六九五年頃までに、センナケリブは用水路と水道橋を完成させた。たとえば図8—8のような、現代では市民の憩いの場になっている堰もある。こうした事業には、強制移住民が動員されていた。

8―8　センナケリブの堰　モスール近郊で復元されていて、市民の憩いの場になっている

センナケリブはクユンジュクに南西宮殿を、ネビ・ユヌスに王宮兵器庫を建設した。後代にエサルハドン王とその息子アッシュル・バニパル王はネビ・ユヌスに小規模な建設をした。

また、アッシュル・バニパルはクユンジュクに北宮殿を建設し、壁面を壮大な浮彫で飾った。その一つに土木技術の進歩によって可能になった、高い導水橋から給水される王宮の庭が描かれていて、文献史料から知られる庭園、植物園、動物園を備えた町の風景をよくあらわしている（口絵①下、図8―7）。

ナキア后妃の権勢

センナケリブ王はエラムに連れ去られたアッシュル・ナディン・シュミが消息をたったので、エサルハドンを皇太子と定めた。前に話したように、アッシリアでは王位継承の原則が定まっていないので、またしても王位交代に際して、混乱を招いている。

このときの皇太子決定には、エサルハドンの母ナキアの力があったようだ。アラム語で「純潔」を意味するナキアはアッカド語ではザクトゥといい、前述のサンムラマトとともにアッシリア王家で権勢を誇った女性の一人である。ナキアは孫の代までもかなりの発言力をもっていた。後宮にもアラム人あるいはアラム語を解する女性たちがいて、アッシリア王家もアラム人の血を受けいれている。

前六八一年、エサルハドンを皇太子とする決定を不服とした息子たちによって、センナケリブは暗殺されてしまう。

二　エサルハドン王、最大版図を達成す

8—9　エサルハドン王と母后ナキア　前681—前669年、青銅、高さ33cm、幅31cm、ルーヴル美術館蔵

「身代わり王」を立てたエサルハドン王

前六八〇年、父王暗殺という非常事態に、一時亡命を余儀なくされたエサルハドンが、なんとか王位につくことができた。同王はナキアの一人息子で、後宮において長く育てられ、病弱にして迷信深い人物ともいわれている。日蝕《にっしょく》や月蝕《げっしょく》が起きたときなどには、災厄を避けるために「身代わり王」を立てた。「身代わり王」が立てられると、王自身は農夫に身をやつし、葦小屋に隠れた。

8—10 「病魔退散」のお札　上辺の左右のつり手を固定して病人のかたわらに置いた。上から顔を出しているパズズは病魔退散の役割をになっている。上から3段目に寝台に横たわる病人を治療する場面。下段は冥界へ逃げていく病魔。前1000年紀はじめ、青銅、高さ13.8cm、ルーヴル美術館蔵

「身代わり王」は「王ではない人」を一時的に王位につけることで、イシン第一王朝（前二〇一七—前一七九四年頃）でおこなわれていた可能性がある。こうした習慣は世界各地に見られ、イギリスの人類学者ジェイムズ・ジョージ・フレーザー（一八五四—一九四一年）著『金枝篇《きんしへん》』に例が集められている。王だけでなくアッシリア人全般にとってもこうしたことが真理であり、信ずるべきことであった。このような古代人の心情の一端を一四五—一四六頁ですでに話したし、図8—10の「病魔退散」のお札からも見ることができる。

占星術師が王にあてた、蝕などについての報告や解釈の手紙が出土していて、正確な日付が逆算できる。たとえば、占星術師ナブ・アヘ・エリバが出した手紙には、皆既月蝕の解釈について書かれていた。この月蝕は前六六七年四月二一日起きたことが逆算されている。古代の占卜が現代の発達した天文学によって、学術の発展に貢献しているのである。

エサルハドンはアッシリア王とバビロニア王を兼ね、父センナケリブ王が破壊したバビロンの復興に尽力するも、この事業は一代では完成せ

8—11　エサルハドン王のバビロン復興記念碑　エサルハドンがバビロンおよびマルドゥク神の神殿を再興したことを記念。バビロン出土、前670年、玄武岩、高さ21.5cm、幅11.3cm、大英博物館蔵

ず、完成は息子のアッシュル・バニパルに委ねられている。

東方メディア王国への軍事遠征

前六七三年、メディア王国がアッシリアに反旗を翻した。エサルハドンはハマダン南方の地でメディア人、マンナイ人、スキタイ人およびキンメリア人の連合軍を撃破、勝利したことを記録している。メディア人についての記録は、前八三五年のシャルマネセル三世の軍事遠征の碑文が初出になる。「メディア」とはギリシア語で、アッカド語ではマーダーヤといわれている。メディア人は文字を使用せず、同時代の史料が少ないため、わからないことが多い。

前六七二年、エサルハドンはエジプト遠征に先立って、不満分子を抑え込むために、内外の要人を集め、王位継承の定めを遵守することを誓わせた王位誓約儀礼をおこなった。エサルハドンには多数の息子がいたが、そのなかの二人、年少の息子アッシュル・バニパルをアッシリア王に、年長の息子シャマシュ・シュム・ウキン（前六六七—前六四八年）をバビロニア王にすえる決定をした。

一九五五年、カルフのナブ神の神殿の発掘で、王位誓約儀礼の際にメディアの都市国家の支配者たちにあてて発行された誓約文書「エサルハドンの宗主権条約」が、イギリス隊によって発見されている。

8—12 「エサルハドンの宗主権条約」
写本、カルフ出土、前672年頃、粘土板、高さ19cm、幅28cm、大英博物館蔵

エジプト遠征と戦勝記念碑

誓約儀礼の後に、エサルハドンはいよいよエジプト遠征を決断した。

アッシリアは遠方のエジプトまで遠征する必要があったのである。センナケリブがラキシュを陥落させたことはすでに話した。ラキシュよりも約三七キロメートル南西の、パレスティナ地方で地中海岸最南端のガザ市はティグラト・ピレセル三世の侵攻で属国になっている。こうした都市が反乱を繰り返す理由は、エジプトが扇動しているとアッシリアは見ていて、エジプトに軍を送らざるをえなかった。

エサルハドンの大きな戦勝記念碑が中近東博物館（ベルリン）に収蔵されている。碑はシリア北部のサムアル市（現代名ジンジルリ）から出土した。エジプト第二五王朝（前七四六―前六五五年）のタハルカ王（前六九〇―前六六四年）とシドン市のアブディ・ミルクティ王に対する勝利を記念して立てられた。浮彫の図像にはエジプト美術の影響が見てとれ、敗者たちはエサ

8—13　エサルハドン王の戦勝碑
（左）戦勝碑表面　下方は捕らえられたことになっているエジプトのタハルカ王とシドンのアブディ・ミルクティ王。（中）シャマシュ・シュム・ウキンと（右）アッシュル・バニパル　側面に２人の息子の立像が刻まれている。エサルハドンとアッシュル・バニパルはアッシリア風装束だが、シャマシュ・シュム・ウキンはバビロニア風装束である。サムアル出土、玄武岩、高さ322cm、幅135cm、厚さ62cm、中近東博物館（ベルリン）蔵

ルハドン王の足もとに小さく刻まれ、エサルハドンが左手にもつ綱の先につながれている。

前六七一／六七〇年、シリア・パレスティナ支配後に、シナイ半島の水不足に苦しんだといわれるが、アッシリア軍はエジプトに侵

8—14　エジプト遠征図　ニネヴェ北宮殿出土、前645—前640年、石膏、高さ114.3cm、幅188cm、厚さ15.2cm、大英博物館蔵

攻した。メンフィス市（現代名ミト・ラヒーナ）を占領した。タハルカはテーベに敗走した。図8—13では、タハルカは捕らえられたことになっているが、実際は逃げていたのである。アッシリアは下エジプトつまりナイル・デルタ地方を制圧し、ティグリス河からナイル河までの最大版図を達成した。

この頃、体調を崩した王に、占星術師のバラシらが手紙で断食を進言した。断食の開始と終了は天体現象にもとづいている。そこで、手紙の日付が前六七〇年五月四日と特定されている。

前六六九年、アッシリアはエジプトへまたしても進軍する。病弱といわれたエサルハドンも親征していて、軍営で病没する。

三　親征しなかったアッシュル・バニパル王

エジプト全土を占領

前六六八年に即位したアッシュル・バニパル王は、古代メソポタミア史に登場する王たちのなかでも、バビロン第一王朝のハンムラビ王とともに知名度が高い。楔形文字で書かれた多数の史料とともに、王の姿をふくむ浮彫彫刻が数多く残っていて、おもに大英博物館のアッシリア・ギャラリーに展示されている。同王は二六九頁で話す「アッシュル・バニパルの図書館」で知られ、馬にまたがり、弓をひく狩猟図（図はじめに―1参照）が残されていることなどから、「文武両道の大王」といったイメージがどうしても先行する。だが浮彫の図像や王碑文を詳細に検討すると、必ずしもそうではない姿も見えてくるのである。

アッシュル・バニパルは祖父センナケリブを尊敬していた。センナケリブ治世に形成された帝国の行政機構は父エサルハドン治世を経て、アッシュル・バニパルに引き継がれた。

前六六四年、エジプト遠征を断行したアッシリア軍はエサルハドン王が征服した下エジプトのみならず、ナイル河流域の上エジプトをさかのぼってテーベをも前六六三年に陥落させ、エジプト全土をアッシリア支配下に置くことに成功した。ところが、この支配は長くつづかなかった。なんといってもエジプトとアッシリアは遠く離れていて、反乱の報が伝わっても、すぐに鎮圧にかけつけることはできないのである。さらにエジプトを継続して支配するとなると、シリア・パレスティナの諸都市を抑え込んでおくことが必須であった。

前六六五年、アッシリアからエジプト管理をまかされていたリビア系のプサメティコス一世（前六六四―前六一〇年）が独立し、翌年第二六王朝（前六六四―前五二五年）を開いている。

属国にその土地出身の王を任命するというアッシリアの政策の結果、アッシリアがエジプトの社会、経済に与えた影響は、アケメネス朝ペルシアやプトレマイオス朝（前三〇四―前三〇年）および前三〇年以降のローマによる支配にくらべて、大きくなかったといわれている。

東方エラムとの戦い

はるか南方に離れたエジプトだけでなく、東方エラム王国とも、アッシリアは戦わざるをえなかった。アッシュル・バニパルが即位した頃に、アッシリアではテウマンと呼ばれていたテプティ・フンバン・インシュシナク（前六六四？―前六五三年）が王となり、エラム全土を統一し、アッシリアと戦う態勢が整えられた。テウマンは王家内の競争相手を押しのけての即位であり、押しのけられた敗者はアッシリアへ逃れ、アッシュル・バニパルに援助を懇願した。

前六五三年、アッシリアとエラムは激突した。これがティル・トゥーバの戦いである。ティル・トゥーバの現在地は不明だが、ウライ河の畔《ほとり》に位置していたので、ウライ河の戦いともいわれている。ウライ河はイランからイラクへと流れている現代名カルヘ河にあたる。この戦いを描いたのが、大英博物館のアッシリア・ギャラリーに展示されている浮彫彫刻の白眉といえるティル・トゥーバの戦いである。

不可解なティル・トゥーバの戦い浮彫壁画

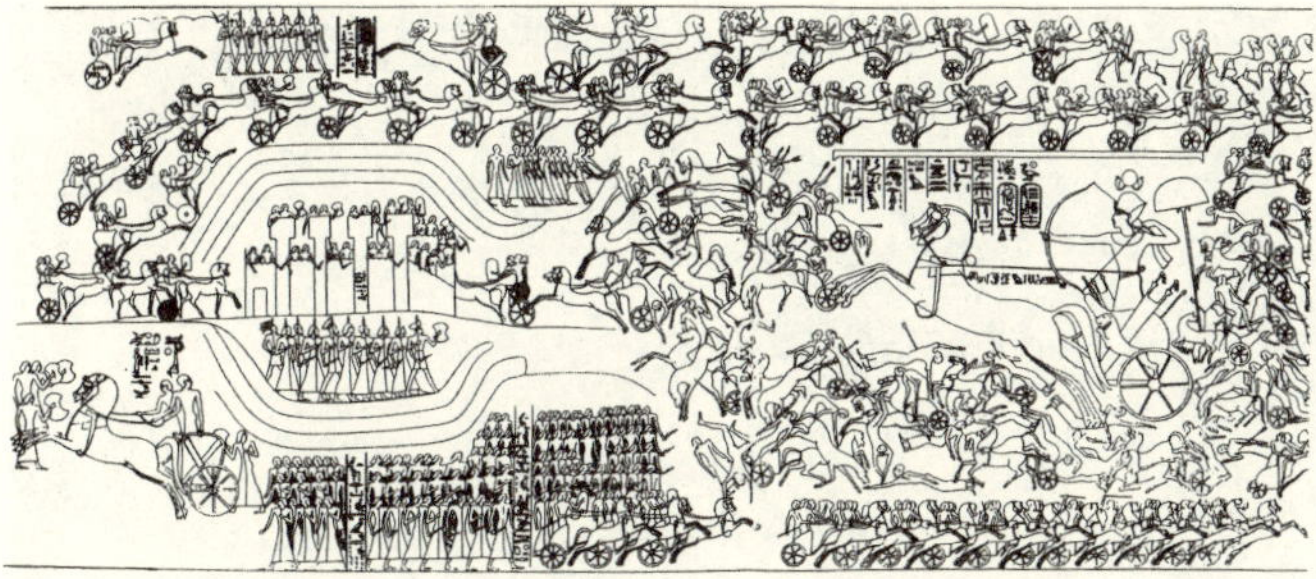

8—15　カデシュの戦い　ルクソール神殿浮彫線画

ティル・トゥーバの戦い浮彫はニネヴェの南西宮殿第三三室の壁面を飾っていた。現在は失われた面もあるが、元来三面ずつで二つに分けられる。戦闘場面（図8—16）が西側に、戦闘終了後の戦後処理場面（図8—17）が東側の壁面に配置されていた。

こうした古代の遺物の材質については、紹介している文献によって異なることが多く、「石」としか書かれていないこともある。それで本書では凡例に記したように引用文献におおむねしたがうこととした。ただし、ティル・トゥーバの戦いの場面を刻んだ石材については記録がある。アッシュル・バニパルの祖父センナケリブが現在のトルコに遠征したおりに見つけた珍しい石材で、化石をふくむ石灰岩といわれている。

戦闘の発端の部分は現存しないが、高さが二〇四センチメートル、幅が五四六センチメートルにもなる三面の長大な画面に描かれ、右端がウライ河になる。

後代に制作された狩猟図は余白の空間が残されているが、この戦闘場面ではアッシリアの伝統的な「空間恐怖」で、全面が兵や馬などの図像で埋め尽くされている。

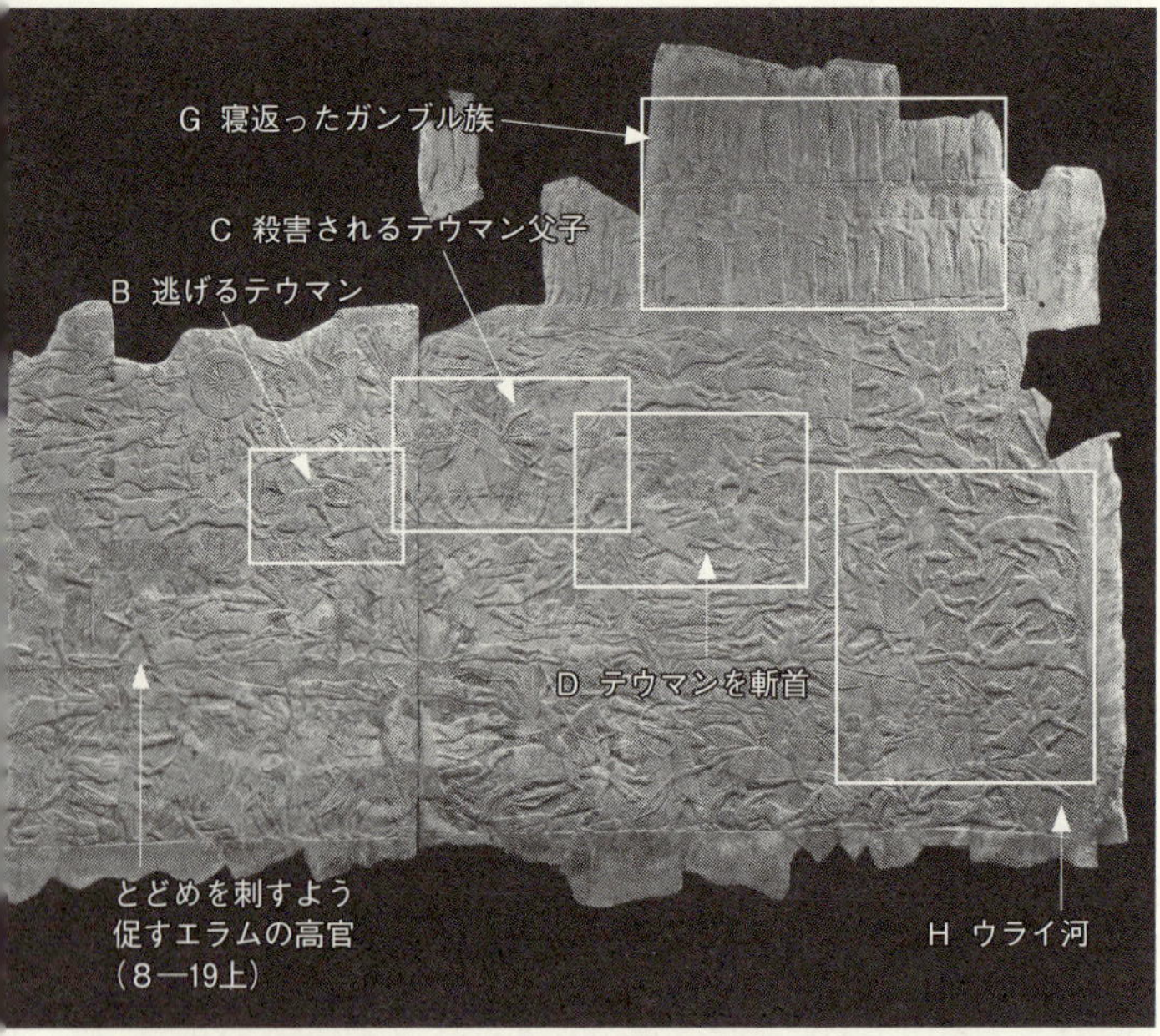
G 寝返ったガンブル族
C 殺害されるテウマン父子
B 逃げるテウマン
D テウマンを斬首
とどめを刺すよう
促すエラムの高官
（8—19上）
H ウライ河

B

C

D

G

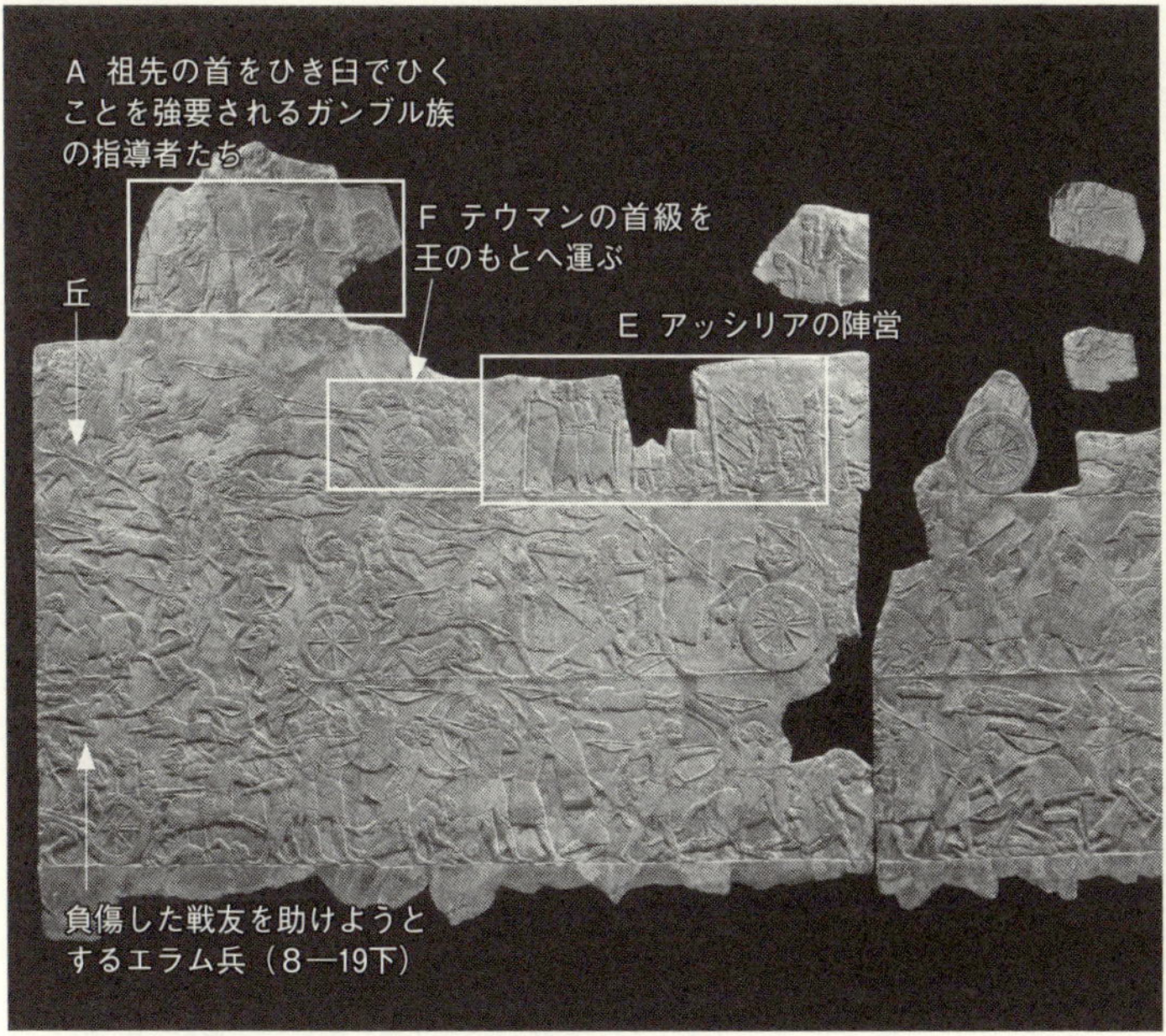

8—16 ティル・トゥーバの戦い アッシュル・バニパル王不在の戦闘場面。南西宮殿、石灰岩、高さ204cm、幅546cm
A 祖先の骨を石臼でひくことを強要されるガンブル族（本文213頁参照）。B 逃げるテウマン。C 殺害されるテウマン父子。D テウマンを斬首。G 寝返ったバビロニアのガンブル族（本文213頁参照）

A

E

F

H

8―16E　アッシリアの陣営。F アッシリアへ運ばれるテウマンの首級を王のもとへ運ぶ。H ウライ河

戦闘場面については、エジプト美術の影響が指摘されている。アッシリアはエジプトに侵攻し、神殿や葬祭殿などに刻まれている浮彫彫刻を見ている。なかでも、第一九王朝（前一二九二―前一一八六／八五年頃）ラメセス二世（前一二七九―前一二一三年頃）が、前一二八六年頃にヒッタイトと戦ったカデシュの戦いの浮彫（図8―15）が影響を与えたともいわれている。画面右中央のラメセスは戦車上から弓を引き、ヒッタイトの大軍と戦っている。戦いそのも

のは負け戦であったと考えられるが、エジプト王はまちがいなく戦場にいて、獅子奮迅《ししふんじん》の働きをした。その姿が刻まれている。

では、ティル・トゥーバの戦いでアッシリア王はどこにいただろうか。見ていくとしよう。

混乱を極める場面

戦闘場面は左上の丘から右下のウライ河へと展開していく。

アッシリア兵とエラム兵が白兵戦を展開しているが、敵味方の区別はできる。勝っていて、立っているのがアッシリア兵であり、負けていて、倒れていくのがエラム兵である。注意して見るとわかるが、アッシリア兵の死骸は一体もなく、死骸はエラム兵だけである。

アッシリア兵はその多くが、おもに銅製で先端のとがった冑《かぶと》をかぶり、完全武装で槍と盾を手にしている。一方、軽装で、頭部は鉢巻だけの、弓を手にしたエラム兵がウライ河へとじり追い詰められていく。画面のあちこちに敗者エラムの矢筒が散乱している。

河にはエラム兵や馬の死骸そしてエラム兵の矢筒が漂っている。また、こうした場面にそぐわないような、大きな魚が泳いでいる（図8—16H）。

テウマンを仕留めたのは兵士

敵味方が入り組んでいるものの、中心になるのはテウマン王であり、王の殺害および首級をあげることが目的ともいえる戦闘で、同じ画面のなかに、時間の流れを無視して表現されている。

まず、画面上部中央、テウマンと息子のタンマリトゥが乗った戦車がこわされるところからはじまる。王冠をかぶり、長衣を着たテウマンと息子は画面右方向へ逃げる（図8―16B）が、途中でテウマンは矢で射られ、二人ともアッシリア兵に囲まれ、殺害される（図8―16C）。その後、通常の武器ではなく、処刑でもちいられる棍棒《こんぼう》と斧で首級がおとされる（図8―16D）。斬首するアッシリア兵の顔面が破損しているのは、ニネヴェ陥落の際にこのことを知っていたエラムに心を寄せる者の所業であろう。

ところが、浮彫に刻まれている説明文は次のように記している。

エラムの王、テウマンは激しい戦闘で負傷した。彼の長男タンマリトゥは彼の手を取り、そして彼らは命を救うために逃亡した。彼らは森に隠れた。アッシュル神とイシュタル女神の激励で、私が彼らを殺害した。私はそれぞれの首級を切断した。

「私」とは、アッシュル・バニパル王のことである。浮彫の図像と説明文とが一致していないのである。

戦場にいなかったアッシュル・バニパル王

右方向に向いていた動きが一転して左方向に動く。テウマンの首級は画面上段の陣営のなかで首実検される。ここにはエラム勢の首級が雑然と置かれている（図8―16E）。

この後で、さらに左方向へ進む戦車に乗ったアッシリア兵によって、テウマンの首級はぶら下げられている（図8―16F）。首級はアッシリアにいるアッシュル・バニパル王のもとに急ぎ届けられている。つまり、ティル・トゥーバの戦場には、アッシュル・バニパルはいなかった。前述のように、カデシュの戦いではエジプト王ラメセス二世は敵と戦っていて、戦闘場面の主役であるのに、アッシュル・バニパルはいないのである。

浮彫の途中には場面の状況が楔形文字で説明されていて、アッシュル・バニパルはアッシュル神やイシュタル女神の加護のもと、テウマンの首級とともにニネヴェにもどったと書かれているが、実際はちがっていたのである。

王が臨席する戦後処理の場面

戦闘終了後の戦後処理場面は、南西宮殿第三三室の東側石膏壁面に飾られていた浮彫で戦闘場面と向かいあう形になる。高さ二六九・三センチメートル、幅四三九・四センチメートルの大きさで、画面下方にウライ河が流れている。エラム兵や馬の死骸、戦車の残骸がそのままで、戦闘終了後間もなくということになるだろうが、敵、味方ともに一定の秩序を回復した状況にあることが浮彫の場面からわかる。

右上方、戦車の傘の下にはアッシュル・バニパルの姿がある（図8—17）。王は戦勝の場面には登場する。一部欠損しているが、図7—9下とほぼ同一の姿であっただろう。王の視線の先で序章で話したおぞましい処刑がおこなわれている。

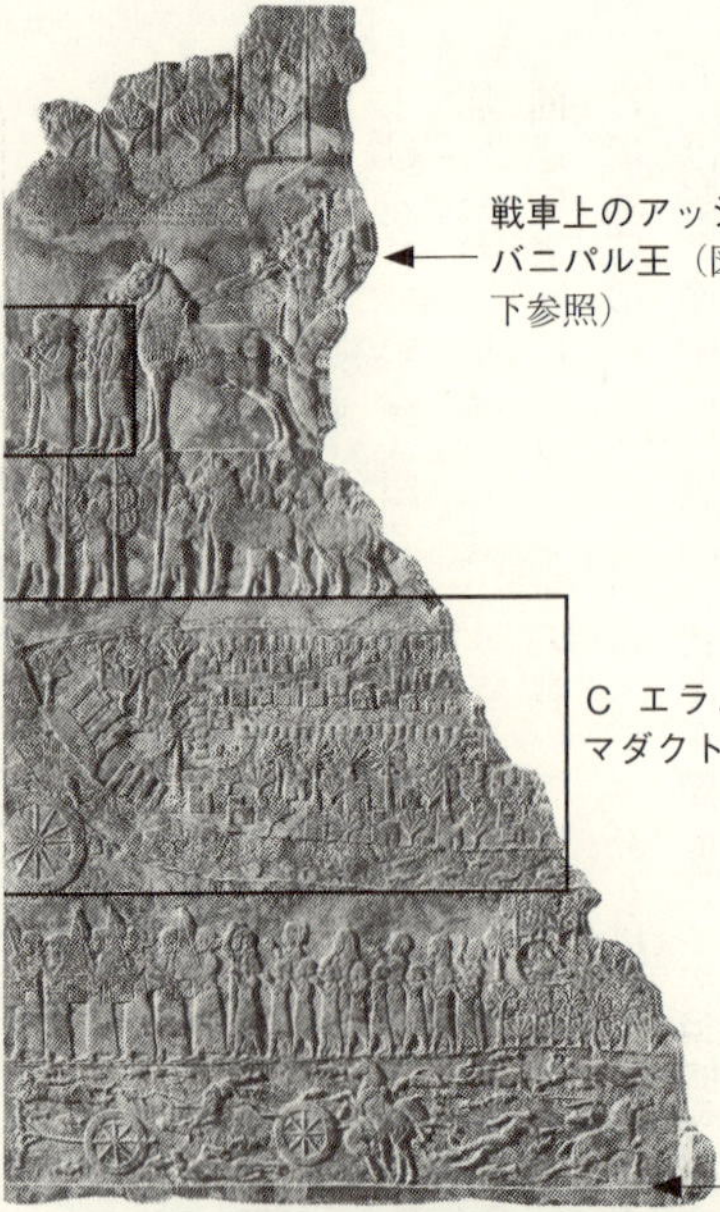

B

C

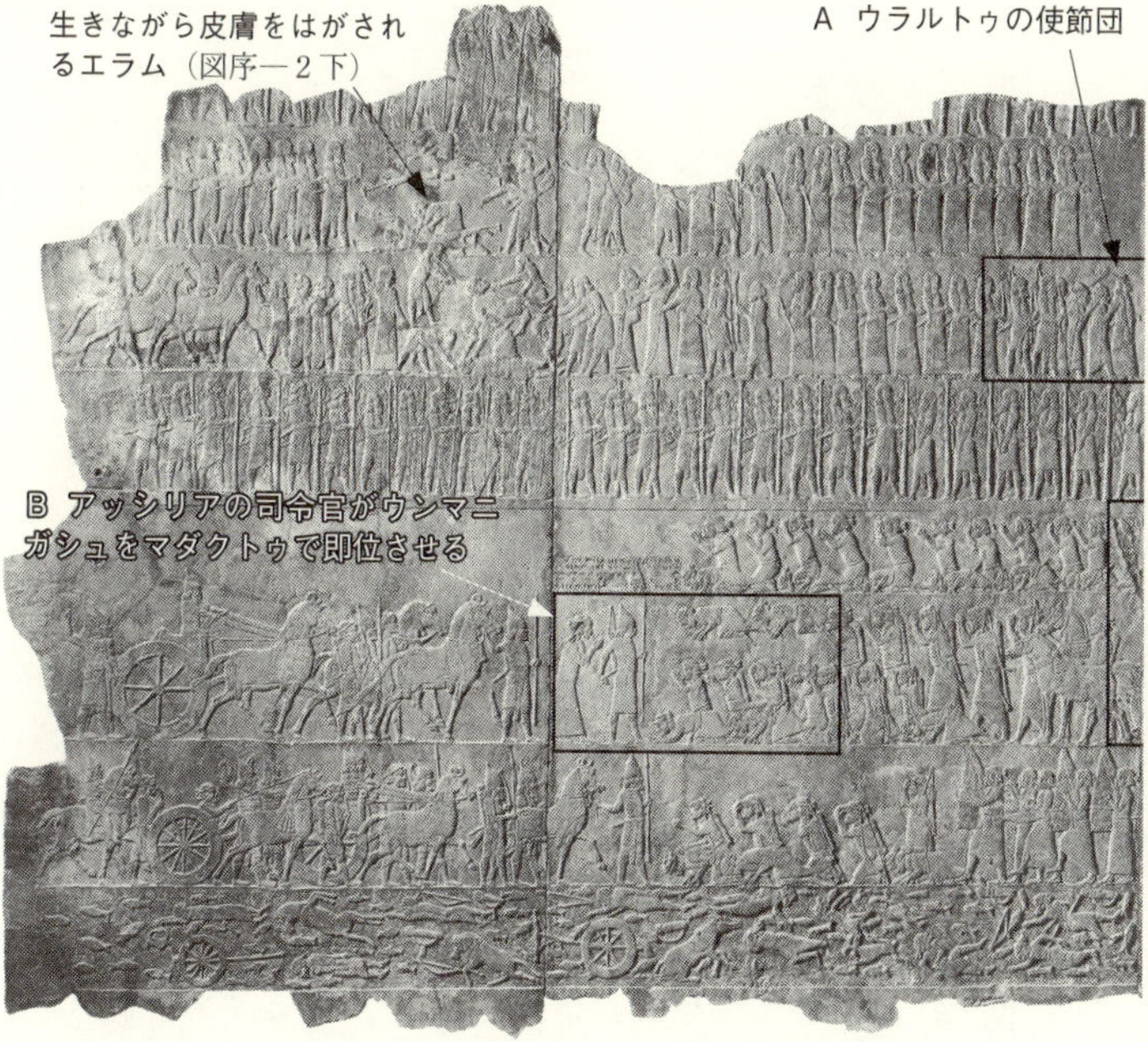

8―17　ティル・トゥーバの戦い　戦後処理の場面
A ウラルトゥの使節団はアルベラでの凱旋祝賀会に出席する
B 新王即位。左端がウンマニガシュC エラムの都市マダクトゥ

A

場面下方にはエラムのマダクトゥ市（図8―17C）でウンマニガシュがアッシリアの司令官によって手首をつかまれ、王位につけられる場面（図8―17B）も見られる。ウンマニガシュはテウマンの前の王ウルタクの息子で、後継争いでアッシリアに逃亡していた。

アッシュル・バニパルは戦場が怖かった

アッシリアの戦争はアッシュル神の「聖戦」であって、「アッシュル神の副王」である王自らが率いる「親征」が原則であった。いうまでもなく、「親征」とは君主自らが戦場におもむくことである。だからこそアッシュル・バニパルの曽祖父のサルゴン二世は戦死している。アッシュル・バニパルが敬愛する祖父センナケリブも毎回ではなかったようだが、ほぼ親征したようだ。そして父エサルハドンは軍営で病没している。

アッシュル・バニパルは浮彫に刻まれた碑文などで戦場へいったように書かれているが、実際にはいかなかった。同王も戦争の命令はくだした。だが、自らが戦場で指揮をとらずに、戦場には将軍を送っていたのである。

アッシュル・バニパル王の長い「年代記」のなかに、夢の話がある。夢で戦闘を司るアルベラ（クルディスタン地方のエルビルに同定されているが、未発掘）のイシュタル女神とアッシュル・バニパルが会話をしている。弓と抜身の刀剣を携えた、戦支度の女神に対して、どこへでも同道すると王はいう。ところが、女神は戦場にいく必要はないと、次のようにいっていると

8—18　アルベラのイシュタル女神　武装した女神は獅子の上に立つ姿。シャルマネセル３世がビート・アディニ征服後に彫られたとみられる碑。テル・アフマル（シリア）出土、前９—前８世紀、角礫岩、高さ121cm、幅82cm、ルーヴル美術館蔵

いう。

あなたはあなたが（現在）住んでいるところにいるでしょう。食物を食べ、ワインを飲み、音楽を奏で、私の神威をあがめなさい。私がこの仕事を達成したら、そのときには私はあなたの心からの願いを成就するでしょう。あなたの顔は青くなることはないだろうし、あなたの足は震えないだろうし、あなたは戦闘の群衆のなかで汗をぬぐうことはないでしょう。

識字力のある王が記した体裁であり、王がこの文章を読めないはずはなく、否定しなかったことになる。女神の口を借りて、戦場における恐怖を率直に告白しているともいえるのである。

前七世紀には、アッシリア王は自軍を戦場において必ずしも指揮していなかった。アッシュル・バニパルはアッシリアの神々のごとく振る舞い、勝利に導く存在と考えられていたという。

8—19　（上）エラムの高官　致命傷をおったエラムの高官がアッシリア兵にとどめを刺すよう促す（図8—16部分）。**（下）傷ついた戦友を助けようとするエラム兵**（図8—16部分）

　すでに話したように、アッシリア王はアッシュル神に遠慮をして、「アッシュル神の副王」を称していた。当然、親征こそが王の「つとめ」と考えられるのに、アッシュル・バニパルは親征せずに、勝利の場面には自らの姿を刻ませ、浮彫の碑文にぬけぬけと虚偽の碑文を刻ませていた。この行為を、はたしてすべての臣下が納得していたのだろうか。大いに疑問である。

戦場の人間模様

ティル・トゥーバの戦いの場面で描かれているのは、アッシリアの勝利を印象づける場面だけではない。アッシリアの王碑文は敵についてもよく観察していて、鋭い指摘をしている。

「とどめを刺してくれ」とアッシリア兵に要請するエラムの高官や「傷ついた戦友」に手を差

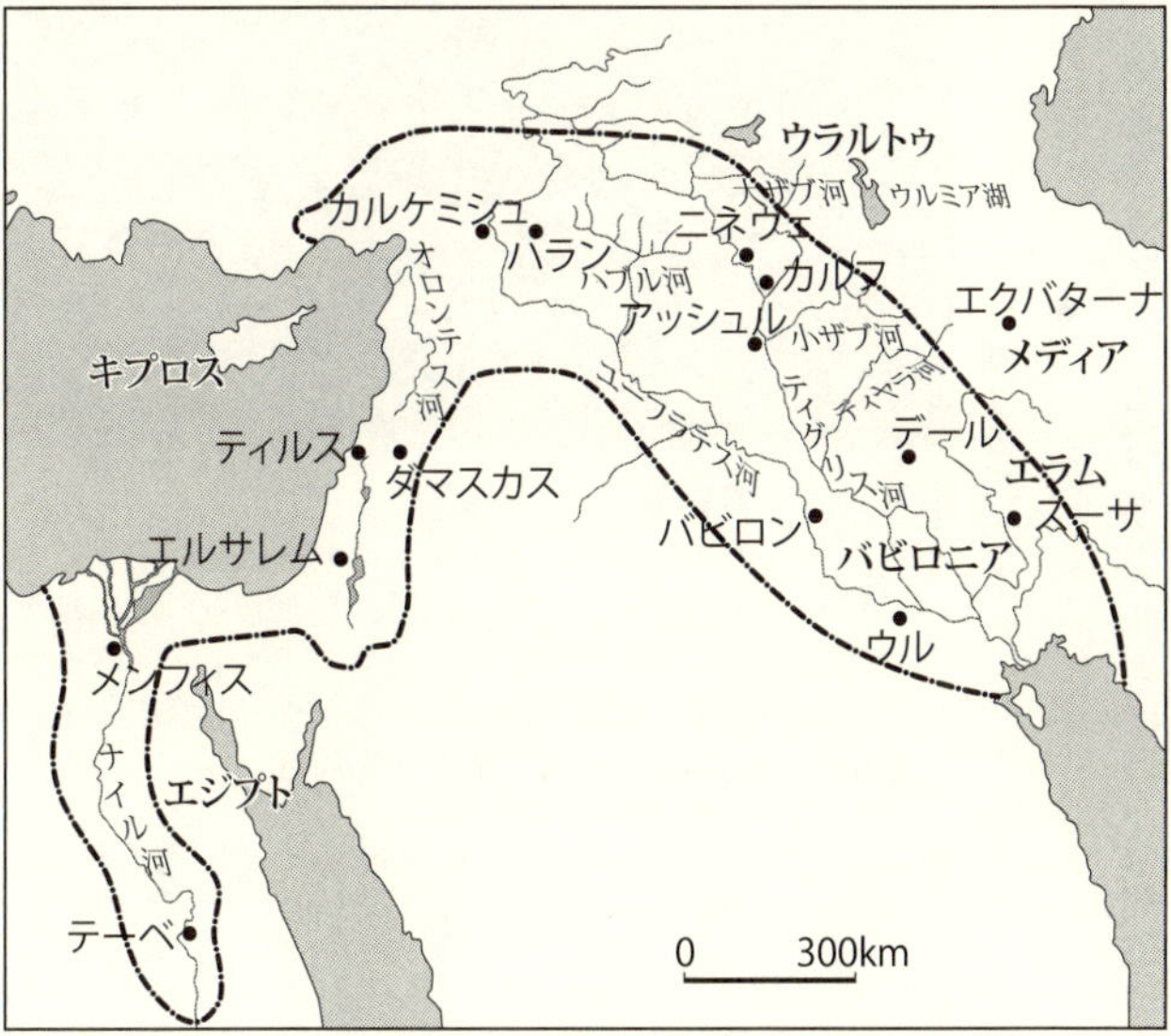

8—20　アッシリア帝国の最大版図

し伸べるエラム兵の姿も同じ場面に刻まれている。こうした場面では、アッシリアの彫刻師は敗者ながらもエラム兵に心を寄せているようであり、いつの時代、どこの戦場でもあったにちがいない、敵味方を越えた、人間の本質そのものに迫るような場面も刻んでいる。こうした描写が現代人をアッシリア彫刻に惹《ひ》きつける理由の一つになる。当然のことながら、こうした表現を王は受容していたということになるだろう。

　前六四六年、バビロニアの歴代王朝が手こずったエラムは、ついにアッシリアの攻撃によって崩壊し、前六四〇年に滅亡する。アッシュル・バニパル王はエラム遠征の成功で、父エサルハ

8—21　**饗宴図**　ぶどうのふさの下で、アッシュル・バニパル王とアッシュル・シャラト后妃は杯を手にしている。夫婦水入らずの宴だが、かたわらの木にはテウマンの首がつるされている。ティル・トゥーバの戦いでの勝利後の祝宴であろう。ニネヴェ北宮殿出土、前645—前640年、石膏、大英博物館蔵

ドン王が達成したアッシリアの最大版図をほぼ回復した。国としてのエラムは滅んだが、イランのほかのどの地域よりもはやく先進文明に浴していたエラム人は、メディアやアケメネス朝の中枢で重用され、エラム語はアケメネス朝の公用語の一つになった。

后妃の「城壁冠」

ティル・トゥーバの戦い後の酒宴の場面と考えられる浮彫がある。アッシュル・バニパル王はアッシュル・シャラト（リッバリ・シャラト）后妃と仲睦《なかむつ》まじく酒宴に臨んでいるが、后妃の背後の樹木にエラム王テウマンの首級がぶら下げられている。顔面が破損している王の頭上に王冠はない。一方、后妃の頭上には都市を囲む城壁の形をした「城壁冠」がある。この城壁をかたどった冠は政治的中心としての都市の重要性をあらわしていて、前九世紀以降に出現した。

勝者アッシリアに対して、敗者は自らの都市の模型を差し出した。口絵③「貢物の馬」で、

先頭の男性の手にあるのが、この模型である。都市の放棄は政治権力の放棄であり、服従を受けいれる表現でもあった。こうした場面は、後代になって、ビザンツ美術やルネサンス美術で採用され、キリストや聖母マリアに、都市の支配者が都市の模型を差し出す表現で、神への服従の象徴となった。

「城壁冠」も後代に伝わっていった。サーサーン朝ペルシア（二二四―六五一年）の浮彫や硬貨に刻まれた王の頭上には、装飾過多ともいえる「城壁冠」が見られる。さらに、この冠は後代に西方にも伝わり、今日でもヨーロッパの王族の冠の形としてつづいている。

「兄弟戦争」

話がエラム滅亡まで進んでしまったが、少し時間を前にもどす。

エラムやエジプトだけでなく、バビロニアもまた反アッシリア勢力に属していた。兄王シャマシュ・シュム・ウキンが治めるバビロニアは、アッシリアに対して従属する立場に置かれ、不満をつのらせていった。

前六五二年、シャマシュ・シュム・ウキンはカルデア人、エラム人、アラブ人などの反アッシリア勢力を集め、ついに反旗を翻す。激烈な「兄弟戦争」が勃発した。謀反を知ったアッシュル・バニパルはバビロニアの諸都市が同調しないように、「バビロニアの人々に告ぐ王の言葉。（略）この兄弟にあらざる者（シャマシュ・シュム・ウキン）が汝《なんじ》らに語った風（虚言）を私

8—22　サルダナパールの死　油彩画、高さ73.7cm、幅82.4cm、フィラデルフィア美術館蔵

も聞いた。（略）彼を信じるな」との、激烈な手紙を急遽《きゅうきょ》送った。このことが功を奏し、重要ないくつかの都市はアッシリア側についた。

前六四八年、アッシュル・バニパルは籠城して抵抗するバビロンを鎮圧し、兄王は死んだ。バビロン攻略後の浮彫には、アッシュル・バニパルの姿（図7—9）が刻まれている。

前六四〇年まで、バビロニアに味方したエラムやアラブに対して、アッシュル・バニパルは懲罰的遠征を繰り返すことになる。

「アッシュル・バニパル王の最期」を扱ったという絵画がフィラデルフィア美術館に展示されている。一九世紀のロマン主義のフランス人画家ウージェーヌ・ドラクロワ（一七九八—一八六三）が描いた「サルダナパールの死」である。サルダナパール（サルダナパロス）とは古代ギリシアにおけるアッシュル・バニパルの異名で、愛《あい》妾《しょう》たちを道連れに、王宮に火をかけて死におもむくさまが描かれている。

だが、この最期の様子はアッシュル・バニパルではなく、むしろシャマシュ・シュム・ウキンをさしているともいわれ、こちらの説のほうが妥当であろう。

四　「学者王」アッシュル・バニパル

葦ペンを携帯しての獅子狩り

戦闘場面のみならず、アッシリアの浮彫は写実的で迫力があり、美術史のうえでも評価が高い。ことに獅子や馬のような動物の筋肉表現は素晴らしい。アッシュル・バニパル治世の「獅子狩り図」は浮彫の傑作といわれている。

前九世紀のアッシュル・ナツィルパル二世の「獅子狩り図」にくらべて、約二〇〇年間により写実的な表現になっていて、彫刻師の技量があがっている。

古代メソポタミアには獅子つまりライオンがいて、獅子狩りには武人としての訓練の要素などがある。だが、これについては前でふれたように宗教的儀式でもあった。獅子が魔を象徴し、その魔をしとめることで、王が宇宙の秩序を整える意味があった。

ところで、獅子を仕留めるアッシュル・バニパル（図8—23）の腰帯のあたりに注目してもらいたい。狩猟の場面でも王は葦でできた二本のペンを腰帯にはさんでいる。王が望んだ肖像にちがいなく、王は文字の読み書きができたのである。

また、浮彫に刻まれているアッシュル・バニパルの着衣を拡大すると、王はロゼット文（図8—23）が散りばめられた衣服を着ていることがある。ロゼット文は、豊饒および戦争を司るシュメル起源のイナンナ女神、アッカド語ではイシュタル女神の象徴である。科学知識が未発達な時代に死や病気のような災厄から身を守るためにも、魔除けとして吉祥文であるロゼット文を散りばめた衣服を着ていたのであろう。

8―23　腰帯に差した葦ペン

「私はアッシュル・バニパルである」

アッシュル・バニパル王は「学者王」であった。

大きな文字で書かれた、「私はアッシュル・バニパルである」で終わっている何枚かの粘土板が見つかっていて、これはアッシュル・バニパルが練習した文字と考えられている。

長いメソポタミアの歴史でも、識字力つまり文字の読み書きができることを自慢した王は少数である。ウル第三王朝のシュルギ王は、数多くつくられた『シュルギ王讃歌』で、学校へ通い、文字の読み書きができ、算数の成績もよかったことなどを大いに自慢している。

シュルギよりも約一四〇〇年後のアッシュル・バニパルは識字力があることを、「私は賢人アダパの技、書記術のすべての秘密と隠された知識を学んだ。私は天上や地上の前兆を見分けることができるし、学者たちの集まりで（それらについて）議論することができる」と自慢している。引用した文章の後も、熟練の占卜師たちと議論する資格がある、割り算や掛け算の計算ができ、シュメル語を読むこともできるなどと記されている。アッシュル・バニパルの自慢

8—24　バラシから王への手紙　手紙は学問的な内容を扱っている。ニネヴェ南西宮殿出土、粘土板、高さ 6 cm、幅3.2cm、大英博物館蔵

は『シュルギ王讃歌』に見られる自画自賛とよく似た内容で、読んでいた可能性があるかもしれない。

アッシュル・バニパルの先生

アッシュル・バニパルの先生（教育がかり）は父エサルハドン王の宮廷の占星術師バラシである。バラシについては一四六頁でふれた。アッシュル・バニパルとバラシとの間で学問的な議論を交わした手紙も残っている。

エサルハドンがバラシを選んで息子を教育させたにちがいない。エサルハドン自身が識字力を価値あることと考えていたことはまちがいないだろう。エサルハドンの息子アッシュル・バニパルと、娘つまりアッシュル・バニパルのおそらく姉にあたるシェルア・エテラト王女はまちがいなく識字力があった。

アッシュル・バニパル周辺には文字の読み書きができる女性たちがいた。姉のシェルア・エテラトがアッシュル・シャラト后妃に出した手紙があり、后妃が文字の勉強をしないことをなじる内容で、嫁と小姑《こじゅうとめ》との間にはちょっとした確執があったようだ。

古代オリエント世界では女性の識字力は否定されるものではない。たとえば、王家間で手紙の交換をする場合には、必ずしも后妃自らが書くとは限らないものの、后妃たちも加わっている。

アッシュル・バニパル王による粘土板の収集

学者であるアッシュル・バニパルは粘土板に書かれた文献収集に熱心であった。文献収集についての次のような手紙がある。

シャドゥヌへの王の言葉。（略）

私の粘土板を見たらすぐに、（略）ボルシッパ市であなたが知っている書記術の熟練者たちに呼びかけ、彼らの家にあるすべての粘土板文書と（ことに）エジダ神殿に保管されているすべて（の粘土板文書）を集めよ。

王のための魔除け（が書かれた）粘土板文書、ニサン月の日々の河での（お祓《はら》いの儀式）について、タシリト月の河での（お祓いの儀式）のための魔除けについて。（略）『（呪文集）エア神とマルドゥク神が十分に知恵を与えられますように』、すべての戦闘に関する叢書《そうしょ》（略）『（呪文集）戦闘中に矢があたらない』（略）、あるだけ多くの王宮のために望ましい粘土板、あなたが知っているアッシリアにはない珍しい粘土板、これらのものを探し

出して、私に送れ。（略）

これはアッシュル・バニパル王がボルシッパ市にいる家臣シャドゥヌにあてた手紙の一節で、王は粘土板文書を集めて送れと命令している。

ボルシッパのエジダ神殿には知恵や書記術を司るナブ神が祀られていた。知恵を司る神の神殿には貴重な粘土板文書があり、王は首都ニネヴェの図書館に収集したかったのである。王としての権力にものをいわせるだけでなく、財力も惜しげなく使って、粘土板を収集していた。粘土板の収集はアッシュル・バニパルにはじまることではなかった。

「アッシュル・バニパルの図書館」

ドイツ・オリエント学会がアッシュルを発掘した際に、前述のように中アッシリア時代のティグラト・ピレセル一世の図書館が見つかり、万を超える文書が出土した。この図書館が後代の「アッシュル・バニパルの図書館」の先駆けとなった。

「アッシュル・バニパルの図書館」はクユンジュクの丘の四ヶ所以上の別々の建物から発見された文書群のことで、具体的には南西宮殿、北宮殿およびイシュタル神殿やナブ神殿の地区からも発見されている。

一八五二年（一説には一八五三年）にラッサムが発掘し、その後もイギリス人学者が発掘した。発見された粘土板は約三万枚といわれ、最大規模の蔵書数を誇り、内容は多岐にわたる。学問的な文書として、占卜、宗教、語彙、医学、魔術、儀式そして『ギルガメシュ叙事詩』や『エヌマ・エリシュ（天地創造神話）』などの叙事詩や神話、歴史ほかになる。

呪術、占卜は現代では非科学的として、科学的な学問と一線を画すが、古代はちがっていた。神々の意思を知るために必要で、惑星の観察などを熱心におこない、長期にわたり記録していた。神託の設問や占卜の記録もあった。神意を知るための観測だから、いいかげんな観測ではなかった。だからこうした観測記録が後代の科学としての天文学の発達に貢献していることを本章末尾でも紹介する。手紙、報告、人口調査、契約および行政文書も収蔵されていた。

バビロニアの楔形文字はアッシリアの楔形文字にくらべて、読みにくい。そこで、ニネヴェでは写本がつくられ、アッシリアの写本がバビロニアの原本にとってかわることもあった。

奥付は情報源

粘土板には次のような奥付（コロフォン）と呼ばれる文章が書かれていた。

「私（＝アッシュル・バニパル）はナブ神の知恵を粘土板に書いた。［……］私はそれらを照合し、校合した。私はそれらを我が主人ナブ神の神殿の図書館に将来のために置いた。［……］ニネヴェで、私の生命のために、我が魂の守護のために、私はおそらく病気をしないであろう、そして我が王位の基礎を確固たるものとするためにである」

筆写した者の名、原本についてのデータ、他の粘土板との関係などが記録されている。粘土板を筆写することには宗教的な重要性があったようで、このことは奥付からあきらかになっている。アッシュル・バニパルの粘土板にもこうした例が見られる。

メソポタミア南部の伝統のある都市には古い粘土板が残っていて、書記たちがそれを保管していた。アッシリアの王たちはこうした粘土板文書を探させ、見つかったらアッシリアにもち帰った。書き写して返すように命令した手紙も残されている。

『ギルガメシュ叙事詩』は一二枚の粘土板に清書されていた。つまり、集めただけでなく、編纂し直している。さまざまな種類の粘土板を集めて、標準版をつくるような工夫があったからこそ、楔形文字で書かれた粘土板の物語が二六〇〇年以上も後の人間にも読めるのである。

護符としての粘土板文書

前述のように、アッシュル・バニパル王がとくに欲しかった粘土板文書は兵法書や呪術書などであった。つまり、アッシュル・バニパルは文字の読み書きができたから自分の知性の発露として文書を集めさせたかというと、単にそれだけではないようで、次のような説がある。

楔形文字を考案したシュメル人は、文字を実用的なものと考えていた。だが、時代が下るにつれ、文字は神聖化されていった。前二〇〇〇年紀後半以降のメソポタミアでは、「文字には過去の英知が宿っている」というような神秘的な考え方が生まれていたようである。だからこそ、武力で切り取った帝国を守るためにも、王たちはいわば護符のような役割を期待して粘土板文書を集めることに執着したのだろうというのである。

『文字禍』

こうしたアッシリアの文字文化の一面を創作に活《い》かした小説家が、中島敦《なかじまあつし》(一九〇九―四二年)である。中島敦の作品『山月記《さんげつき》』は一九五一年(昭和二六年)に高等学校の国語の教科書にはじめて採用された。それから次第に採用がふえ、現在では国民教材と呼ばれるまでになっている。高校生を惹きつける魅力があるという。また、漢字は多いが、文章は明晰《めいせき》で、短編なのが、高校生の教材として適していると判断されたのであろう。

古代中国を題材にした『山月記』は『古譚《こたん》』と題した短編連作にふくまれているが、ほかの三編は古代オリエント世界とかかわりがある。『狐憑《きつねつき》』はスキタイの「詩人」を、『木乃伊《ミイラ》』はアケメネス朝のカンビュセス二世(古代ペルシア語名カンブージャ、前五三〇―前五二二年)のエジプト遠征にしたがったペルシア人兵士を扱っていて、ヘロドトス『歴史』に着想を得たようだ。

『文字禍《もじか》』はアッシュル・バニパル王治世の老博士ナブ・アヘ・エリバを主人公にして、文字の霊や文字をとおしての観念論を扱った作品である。作品の典拠を国文学者が研究していて、序章で記したように、楔形文字に興味をもつ人が少数であった時代に、一九二三年に発行されたA・T・オルムステッド（一八八〇—一九四五年）著『アッシリアの歴史』を参考にしたことがわかっている。

なお、三津間康幸「古代バビロニアの天文学と星占い」（『中東・オリエント文化事典』）によれば、ナブ・アヘ・エリバのモデルになったのは同名のナブ・アヘ・エリバである。王への「占星術レポート」を作成していて、注目すべきは「赤い雲」の観測で、これは世界最古のオーロラ様現象の観測記録として注目されているという。

終　章
アッシリア帝国の滅亡とその後

クセルクセス１世の記念門の人面有翼牡牛像　通称「万国の門」、東の入口に現在も立っている一対の人面有翼牡牛像の１体。アッシリアの人面有翼牡牛像とちがって、牛の耳ではなく人間の耳で、しかも４本足である。ペルセポリス

一　アッシリア帝国の滅亡

アッシュル・バニパル王座を去る

前章で話したように、アッシュル・バニパル王は前六四〇年までは、エラムやアラブに懲罰的な遠征を繰り返していた。だが、命令をくだすだけで、親征しない王を兵たちがどのように見ていたか、また戦場に姿を見せない王を敵対勢力がどのように評価していたか、こうした史料はない。同王の四二年もの長い治世の最後の約一〇年間についての史料がない。

前六二七年、さまざまな民族を寄せ集めた大帝国を、四〇年余もの間維持してきたアッシュル・バニパル王が王座を去った。おそらく死んだのであろう。この年から、アッシリア軍についての最後の記事が書かれた前六〇九年までの約二〇年弱の史料は、理由はわからないが、ほとんど残っていない。つまり、大帝国の最期の合計約三〇年間の史料がないのである。

前六二六年には、ギリシア側の記録によれば、ニネヴェがメディア人によって攻撃されたようだ。間髪をいれず、前六二五年に成立した新バビロニア王国のナボポラッサル王（アッカド語名ナブ・アプラ・ウトゥル、前六二五―前六〇五年）とメディア王国のキャクサレス王（古代ペルシア語名ウマキシュタル、前六二五―前五八五年頃）は、打倒アッシリアのために同盟を結ぶ。両国ともに、一国単独ではさすがにアッシリアを倒せないと判断したようだ。

最後の四代の王たち

アッシュル・バニパル王以後の四代の王について、わかっている限りで、話しておく。

第一一四代王は、アッシュル・バニパルの息子アッシュル・エテル・イラニ王だが、正確な治世年および業績は不明である。新バビロニア王国は建国されたばかりで、初代ナボポラッサルの台頭は著しかったものの、バビロニアの主要都市はまだアッシリア支配下にあったようだ。

終―1　アッシリアの非を列挙したナボポラッサル王の「宣戦布告状」　バビロン出土、前625―前605年、粘土板、縦12.7cm、横9.8cm、大英博物館蔵

ついで、第一一五代はアッシュル・バニパルの子孫ではなく、高位の宦官であったシン・シュム・リシル王だった。治世年は不明だが、長期支配ではない。シン・シュム・リシルから、アッシュル・バニパルの息子シン・シャル・イシュクン（？―前六一二年）が王位を奪還して第一一六代アッシリア王になるが、即位年は不明である。

この頃、バビロニアのナボポラッサル王がアッシリア王に手紙（図終―1）を出した。原本ではなく、後代の写本だが、バビロンから出土した。手紙は実質的な「宣戦布告状」である。このときのアッシリア王が誰であったかは不明である。

前六一四年、メディア軍がアッシリアの周辺都市を掠奪し、アッシュル市を陥落させた。前六一二年、シン・シャル・イシュクン治世に、新バビロニア、メディア連合軍がニネヴェを陥落させる。このとき、センナケリブ王のつくった運河の水を逆にニネヴェの城壁に向けて流し込むような作戦がとられた。シン・シャル・イシュクンは殺害されたようだ。連合軍は「アッシュル・バニパルの図書館」には興味がなかったようで、掠奪されることなく、埋もれた。

アッシリア最後の王は、第一一七代のアッシュル・ウバリト二世（前六一一―前六〇九年）で、父が誰かは不明である。ニネヴェ陥落後に、ハラン市を拠点とし、抵抗をつづけた。エジプト第二六王朝ネコ二世（前六一〇―前五九五年）の援軍を得て、ニネヴェ奪還をめざすも、二ヵ月の包囲後に撃退され、消息不明となる。前六〇九年の出来事で、ここにアッシリア帝国は完全に消滅した。

アッシュル・バニパルが王座から去ってたった一九年で、アッシリアは滅亡したことになる。軍事力によって膨張するだけ膨張したアッシリア帝国には、中アッシリア時代のように版図が縮小しても、なんとかアッシリア本土だけでも永らえるような選択はありえなかった。

なぜ滅亡したのか

現時点でアッシリア人自らが滅亡について語った記録はない。前二〇〇四年頃のウル第三王朝の滅亡時には、間もなく文学作品『ウル市滅亡哀歌』や『シュメルとウル市滅亡哀歌』がおそらくシュメル人によって書かれている。都市荒廃の様子が描写され、都市神が立ち去ったことが綴《つづ》られている。これらの作品は神々の帰還を願う言葉で結ばれ、復興への希望が託されている。

八四頁で話したように、アッシュル市の歴史はウル第三王朝滅亡の少し前に独立することからはじまった。アッシリアは約一四〇〇年間もの長い歴史を刻み、よくつづいたのである。それでも終わるときがきた。

世界帝国の滅亡といえば、一七八八年に完成したイギリスの歴史家エドワード・ギボン（一七三七―九四年）著『ローマ帝国衰亡史』があげられる。この頃、イギリスはヴィクトリア女王（一八三七―一九〇一年）治世で、広大な植民地を擁する世界経済の覇者として黄金時代を迎えていた。ギボンはアントニヌス・ピウス帝（一三八―一六一年）から東ローマ（ビザンツ）帝国（三三〇?―一四五三年）の滅亡までを記した。退廃したギリシア・ローマの古典古代文化に対して、ゲルマン民族の蛮族文化とキリスト教が勝利したとする考え方で貫かれ、不朽の名作との評価を得た。「敗者の歴史」は書かれた時点での「勝者」つまり大国への教訓といった意味があるだろう。

また、アッシリアの滅亡については序章で一部すでにふれたように、『旧約聖書』はアッシリアは神を恐れぬ行動のゆえに滅ぼされたとする。

本章冒頭で話したように、アッシリア終焉期《しゅうえんき》の約三〇年間の史料がない。国が滅ぶということは、外敵に軍事的に崩壊に追い込まれるか、あるいは内部崩壊かということになろう。外敵については次節で話すが、内部崩壊といっても、原因が一つだけということはないであろう。大きくなりすぎた版図、戦争につぐ戦争、恐怖による支配そして王位継承時の混乱など、本書で話してきたことのいくつものことが原因と考えられる。おもな原因がなんであったかは、今後の研究を待つことになるだろう。

二　アッシリア帝国を滅ぼした新バビロニア王国

カルデア人が建てた新バビロニア王国

アッシリア帝国を滅亡に追い込んだ新バビロニア王国とメディア王国は、アッシリアの遺領を分割した。北部はメディアが、南部は新バビロニアが支配することになる。

長期にわたって停滞していたバビロニアが久しぶりに繁栄を取りもどした。カルデア人が建てた王朝なので、カルデア王朝ともいわれる。

カルデア人はアラム人と同じ北西セム語族ともいわれるが、特定できない。カルデア人本来

終―2　ネブカドネザル2世像（線画）　ネブカドネザル2世の数少ない肖像の1点。これはレバノンのベカー渓谷の北方に位置するワディ・ブリッサの岩壁に、長い碑文とともに自らの姿を浅浮彫で刻んだものだが、現在では摩滅してしまった

の居住地は不明だが、アラム人と並んで、あるいは遅れて、前一〇〇〇年頃から前九〇〇年頃にバビロニアに侵入したといわれる。前八七八年のアッシリアの王碑文がカルデア人の初出になる。部族ごとに分かれてバビロニア南部に定住し、前八世紀までには名前をバビロニア風にするなど、次第にバビロニア化した。前述のように、前八世紀末以降は有力部族ビート・ヤキンの指導者が反アッシリアの活動を繰り広げるなど、カルデア人がバビロニアの独立を主導していった。

新バビロニアの初代ナボポラッサル王はカルデア人といわれるが、実際の出自はよくわからない。前六二七年にアッシュル・バニパル王に任命されたバビロニア王カンダラヌ（前六四七―前六二七年）が死に、一年の空位期間があり、その翌年に即位したという。前六〇九年から前六〇七年にかけて、ナボポラッサル自身はウラルトゥ南西部に遠征し、反抗する諸部族を制圧した。エジプトへは皇太子ネブカドネザル（ネブカドネッツァル、アッカド語名ナブ・クドゥリ・ウトゥル）を派遣していて、息子の遠征中にナボポラッサルは死んでしまう。

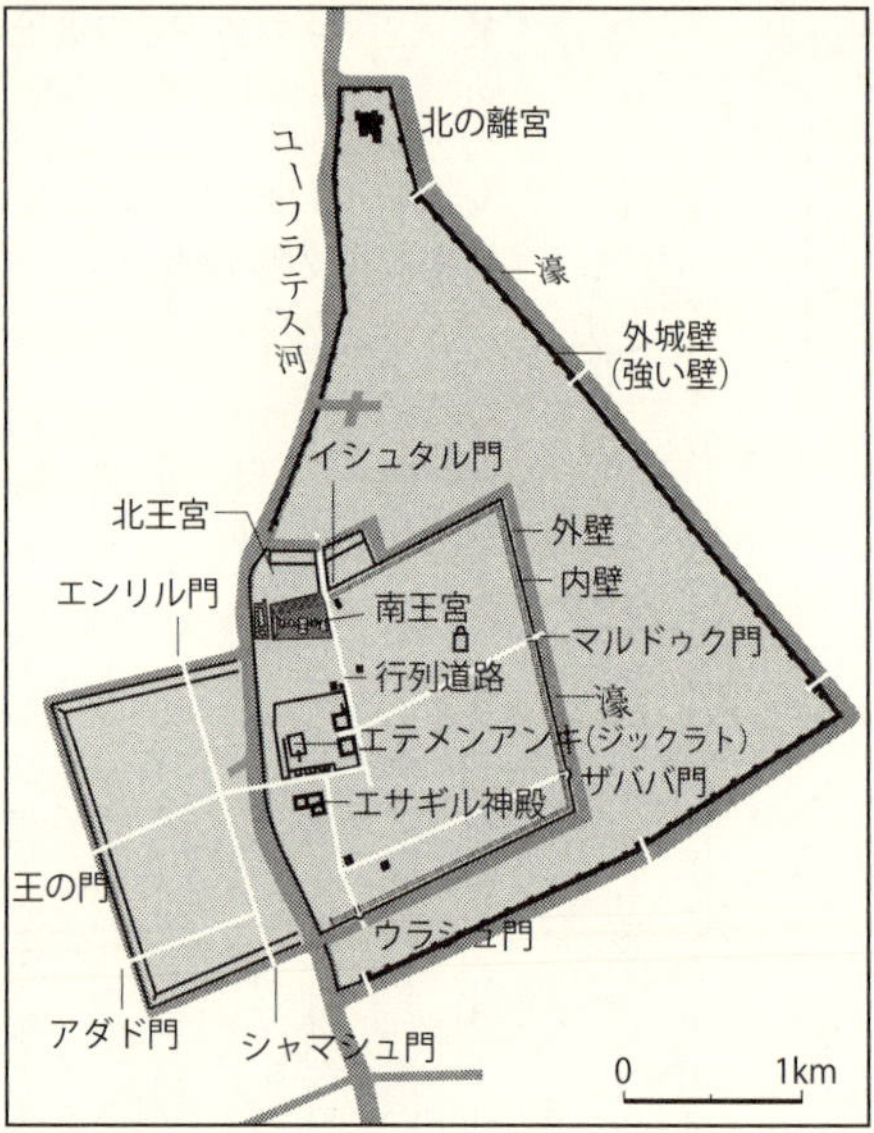

終—3　バビロン市

ネブカドネザル二世によるバビロン復興

新バビロニア王国六代八七年のうち、約半分の四三年がネブカドネザル二世（前六〇四—前五六二年）の治世になる。同王はアッシリアの強制移住政策を継承した。支配下のユダ王国が反乱を繰り返したために、三回にわたる「バビロニア捕囚」（前五九七、前五八六、前五八一年）を実施したことで知られている。

また、ネブカドネザルの功業とされるのが、アッシリアによって破壊されたバビロンの復興事業で、同王によって完成された。おもにネブカドネザル治世下の最も繁栄した時期のバビロンをドイツ・オリエント学会が発掘した。中近東博物館（ベルリン）に復元されているイシュタル門の豪華さからも、その繁栄ぶりを偲《しの》ぶことができる。二重の城壁に囲まれた、長方形のバビロン市の中央をユーフラテス河が流れている。発掘されたのはバビロンの東半分で、西半分はユーフラテス河の下に埋もれ

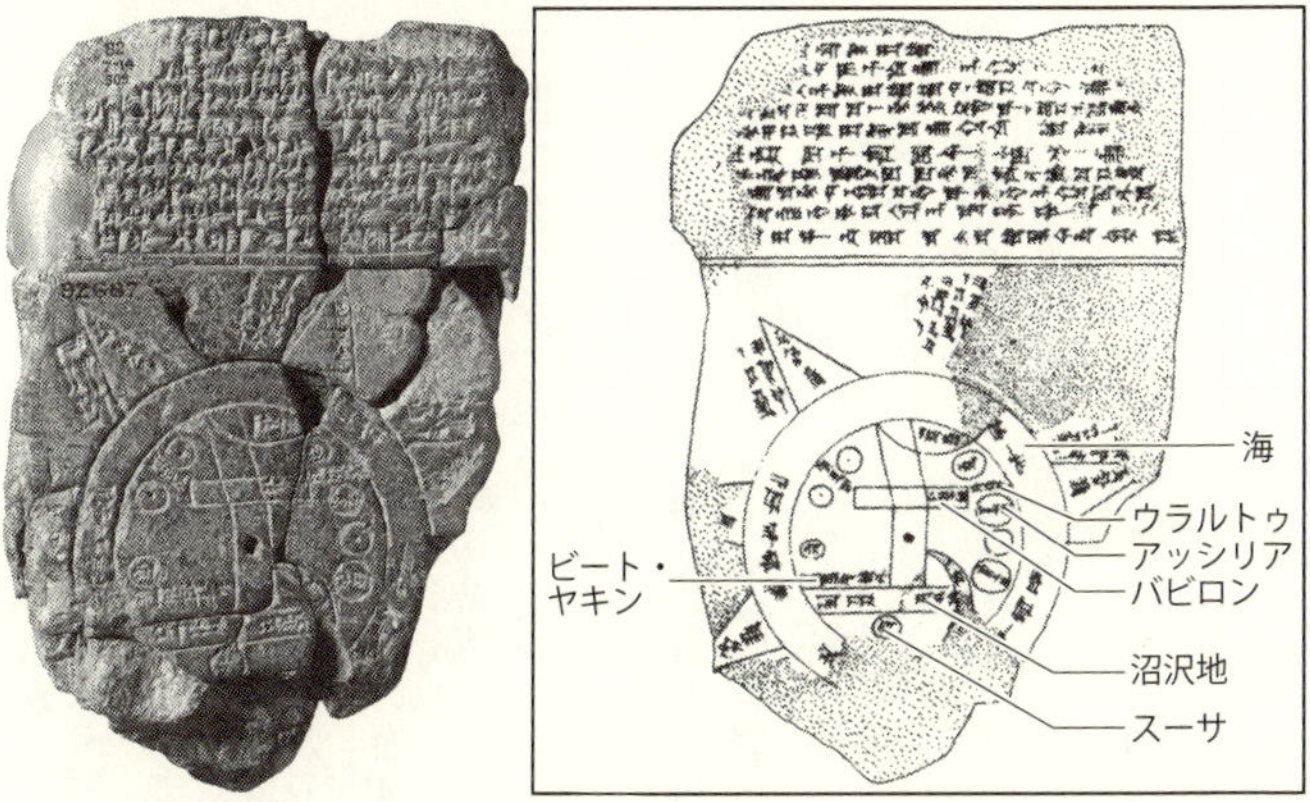

終―4　(左)「バビロニアの世界地図」　2本の平行線がユーフラテス河で、河岸にバビロンがある。小さな円でアッシリア、ウラルトゥなどが表示されている。周囲を囲む大海の向こうに遠隔地域が突き出ている。前6世紀、大英博物館蔵。(右) 線画

ている。

前六世紀に描かれた世界地図の中心はバビロンである。メソポタミアのみならずオリエント世界の中心はニネヴェではなく、バビロンとの考え方は後代まで長くつづくことになる。

「バビロンの空中庭園」――史実と伝説の合作か

ネブカドネザル二世にまつわる話といえば、「バビロンの空中庭園」の話がよく知られている。ドイツ・オリエント学会のバビロン発掘で、「空中庭園」の跡が発見されたといわれたが、これは「空中庭園」ではなく、倉庫あるいは管財関係の役所の建物だったようだ。

ヘレニズム時代、ビザンチウム市（現代名イスタンブル）の数学者で、旅行家のフィロン（前二六〇―前一八〇年頃）が実際に見たという「世界の七不思議」の一つに「バビロンの空中

庭園（吊《つ》り庭ともいう）」が数えられている。一説には伝説のアッシリアのセミラミス女王が古代オリエント全域を支配し、バビロンに堤防を築き、「空中庭園」を建設したというが、前述のようにセミラミスは実在していないし、これはまったくの伝説である。

別の説もある。当時まだ皇太子だったネブカドネザルがメディア王国との同盟の証として、キャクサレス王の娘あるいは孫娘といわれるアミティス王女を妻とした。平坦《へいたん》なバビロニアの地に嫁いできた新妻が故郷のイラン高原の緑をなつかしんだので、ネブカドネザルが「空中庭園」をつくったというのである。よくできた話で、話の前段つまり政略結婚は史実だから、「空中庭園」は実在するにちがいないと考古学者たちは期待していたようだ。

アケメネス朝に仕えたギリシア人医師クテシアス（前四世紀前半）は「空中庭園」について「大きな樹木のさまざまな種類を植えた庭園がつくられた。（略）揚水機で運河から大量の水をくみ上げて、給水する仕組みになっていた」と、伝えている。この話にあてはまるような浮彫の図像がニネヴェのアッシュル・バニパル王の宮殿にあった。祖父にあたるセンナケリブ王の庭園の浮彫図像（口絵①下、図8―7）で、高いところに樹木が茂り、そこに水があげられている様子が表現されている。さらに、センナケリブ自身が高い場所にある庭園に給水する揚水機をつくったとの記録を残している。

三　記録を残さなかったメディア王国

アッシリアに従属していたメディア王国

新バビロニアと同盟を結んだメディア王国は、前二〇〇〇年紀から前一〇〇〇年紀はじめにイラン高原に進出したイラン系の人々の一派である。イラン高原北西部に定住し、このあたりの地域名メディアにちなんで、メディア人と呼ばれている。メディアのあたりはアナトリア高原に連なり、カフカス山脈にも近い交通の要衝である。

終―5　メディア人　馬をひくメディア人従者　ドゥル・シャルキン出土、前721―前705年、雪花石膏、高さ49cm、幅79cm、メトロポリタン美術館蔵

メディアはアナトリア高原東部のハリュス河（現代名クズルウルマック河）からメソポタミア北部およびイラン高原にいたる広大な領土を支配していたようだが、東方の支配領域はよくわからない。

武力には長けていても、メディア人は文化面では先進文明国に学ばざるをえなかった。識字力があまりなく、メディア人自身が記した記録はない。また、メディアの首都エクバターナについては、遺跡が近代に築かれた都市の下にあるため、発掘調査はできていない。

アッシリアの記録が伝えるメディア

ヘロドトス『歴史』がメディアについて詳しく伝えているものの、後代の記録である。メディアについての信用できる記録は『歴史』よりも、むしろアッシリアの史料になる。

前述のように、アッシリアは野生馬を捕まえるためにザグロス山脈方面に役人を派遣していた。また、イラン高原は農業には不向きだが、金属資源や石材が豊富で、直接支配しないまでも、アッシリアは交易路を押さえておきたかったようだ。前九世紀末から前八世紀前半にかけて、ザグロス山脈方面のメディア人排除を目的として、数度の軍事遠征をこころみたが、失敗に終わっている。

メディア諸都市が宗主国のアッシリアとの間で、エサルハドン王治世に条約を締結したことも二四三頁で話した。

アッシリアに学んだメディア

メディアは前八世紀後半から王国を形成したが、前七世紀後半までは安定していなかったようだ。最盛期はキャクサレス王治世と考えられている。キャクサレスは部族連合の解体に手腕をふるい、軍事力を槍兵、弓兵および騎馬兵に再編成した。また、一時期メディアを支配していたスキタイ人を撃退している。

後代のアケメネス朝の行政用語には、たとえば地方総督にあたるサトラップなど、メディア語起源と考えられる語がふくまれている。メディアはアッシリア帝国に倣った中央集権的な官僚制度を整えていたようだ。

アッシリアは敵対勢力に囲まれていたが、東方については、無関心ではなかったものの、ほかの地方にくらべて精力を傾けていた印象はうすい。一方、メディアは大文明国のアッシリアに学ぶことが多々あったはずだが、メディア人による同時代の記録がなく、残念としかいいようがない。

前五五〇年、キャクサレスの後継者、アステュアゲス王（前五八五？—前五五〇年）はペルシア王キュロス二世（古代ペルシア語名クル、前五五九—前五三〇年）の独立阻止に失敗、逆にメディアがアケメネス朝に併合されてしまう。メディア人はアケメネス朝ではペルシア人に次ぐ支配的な地位を与えられ、ペルセポリスに残る浮彫にはペルシア人と友好的に並ぶメディア人の姿が刻まれている。

終—6　ペルシアとメディアの儀仗兵　前方がペルシア人、後方がメディア人。ペルセポリス会議の間の階段（部分）

四　世界帝国の後継者ペルシア

アッシリアに人質を送ったペルシア

前七世紀頃、長くエラム王国が支配してきた領域つまりパールサ地方にペルシア人は定着した。前述のように、「良き馬と良き人に恵まれたパールサ」を誇りにしたペルシア人の出自は騎馬民族だった。

前六四〇年、アッシリアのアッシュル・バニパル王がエラムへ遠征した際の記録が、ペルシアの初出になる。キュロス二世の祖父にあたるキュロス一世（古代ペルシア語名クル、在位年不詳）は息子をニネヴェへ送っていて、おそらく人質であろう。メディアと同様にペルシアもまたアッシリアの支配を経験し、学んだことがあったはずだが、ペルシア人は識字力が低く、自らの歴史をほぼ記していない。ペルシア人およびその歴史はギリシア人の記録から復元されているのである。

アッシリアの版図をさらに拡大したのがペルシアである。西方はアナトリア全域を征服し、東方にも拡大し、ペルシアは「ナイル（河）からインダス（河）まで」の、広大なオリエント世界のほぼ全域を手中に収めた。世界帝国アケメネス朝ペルシアは二二〇年一二代の王を数えるが、二人の偉大な王がいた。キュロス二世とダレイオス一世（古代ペルシア語名ダーラヤワウ、前五二二―前四八六年）である。

キュロス二世による捕囚民帰還令

キュロス二世の出自については諸説ある。ヘロドトス『歴史』巻一、一〇八以下では母はメディア王女で、キュロス自身は祖父アステュアゲスにより殺されるはずのところを助かったとの「捨て子伝説」が伝えられているが、確証はない。前五五九年、騎馬弓兵の突撃隊の組織化に成功したキュロスが、「アンシャンとパールサの王」と称し、パールサ地方を中心にペルシア人勢力を結集し、歴史の表舞台に登場する。アンシャンはシラーズ市北西四六キロメートルのタレ・マリヤーンと同定されているが、未発掘である。

終―7　キュロス・シリンダー
最古の「人権宣言」ともいわれる碑文が刻まれている。バビロン出土、前538年、大英博物館蔵

前五五〇年にキュロスによって、メディアはペルシアに併合されている。アッシリアが滅んで約六〇年後のことになる。さらに、前五三九年、キュロスはバビロンを無血開城し、新バビロニアを滅ぼす。アッシリアを滅ぼした新バビロニアもまた七〇年後には滅ぼされた。

翌前五三八年、キュロスはバビロンに連れてこられていた人々への捕囚民帰還令を出す。この間の事情が記されたのが、キュロス・シリンダー（円筒碑文）である。一八七九年にバビロンのマルドゥク神殿で発見された粘土製円筒碑文で、「マルドゥク神が新バビロニアのナボニドス王（アッカド語名ナブナイド、前五五五―前五三九年）の行為に立腹し、正義の支配者を探し出した。それがキュロス二世で、バビロンを陥落し、バビロンへもってこられた神像を返還し、連行されてきた各地の住民を帰還させた」と、アッカド語で書かれていた。

キュロスは他民族支配を円滑に進めるために、被支配民族と彼らの文化について寛大だったのである。前述のように、アッシリアの強制移住政策では、捕囚民の帰国はありえなかった。

王位の簒奪者ダレイオス一世

キュロスの子で後継者カンビュセス二世は暴君といわれるが、この評価は注意する必要がある。ダレイオス一世は王位の簒奪者だから、前任者カンビュセスは貶《おとし》められている可能性がある。

当然のことながら、簒奪者は狡猾《こうかつ》とか悪者といわれもするが、少なくとも無能ではない。第三章で話したシャムシ・アダド一世の人物像はまさしくこれに該当する。

ダレイオス一世の統治は、征服から統一への大転換であった。内乱を収拾し、帝国解体の危

終—8　ダレイオス1世の円筒印章とその印影図　「ダレイオス、偉大な王」の3ヵ国語碑文。前522—前486年、めのう、3.7×1.6cm、大英博物館蔵

機を克服したダレイオスは黒海北岸のスキタイおよびインドに行軍し、西方はエーゲ海東部およびエジプトから、東方はインダス河流域にいたる、アッシリアの版図をはるかに上まわる広大なオリエント世界の支配に成功する。

ダレイオスはその治世の間、言語、宗教、社会、経済生活の程度を異にする多様な人々、地域を支配する新秩序を築くために、帝国の統治行政機構を再編成する諸改革を断行した。こうした制度のなかには、アッシリアに由来するものもあった。

アッシリアでアッカド語とともに併用されていたアラム語を、ダレイオスは帝国の公用語に採用した。アラム語、アラム文字はすでにアッシリア帝国で前八世紀以来普及していたリンガ・フランカ（国際共通語）であった。

「王の道」の整備とアンガレイオン（早馬）の導入

ダレイオスは帝国の行政府をエラムの都であったスーサ市（現代名シューシャー）に置いた。記念碑文は古代ペルシア語、エラム語およびアッカド語楔形文字で刻まれた。スーサの王宮建造にあたっては、支配下の諸国民を動員していて、アスラー人つまりアッシリア人が材木運搬に動員されたことが記されている。

前述のように、アッシリアで整備された交通・通信制度を踏襲し、さらに発展させたのが、幹線道路「王の道」である。ヘロドトスによれば（『歴史』巻五、五二―五三）、帝都スーサからリュディア王国（前七世紀—前五四六年）の首都サルディス市（現代名サルト）にいたる、全長四五〇パラサンゲス（約二四〇〇キロメートル）の道路で、二〇—三〇キロメートル間隔に一一一の宿泊施設をもつ宿駅が設置された。渡河地点や地方の境界などの要所には関門や衛兵所が設けられ、街道の警戒は厳重で治安はきわめてよく保たれた。ヘロドトスは一日の旅程一五〇スタディオン、全行程九〇日と記しているが、おそらく通常の全行程は一一一日ほどになったであろう。

さらに、すでにアッシリア帝国でも一部知られていた、ギリシア人がアンガレイオンと呼んだ早馬を利用した騎馬急使の制度は、アケメネス朝が導入した情報収集・伝達システムのなかでもとくに注目される制度であった。

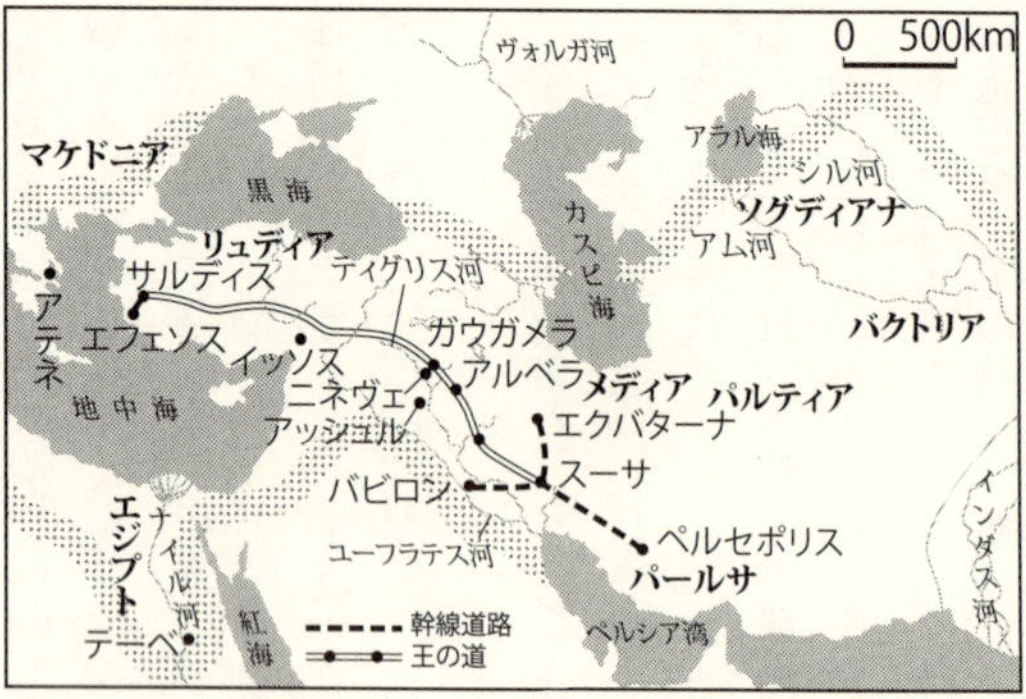

終—9　王の道

サトラップ制の採用

ダレイオスは、税制改革をともなったサトラップ制を帝国全土に適用し、制度化した。納税義務を課せられた二〇行政区と、免税特権を認められた一行政区つまりパールサに、帝国を分割した。各行政区に総督（サトラップ）を任命、銀あるいは黄金による年間納税額を帝国指定の重量単位にもとづいて決定した（『歴史』巻三、八九）。

バビロン、アッシリア地区が、ほかのどこの地区よりも多い税額と去勢された男児を毎年納めることが定められていたことは一七〇頁で話した。

アッシリア人も朝貢

ダレイオスはアケメネス朝発祥の地パールサ地方で、新たな宮殿群ペルセポリス建設に着手した。ペルセポリスの造営目的は諸説あるが、王室経済の管理センター、地方行政のセンターとしての日常的な機能をもっていた。帝国中から資材や職人たちを集めて建設された。地上二〇メートルの大基壇（約四五〇×三〇〇メートル）の上に謁見殿（アパダーナ）、百柱の間、諸王の王宮などが建設された。歴代王による増築、再建、修復活動にもかかわらず、完成を見ることはなかった。

ペルセポリスは日本人のイラン観光での見学先にほぼ入っている。謁見殿（東階段）の「朝貢者行列図」は、一部欠損箇所はあるものの、アケメネス朝支配下のアッシリア人をふくむ諸民族が民族衣装をまとい、特産品をもって朝貢する場面がよく保存されている。「朝貢者行列図」は古代オリエント美術の伝統的な主題で、集大成ともいえる洗練された浮彫彫刻の傑作が謁見殿に刻まれていた。

終―10　獅子と闘う王
ペルセポリス、百柱の間入口

一九七頁でシャルマネセル三世の黒色オベリスクについて話したが、その「朝貢者行列図」の浮彫にはアッカド語楔形文字で誰がなにを持参したかが説明されていた。ところが、ペルセポリスの「朝貢者行列図」には文字による説明文がない。ペルシア人がものごとの意味を正確に伝える文字の機能を理解していたら、必ず説明文を記していたはずである。アッシリア人も朝貢したのだが、文字による説明がないので、研究者によって意見が分かれ、アッシリア人の図像を特定できないのである。ヘロドトス『歴史』巻三、八九―九七に支配下の諸民族の名前と納税額が列挙されていて、この記述と浮彫の図像を対応させることなどがこころみられているものの、朝貢者を特定できない場合もある。

ペルセポリスに残るアッシリア美術

ペルシアはアッシリア美術を手本にして、模倣した。ダレイオス一世の円筒印章（図終―8）は、戦車上から矢を放ち、獅子を倒す王の姿をあらわしている。王冠こそアッシリアのものではないものの、アッシリア美術を模倣している。ペルセポリスではいくつものアッシリアの影響を見ることができる。例をあげてみよう。

百柱の間の入口には闘う王の姿が浮彫にされている。牡牛などと闘う図像もあるが、これは獅子と闘う王である。獅子の腹部を剣で突き刺す王の姿はアッシリア王の印章（図6—6）に見られるものとほぼ同一である。

百柱の間に残るアルタクセルクセス一世（古代ペルシア語名アルタフシャシャ、前四六五—前四二四年）の頭上には、アフラ・マズダー神あるいはフラワシ（守護霊）ともいわれる、有翼日輪から出ている神像が刻まれている。こうした有翼日輪から出ている神像はアッシリアに由来し、異説もあるが、アッシュル神ともいわれている。また、玉座の下には二段にわたって玉座担ぎの人々が見られ、「玉座担ぎ」の意匠の先行する例を、第八章扉図のセンナケリブ王の玉座に見ることができる。

終—11　アルタクセルクセス１世座像　ペルセポリス、百柱の間、南の入口

クセルクセス一世（古代ペルシア語名フシャヤールシャン、前四八六―前四六五年）の記念門（通称「万国の門」）東の入口に配置された人面有翼牡牛像（本章扉図）はアッシリアのラマッスよりも小ぶりで、アッシリアのように五本足ではなく、四本足である。アッシリアのラマッスのように外国へ搬出されることなく、ほぼ二五〇〇年近い年月の間、佇立《ちょりつ》したままである。

終―12　大英博物館のニネヴェ室　『絵入りロンドン・ニュース』1853年3月26日、高さ41cm、幅28cm、大英博物館蔵

海を渡ったラマッス像

一方、メソポタミアの地に残っていたラマッスはイラクから搬出された。

すでに序章で発掘の経緯を話したように、迫力のある巨像は西欧人たちが自国の帝国主義政策の正当性を喧伝《けんでん》する格好の「戦利品」でもあった。

ドゥル・シャルキン遺跡でボッタが発掘したアッシリアの遺物は一八四七年にパリで公開され、大反響を巻き起こした。ルーヴル美術館に展示されている人面有翼牡牛像のうち、北壁に設置されている牡牛は一八五七年に石膏《せっこう》で型取りされた複製である。本物と左右対称にしてバ

終—13　（左）王宮大門の左右に安置されていたラマッス像　ドゥル・シャルキン出土、前８世紀、石膏質のアラバスター、高さ4.2m、ルーヴル美術館蔵。**（右）王宮周壁正面に安置されていたラマッス像**　ドゥル・シャルキン出土、前８世紀、石膏質のアラバスター、高さ4.57m、シカゴ大学オリエント研究所蔵

ランスをとった展示をするための方策であった。

ドゥル・シャルキン出土の本物のラマッスの少なくとも一体は、シカゴ大学古代オリエント研究所が所蔵している。同大学は一九二八年から三五年にかけて調査隊を派遣し、大学博物館所蔵のアッシリアの遺物はほとんどこのときの発掘で獲得されたものである。

一方、レヤードがカルフで発掘した人面有翼獣像など多くの遺物は、当時古代都市カルフについて知る人が少なかったこともあり、大英博物館で「ニネヴェの遺宝」として一般公開された。

ドイツの中近東博物館（ベルリン）では、一室をアッシリアの宮殿に見立てている。アーチ門の両側に向かい合わせで、カルフのラマッス、つまり人面有翼獅子像を設置している。だが、この二体のラマッスは、一八三三年以前に取得と「目録」に記されているが、実は鋳型取りされた石膏製で、彩色がほどこされた複製である。

ニューヨークのメトロポリタン美術

館に展示されている二体のラマッスは、足もとを見ればわかるが、向かって右が牡牛、左が獅子である。宮殿の入口を守護するラマッスは牡牛あるいは獅子それぞれ一対で配置されるもので、メトロポリタンのような非対称な配置はアッシリアではありえない。どちらも出土地はカルフだが、紆余曲折《うよきょくせつ》あったのちにJ・D・ロックフェラー・ジュニア（一八七四―一九六〇年）が購入し、メトロポリタンに寄贈したということである。

アッシリアの遺跡を見たクセノポン

ヘロドトスよりも半世紀後代のギリシア人クセノポン（前四三〇？―前三五四？年）は、アッシリア遺跡を通過していた。クセノポンは哲学者ソクラテス（前四七〇／四六九―前三九九年）の弟子で、軍人でもある。アケメネス朝の内紛に傭兵《ようへい》として参戦し、敗北を喫すが、一万数千の傭兵たちを率いての脱出行が彼の従軍記『アナバシス』に活写されている。

前四〇一年一〇月から一一月にかけてティグリス河畔に達していて、次のように記している。

ここには無人の大きな町があって、その名はラリサといい、昔メディア人の住んでいた町である。城壁は厚さが二五フィート、高さは一〇〇フィート、まわりの全長は二パラサンゲスに達する。粘土製の煉瓦で造られており、高さ二〇フィートの石造の土台に載っている。ペルシア王がメディア人からその王国を奪おうとした時、この町を攻囲したが、ど

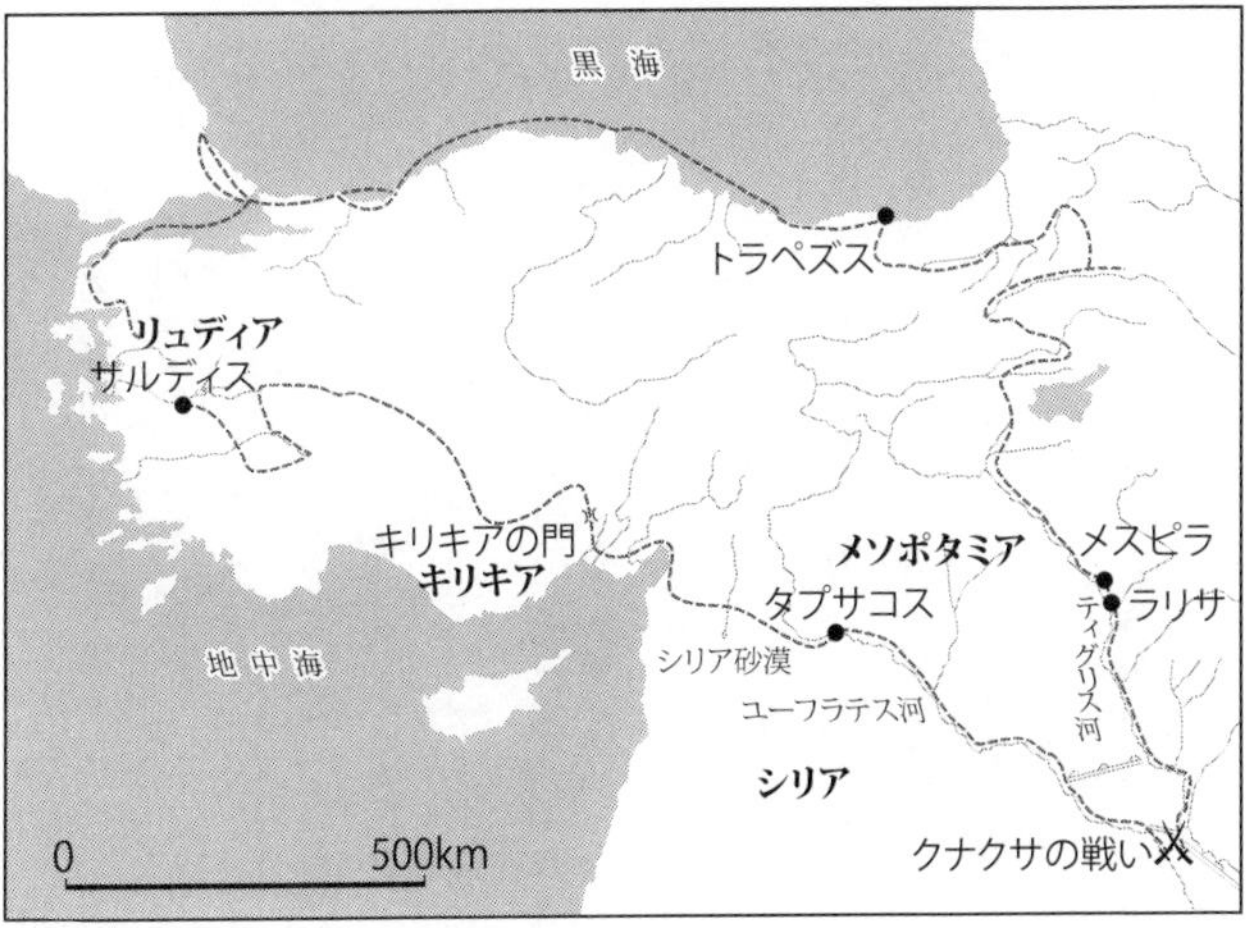

終―14　ギリシア人傭兵の道程（『アナバシス』による）

うしても攻略できなかった。ところが一塊りの雲が起って太陽を蔽《おお》い陽光を遮ったので、住民は遂に町を放棄し、こうしてこの町は陥落したのである。町の近くに、幅一プレトロン、高さ二プレトロンの石造のピラミッドがあり、近隣の村落から逃れて来た多数の現地人がこのピラミッドの上に避難していた。

ここから一日行程六パラサンゲスを行軍して、無人のまま取り残されている城塞に着いた。町の名はメスピラといい、嘗《かつ》てメディア人の住んでいた町である。土台は貝殻を含む石で造られており、幅は五〇フィート、高さも五〇フィートあった。この礎石の上に煉瓦製の城壁が建てられており、その幅は五〇フィート、高さは一〇〇フィート、周囲の全長は六パラサンゲスであった。メディア人がペルシア人によって王国を奪われた時、王妃メディアはここに難を避けたと伝えられる。ペルシア王がこの町を攻囲した時、長期にわたる包囲作戦によっても、また強襲によっても占領することができなかったが、ゼウスが雷鳴によって住民の肝をつぶしてしまわれたので、町は遂に陥落した。

（松平千秋訳『アナバシス　敵中横断六〇〇〇キロ』巻三第四章七―一二）

一フィート＝三〇・四八センチメートル
一プレトロン＝一〇〇フィート＝三〇・四八メートル
一パラサンゲス＝五・五キロメートル

前述のように、前六一二年にメディアと新バビロニアの連合軍の攻撃でニネヴェは陥落し、その後メディアに支配されていたことは史実である。だが、教養人クセノポンがアッシリアについては一言もふれていない理由はわからない。

異説もあるが、ラリサはカルフ市、メスピラはニネヴェ市をさすという。石造のピラミッドはメソポタミアおよびエラムで建造されたジックラトのことで、実際には石製ではなく煉瓦製である。

前六一二年のニネヴェ陥落から二〇〇年余で、都市は廃墟と化し、アッシリア帝国の栄華はすっかり忘れ去られてしまっているようだ。

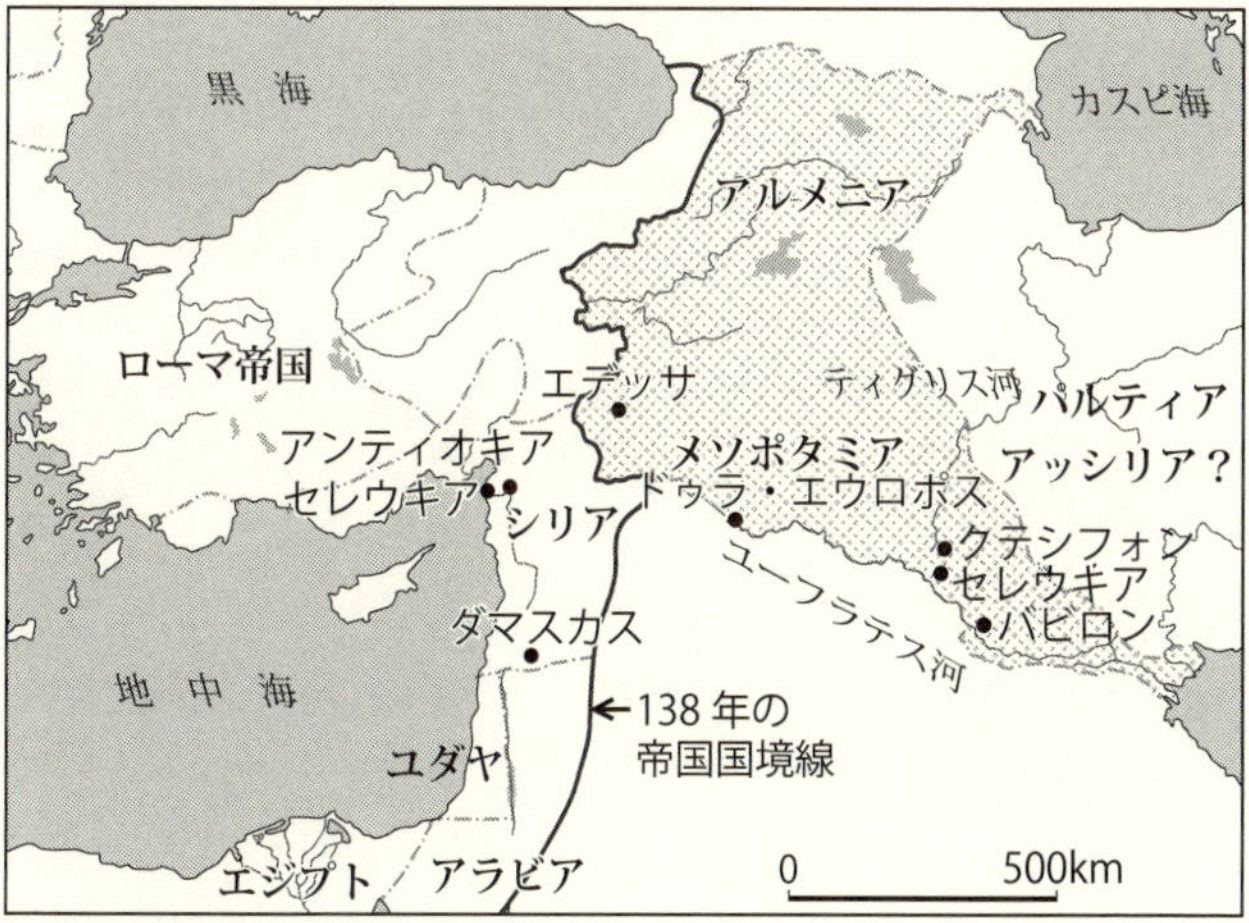

終—15　属州アッシリア

クセノポン率いるギリシア人の一団が通過してから約七〇年後、前三三〇年にはペルシア帝国もまた滅亡している。

西方からローマがやってきて、五賢帝時代（九六—一八〇年）の三代目トラヤヌス帝（九八—一一七年）治世には属州アッシリアが支配下にふくまれていたが、正確な場所は特定されていない。

二一世紀を生きるアッシリア人

二一世紀になっても、アッシリア人を称する人々がいる。

この人たちと古代アッシリア人との血縁関係はよくわかっていない。キリスト教の一派で、異端とされるネストリウス派といわれた集団が現在アッシリア東方教会と呼ばれ、イラクを中心に一〇万人、そのほかの地域に三〇万から四

○万人いるとも数えられている。

あとがき

序章で話した杉勇先生をウェブサイト上で検索すると、最初に出てくるのは日本酒「杉《すぎ》勇《いさみ》」である。その後に先生のお名前がつづいている。このことを先生が知られたら、苦笑されるかもしれない。「杉勇」は先生が愛飲されたお酒だった。空瓶《あきびん》をゴミに出す際には「(このまま出すことは)はずかしい」と奥様がラベルをはがして出されていると、先生が笑いながら話してくださった。

日本オリエント学会事務局には一時期資料室があり、そこに欧文学術雑誌を置いていた。ほかの誰よりも、資料室で雑誌をご覧になり、コピーされていたのは杉先生だった。また、ギリシア史の村川堅太郎先生主宰の「古代史の会」にまめに足を運ばれ、地中海世界を専門とする若手研究者の発表にも耳を傾けていらした。

二〇〇五年、筆者は『シュメル—人類最古の文明』(中公新書)を出版した。この出版はいくつもの意味で嬉《うれ》しかった。その一つが序章で話した杉先生の『楔形文字入門』と同じ新書に拙著を連ねられたことである。古くなった同書の奥付は昭和四三年発行と記されている。当時、全共闘運動がさかんで、授業はほとんど受けられなかった。こうしたなかで、同書を読み、楔形文字でいくつもの言語があらわされているなど知らないことばかりが書かれていて、瞠目《どうもく》させられた。

杉先生なしに、日本のアッシリア学ははじまらなかった。先生がお喜びくださると思うのだが、アッシリアに関する図書が、あまり時間を置かずに本書をふくめて三冊も出版された。

本村凌二著『沈黙する神々の帝国　アッシリアとペルシア』（地中海世界の歴史２）（講談社選書メチエ）

山田重郎著『アッシリア　人類最古の帝国』（ちくま新書）

本書を入門書として、世界史の流れのなかでアッシリアの位置づけをするならば本村先生の著書を、新アッシリア時代をさらに知りたい読者には山田先生の著書をお薦めする。理科系分野とちがい、多様な見方がありえる人文系分野では答えは一つではない。多様な歴史観を競うことで学問の進歩がもたらされるはずである。

アッシリアについての出版が重なったのは、現状を反映してであろう。二〇二四年末現在で、ウクライナおよびパレスティナでは国家の主権が脅かされる情勢がやまない。だからこそ、最古の例としてアッシリアが求められているのだろう。

本文中で紹介したが、アッシュル・バニパル王は戦場での怖さを王碑文のなかで正直に吐露している。王が「怖い」といったら、兵士たちは戦えるだろうか。アッシリア兵もまた戦場は怖かったであろう。アッシリアは絶頂期に古い表現だが「つるべ落とし」に落ちていく。「怖い」といったときに、深読みすぎるかもしれないが、厭戦的《えんせんてき》な気分が生まれていたように思う。翻って二一世紀のロシア兵も、ウクライナ兵も、そしてイスラエル兵も「怖い」のではないだろうか。科学技術の発達した二一世紀の戦場は前七世紀頃にくらべて、怖さは何倍にも増幅されているはずである。それでも最後は殺しあいで決着つけることが、将来もつづくのであろう。アッシリアについて執筆していながら、このようなことを考えていた。

本書執筆にあたってはここにあげた二冊のほか、多くの文献から勉強させてもらった。本書末尾の主要参考文献は一義的に読者に利用してもらうためで、筆者が参照した文献を網羅できないことをお詫《わ》びするとともに、著者や訳者に感謝申しあげたい。

また、とくに二人の方に感謝している。一人目は学生のころのクラス・メートである。中島敦『文字禍』の出典がわからないと拙著に書いたところ、国文学の論文コピーを送ってくれたことに御礼申しあげる。

二人目は以前に拙著を編集してくれた新潮社の庄司一郎さんである。突然メールがきた。『芸術新潮』で大英博物館の特別展を紹介するが、ついてはアッシュル・バニパル王の姉の名前の読み方（二六七頁参照）を教えてほしいとの用件だった。このメールをきっかけに、二〇一八年一一月八日から二〇一九年二月二四日まで「私はアッシュル・バニパルである。世界の王、アッシリアの王」展が開催されたことを知った。その後、展覧会名と同名の本を入手し、アッシリアについて学ぶことができた。問い合わせに感謝している。

本書は朝日カルチャーセンター新宿教室、NHK学園オープンスクール（市川、くにたち）、NHK文化センター（青山、柏、さいたまアリーナ、千葉、町田）での講義をもとにしている。受講者に感謝である。

いつも応援してくださる岡田明子先生、写真を提供してくださった池川ミナ子さん、岩下敬子さん、そしてパソコンの面倒をみてくださる折原昌司さんに厚く御礼申しあげる。

かけぬけてきた日々の長さを思い、残りの日々の短さを自覚したとき、執筆したいことを今書いておかないと、明日はもう無理になるかもしれないとつくづく思った。編集の酒井孝博さんに今まで以上にご面倒をおかけしたことをお詫びするとともに、御礼申しあげる。

アッシュルバニパル号がルメール騎手の手綱で先頭でゴールした年（二〇二四年）

主要参考文献

佐藤進「選ばれてあることの恍惚と不安——エサルハドンの場合」、三笠宮崇仁編『古代オリエントの生活』（生活の世界歴史１）河出書房新社、1976年、107—167頁

佐藤進「世界帝国の構造」、屋形禎亮編『古代オリエント——西洋史（一）』（有斐閣新書）有斐閣、1980年、73—108頁

中島敦著『中島敦全集　1』（ちくま文庫）筑摩書房、1993年

長谷川修一著『ユダヤ人は、いつユダヤ人になったのか——バビロニア捕囚』（世界史のリテラシー）NHK出版、2023年

ピオトロフスキー、B. 著、加藤九祚訳『埋もれた古代王国の謎——幻の国ウラルトゥを探る』岩波書店、1981年

ブルヌティアン、G. 著、小牧昌平監訳、渡辺大作訳『アルメニア人の歴史——古代から現代まで』藤原書店、2016年

三笠宮崇仁監修、岡田明子・小林登志子著『古代メソポタミアの神々——世界最古の「王と神の饗宴」』集英社、2000年

本村凌二著『沈黙する神々の帝国——アッシリアとペルシア』（地中海世界の歴史２）講談社、2024年

山下真史「中島敦「文字禍」の典拠詳解」『中央大學国文』60（2017年）、90—77頁

山田重郎「軍事遠征と記念碑建立——アッシリア王シャルマネセルIII世の場合」『オリエント』第42巻第１号（1999年）１—18頁

山田重郎「アッシリア王室文書における『アラブ』」『古代オリエント』第62号（2000年）、５—10頁

山田重郎「前９世紀アッシリアにおける年代記——形式の変容とその背景」『オリエント』第46巻第２号（2003年）71—91頁

山田重郎著『ネブカドネザル２世——バビロンの再建者』（世界史リブレット人003）山川出版社、2017年

山田重郎「「世界最古の帝国」を滅ぼした四つの要因——アッシリア帝国の崩壊」、鈴木董編『帝国の崩壊 上——歴史上の超大国はなぜ滅びたのか』山川出版社、2022年、113—151頁

山田重郎「アッシリア帝国——その形成と構造」、『古代西アジアとギリシア～前１世紀』（岩波講座世界歴史２）岩波書店、2023年、219—236頁

山本茂「アッシリア世界帝国の繁栄——サルゴン二世とセナケリブ」、『王者の盛衰』（古代文明の謎と発見）毎日新聞社、1978年、213—266頁

渡辺和子著『エサルハドン王位継承誓約文書』リトン、2017年

渡辺千香子「アッシリアの帝王獅子狩りと王権——祭儀的側面と社会的機能」『オリエント』第40巻第１号（1997）、40—57頁

渡辺千香子「新アッシリア時代の浮彫り《ティル・トゥーバの戦い》におけるエジプト美術影響説の検討」『西南アジア研究』65（2006年）、１—20頁

渡辺千香子「帝国の興亡——新アッシリア帝国の隆盛と滅亡」、前川和也編著『図説メソポタミア文明』（ふくろうの本）河出書房新社、2011年、102—123頁

津本英利著『ヒッタイト帝国——「鉄の王国の実像」』（PHP新書）PHP研究所、2023年
中田一郎訳『ハンムラビ「法典」』（古代オリエント資料集成1）リトン、1999年
中田一郎著『ハンムラビ王——法典の制定者』（世界史リブレット人001）山川出版社、2014年

第4章・第5章

小笠原弘幸著『ハレム——女官と宦官たちの世界』（新潮選書）新潮社、2022年
クライン、E. H. 著、安原和見訳『B. C. 1177——古代グローバル文明の崩壊』筑摩書房、2018年
清水克行著『耳鼻削ぎの日本史』（歴史新書y）洋泉社、2015年
中田薫「西部亜細亜の古法律断簡三種」『法制史論集　三下　債権法及雑著』岩波書店、1943年
原田慶吉著『楔形文字法の研究』清水弘文堂書房、1967年
山田雅道「アマルナ文書とその世界（1）」『古代オリエント』第58号（1999年）、6—9頁
山田雅道「アマルナ文書とその世界（2）」『古代オリエント』第59号（1999年）、6—9頁
山田雅道「アマルナ文書とその世界（3）」『古代オリエント』第61号（2000年）、6—9頁
山田雅道「アマルナ文書とその世界（4）」『古代オリエント』第62号（2000年）、1—4頁
山田雅道「アマルナ文書とその世界（5）」『古代オリエント』第63号（2000年）、6—9頁

第6章—終章

阿部拓児著『アケメネス朝ペルシア——史上初の世界帝国』（中公新書）中央公論新社、2021年
オウィディウス著、中村善也訳『変身物語』下（岩波文庫）岩波書店、1984年
岡田明子・小林登志子著『シュメル神話の世界——粘土板に刻まれた最古のロマン』（中公新書）中央公論新社、2008年
川瀬豊子「ハカーマニシュ朝ペルシアの交通・通信システム」『岩波講座世界歴史2　オリエント世界』岩波書店、1998年、301-318頁
ギボン、E. 著、中野好夫訳『ローマ帝国衰亡史』第2巻（ちくま学芸文庫）筑摩書房、1996年
木村東吉「「古譚」の構想とその背景——中島敦中期文学についての一考察」『日本文学』Vol. 30, 10（1981年）79—93頁
クセノポン著、松平千秋訳『アナバシス　敵中横断6000キロ』（岩波文庫）岩波書店、1993年

クリスティー、A. 著、深町眞理子訳『さあ、あなたの暮らしぶりを話して——クリスティーのオリエント発掘旅行記』（ハヤカワ文庫）早川書店、2004年
小林登志子著『シュメル—人類最古の文明』（中公新書）中央公論新社、2005年
酒井傳六著『ウォーリス・バッジ伝——古代発掘の物語』リブロポート、1987年
杉勇著『楔形文字入門』（中公新書）中央公論社、1968年
杉勇著『中洋の歴史と文化——杉勇古代オリエント学論集』筑摩書房、1991年
出口保夫著『物語 大英博物館——二五〇年の軌跡』（中公新書）中央公論新社、2005年
中野好夫著『アラビアのロレンス』（改訂版）（岩波新書）岩波書店、1963年
松居竜五、小山騰、牧田健史著『達人たちの大英博物館』（講談社選書メチエ）講談社、1996年
マロワン、M. E. L. 著、杉勇訳『メソポタミアとイラン』（世界古代史双書1）創元社、1970年
ロスフィールド、L. 著、山内和也監訳『掠奪されたメソポタミア』NHK出版、2016年

第２章・第３章

安倍雅史著『謎の海洋王国ディルムン——メソポタミア文明を支えた交易国家の勃興と崩壊』（中公選書）、中央公論新社、2022年
小口裕通「ハンムラビを凌ぐ王 シャムシ・アダド１世とその王国の興亡」、松本健編『メソポタミア』（NHKスペシャル四大文明）日本放送出版協会、2000年、188—204頁
大村幸弘著、大村次郷写真『トルコ』（世界歴史の旅）山川出版社、2000年
川崎康司「都市国家アッシュルの交易活動——世界最古の『商社』マンの記録から（1）」『古代オリエント』第57号（1999年）、7—11頁
川崎康司「都市国家アッシュルの交易活動——世界最古の『商社』マンの記録から（2）」『古代オリエント』第58号（1999年）、1—5頁
川崎康司「都市国家アッシュルの交易活動——世界最古の『商社』マンの記録から（3）」『古代オリエント』第61号（2000年）、1—5頁
クレンゲル、H. 著、江上波夫・五味亨訳『古代バビロニアの歴史——ハンムラピ王とその社会』山川出版社、1980年
小林登志子著『五〇〇〇年前の日常——シュメル人たちの物語』（新潮選書）新潮社、2007年
柴田大輔「バビロン王ハンムラビの野望」、姜尚中総監修、青山亨他編『神話世界と古代帝国』（アジア人物史１）集英社、2023年、155—189頁
ダリー、S. 著、大津忠彦・下釜和也訳『バビロニア都市民の生活』（世界の考古学23）同成社、2010年

1965年
バーンズ、R. 著、松原康介編訳『アレッポ――都市の物語』中央公論美術出版、2023年
バーンズ、R. 著、松原康介編訳『ダマスクス――都市の物語』中央公論美術出版、2023年
ビエンコウスキ、P.、ミラード、A. 編著、池田裕・山田重郎監訳、池田潤・山田恵子・山田雅道訳『大英博物館版図説古代オリエント事典』東洋書林、2004年
フェイガン、B. 著、東郷えりか訳『水と人類の1万年史』河出書房新社、2012年
フェリル、A. 著、鈴木主悦・石原正毅訳『戦争の起源――石器時代からアレクサンドロスにいたる戦争の古代史』河出書房新社、1988年
ヘロドトス著、松平千秋訳『歴史』（上中下）（岩波文庫）岩波書店、1971―72年
ボウカー、J. 編著、荒井献他監訳『聖書百科全書』三省堂、2000年
前田徹他著『歴史学の現在　古代オリエント』山川出版社、2000年
三笠宮崇仁著『文明のあけぼの――古代オリエントの世界』集英社、2002年
山田重郎著『アッシリア　人類最古の帝国』（ちくま新書）筑摩書房、2024年
吉川守他責任編集『メソポタミア・文明の誕生』（NHK 大英博物館１）日本放送出版協会、1990年
歴史学研究会編『世界史史料１　古代のオリエントと地中海世界』岩波書店、2012年
ワイズマン、D. J. 編、池田裕監訳『旧約聖書時代の諸民族』日本基督教団出版局、1995年
『聖書新共同訳　旧約聖書続編つき』日本聖書協会、1989年
『ティグリス＝ユーフラテス文明展』中日新聞本社、1974年

序章・第１章
阿部重夫著『イラク建国――「不可能な国家」の原点』（中公新書）中央公論新社、2004年
ウォラック、J. 著、内田優香訳『砂漠の女王――イラク建国の母ガートルード・ベルの生涯』ソニー・マガジンズ、2006年
江上波夫著『聖書伝説と粘土板文明』（沈黙の世界史１）新潮社、1970年
大津忠彦他著『西アジアの考古学』（世界の考古学５）同成社、1997年
小笠原弘幸著『オスマン帝国――繁栄と衰亡の600年史』（中公新書）中央公論新社、2018年
キエラ、E. 著、板倉勝正訳『粘土に書かれた歴史――メソポタミア文明の話』（岩波新書）岩波書店、1958年
クリスティー、A. 著、田村義進訳『メソポタミヤの殺人』（新訳版）（ハヤカワ文庫）早川書房、2020年

主要参考文献

和書のみ、著者名50音順。いくつもの章にまたがる文献もあるが、参考箇所の多い章に分類した。比較的読者が入手しやすい文献を優先した。

全体

朝日新聞社文化企画局東京企画部編『大英博物館　アッシリア大文明展——芸術と帝国』朝日新聞社文化企画局東京企画部、1996年
アングリム、S. 他著、松原俊文監修、天野淑子訳『戦闘技術の歴史１　古代編3000BC-AD500』創元社、2008年
ウォーカー、C. B. F. 著、大城光正訳『楔形文字』（大英博物館双書）学芸書林、1995年
大貫良夫他著『人類の起原と古代オリエント』（世界の歴史１）中央公論社、1998年
樺山紘一他編『クロニック世界全史』講談社、1994年
京大西洋史辞典編纂会編『新編西洋史辞典』東京創元社、1983年
クレンゲル、H. 著、江上波夫・五味亨訳『古代オリエント商人の世界』山川出版社、1983年
クレンゲル、H. 著、五味亨訳『古代シリアの歴史と文化——東西文化のかけ橋』六興出版、1991年
小林登志子著『楔形文字がむすぶ古代オリエント都市の旅』（NHKカルチャーラジオ歴史再発見）日本放送出版協会、2009年
小林登志子著『文明の誕生——メソポタミア、ローマ、そして日本へ』（中公新書）中央公論新社、2015年
小林登志子著『古代オリエントの神々——文明の興亡と宗教の起源』（中公新書）中央公論新社、2019年
小林登志子著『古代メソポタミア全史——シュメル、バビロニアからサーサーン朝ペルシアまで』（中公新書）中央公論新社、2020年
小林登志子著『古代オリエント全史——エジプト、メソポタミアからペルシアまで4000年の興亡』（中公新書）中央公論新社、2022年
コロン、D. 著、久我行子訳『円筒印章——古代西アジアの生活と文明』東京美術、1996年
杉勇著『古代オリエント』（世界の歴史１）講談社、1977年
鈴木董他編『中東・オリエント文化事典』丸善出版、2020年
「世界の歴史」編集委員会編『もういちど読む山川世界史』山川出版社、2009年
日本オリエント学会監修『メソポタミアの世界』上下（古代オリエント史）日本放送協会学園、1988年
日本オリエント学会監修『ナイルからインダスへ』上下（古代オリエント史）日本放送協会学園、1989年
日本オリエント学会編『古代オリエント事典』岩波書店、2004年
パロ、A. 著、小野山節・中山公男訳『アッシリア』（人類の美術）新潮社、

岡田明子　1—17、7—11
Allan Gluck　CC BY-SA 4.0　8—21
Jastrow（パブリックドメイン）　7—12下左
M.chohan　CC BY 3.0　口絵③上
Osama Shukir Muhammed Amin FRCP(Glasg)　CC BY-SA 4.0　1—9、3—1上左・上右、7—5、8—11
Rama　CC BY-SA 2.0 FR　3—13

図版制作・関根美有
口絵デザイン・中央公論新社デザイン室

図版引用文献一覧

Caubet, A. and Pouyssegur, P., *The Ancient Near East: The Origins of Civilization*, translated by Snowdon, P., Paris, 1998.　口絵②上・下左、③下、1－2、4上、5、6上右、18、7－12下右
Collon, D., *Ancient Near Eastern Art*, London, 1995.　1－6下、4－8、8－5
Crawford, H., *Sumer and the Sumerians*, Cambridge, 1991.　2－3
Dalley, S., *Mari and Karana: Two Old Babylonian Cities*, New Jersey, 2002(2nd ed.).　序－7
Edwards, I. E. S *et al.*, (eds.), *The Cambridge Ancient History: Plates to Volumes I and II*, New Edition, Cambridge, 1977.　3－4、4－9、5－7、7－13
Eisenberg, J. M., "Glyptic Art of the Ancient Near East 'A Seal upon Thine Heart'," *MINERVA* July/August 1998.　4－2下、7
Finkel, I. L. & Seymour, M. J. (eds.), *Babylon: Myth and Reality*, London, 2008.　口絵①下、8－7、終－3
Green, A., "Mythologie. B. I," *RLA* 8/7・8 (1997).　6－10
Harper, P. O. *et al.*, (eds.), *Assyrian Origins: Discoveries at Ashur on the Tigris; Antiquities in the Vorderasiatisches Museum, Berlin*, New York, 1995.　1－扉、3－1下、4－扉、5－9
Healy, M., *The Ancient Assyrians*, Oxford, 1991.　6－2上、7－6上、7上・下、8－3
Liane, J.-R. *et al.*, *Das Vorderasiatische Museum*, Berlin, 1992.　口絵①中上
Liverani, M., *The Ancient Near East: History, Society and Economy*, translated by Tabatabani, S., London & New York, 2014.　序－2下、1－1下、2－4下、10、4－6、5－1、7－4、8－15
Michel, C., *Women of Assur and Kanesh: Texts from the Archives of Assyrian Merchants*, Atlanta, 2020.　2－扉、7上・下左・下右、8左・右
Postgate, J. N., *Early Mesopotamia, Society and Economy at the Dawn of History*, London & New York, 1992.　2－4上
Pritchard, J. B., *The Ancient Near East in Pictures Relating to the Old Testaments*, Princeton, 1969^2.　序－2上、1－10、11、15、3－7、4－10、5－2、4、5下、6、6－3上・下、7上・下、8、7－1上、8－13左・中・右、終－5
Reade, J., *Assyrian Sculpture*, London, 1983.　7－3左・右上、6下、8上、8－8
Roaf, M., *Cultural Atlas of Mesopotamia and the Ancient Near East*, New York & Oxford, 1990.　はじめに－1、1－1上、4下、6上左、8、7－12中
Van de Mieroop, M., *King Hammurabi of Babylon*, Oxford, 2005.　3－8
Wisman, D. J., "A New Stela of Aššur-Naṣir-Pal II," *Iraq* XIV (1952), pp.24-44.　6－9上右

池川ミナ子　5－5上、8
岩下恒夫　はじめに－2、1－16

図版引用文献一覧

朝日新聞社文化企画局東京企画部編『大英博物館　アッシリア大文明展——芸術と帝国』朝日新聞社文化企画局東京企画部、1996年　1—14、7—8中・下

アンドレ＝サルヴィニ、B. 著、斎藤かぐみ訳『バビロン』(文庫クセジュ) 白水社、2005年　終—2

ギルシュマン、R. 著、岡谷公二訳『古代イランの美術 I』(人類の美術) 新潮社、1966年　終—扉、6、8、10、11

コロン、D. 著、久我行子訳『円筒印章——古代西アジアの生活と文明』東京美術、1996年　3—6、12

ダリィ、S.「古代メソポタミアの饗宴」『古代中近東の食の歴史をめぐって』中近東文化センター、1994年　6—9下

パロ、A. 著、小野山節・中山公男訳『アッシリア』(人類の美術) 新潮社、1965年　序—扉、6—13右上・右下、7—2左・右、10、12上、終—13左・右

パロ、A. 他著、青柳瑞穂・小野山節訳『シュメール』(人類の美術) 新潮社、1965年　3—3、10、4—2上

バーンズ、R. 著、松原康介編訳『アレッポ——都市の物語』中央公論美術出版、2023年　3—11

バンディネルリ、B. 著、吉村忠典訳『ローマ美術』(人類の美術) 新潮社、1974年　終—15

『アナトリア文明博物館』アンカラ、ND　2—5中、6

『ティグリス＝ユーフラテス文明展』中日新聞本社、1974年　3—2

Amiet, P., *L'art d'Agadé*, Paris, 1976.　2—2

Aruz, J., Benzel, K. and Evans, J. M. (eds.), *Beyond Babylon: Art, Trade, and Diplomacy in the Second Millennium B.C.*, New Haven & London, 2008.　2—5上・下、9、11、12、3—扉、9、4—4、5、13、14、5—扉、3

Ascalone, E., *Mesopotamia: Assyrians, Sumerians, Babylonians*, translated by Frongia, R. M. G., Berkeley, 2007.　口絵①上左、④下（2点とも）、序—5上

Bienkowski, P. & Millard, A. (eds.), *Dictionary of the Ancient Near East*, Philadelphia, 2000.　終—4右

Black, J. & Green, A., *Gods, Demons and Symbols of Ancient Mesopotamia*, London, 1992.　8—10、12

Bongioanni, A., *et al.*, (eds.), *The Illustrated Guide to the Egyptian Museum in Cairo*, Cairo, 2001.　4—11、12

Brereton, G. (ed.), *I am Ashurbanipal: King of the World, King of Assyria*, London, 2018.　口絵①上右、②中・下右、③中、④上・中、序—4、5下、5—10、6—扉、4、5、6、9上左、12、13左、14、7—扉、1下右・下左、3右下、9上・下、8—扉、2、4、6、9、14、16、16A～H、17、17A～C、18、19上・下、20、23、24、終—1、12

689	**センナケリブがバビロン破壊**
672	**エサルハドン（680—669、第112代）が王位誓約儀礼**
671／670	**エサルハドンがエジプト遠征、最大版図達成**
	エジプト第25王朝（746—655）
	タハルカ（690—664）
664	プサメティコス1世（664—610）が独立し、第26王朝（664—525）を開く
664	**アッシュル・バニパル（668—627、第113代）のエジプト遠征**
659	**ティル・トゥーバの戦い**
652	**「兄弟戦争」（—648）**
	シャマシュ・シュム・ウキン（667—648）バビロニア
	新バビロニア王国（—539）建国
	ナボポラッサル（625—605）バビロニア
	キャクサレス（625—585）メディア
640	エラム王国滅亡
614	**アッシュル陥落**
612	**ニネヴェ陥落**
609	**アッシュル・ウバリト2世（611—609、第117代）消息不明、アッシリア帝国滅亡**
597	ネブカドネザル2世（604—562）による第1回バビロニア捕囚（586第2回、581第3回）
	アケメネス朝ペルシア帝国（550—330）
539	キュロス2世（559—530）がバビロンを陥落す
538	キュロス2世が捕囚民帰還令を出す
	カンビュセス2世（530—522）
	ダレイオス1世（522—486）
	ヘロドトス（484？—425？）
401	クセノポン（430？—354）がアッシリア遺跡通過か？

＊年代は紀元前
＊年、年紀、世紀および頃は省略
＊年代は諸説あるが、本書はおおむね日本オリエント学会編『古代オリエント事典』岩波書店、2001年による
＊アッシリアは**太字**、ほかは細字で表記

	のシャットゥアラ王に勝利
1225	トゥクルティ・ニヌルタ1世（1233—1197、第78代）がバビロン攻略
	ティグラト・ピレセル1世（1114—1076、第87代）がバビロニア攻撃、『アッシリア法令集』の編纂
12	以降、アラム系諸部族の侵入
1200	この頃、ヒッタイト滅亡
	エジプト第20王朝（1186／85—1070／69）
	ラメセス3世（1183／82—1152/51）
1157	イシン第2王朝（—1026）
1025	「海の国」第2王朝（—1005）
1000	新アッシリア時代（—609）
	アッシュル・ダン2世（934—912、第98代）
	イスラエル王国（922—722）
	ユダ王国（922—586）
	アダド・ニラリ2世（911—891、第99代）
	トゥクルティ・ニヌルタ2世（890—884、第100代）
883	先帝国期（—745）
879	アッシュル・ナツィルパル2世（883—859、第101代）がカルフ北西宮殿完成
	ウラルトゥ王国（9中—6初）
858	シャルマネセル3世（858—824、第102代）がビート・アディニを滅ぼす
853	カルカルの戦い
851	シャルマネセル3世がバビロニアへ遠征し、条約締結
	フリュギア王国（8—7）
	メディア王国（8後半—550）
841	アッシリアにイスラエルのイエフ（845—818）が朝貢
704	アダド・ニラリ3世（810—783、第104代）
744	帝国期（—705）
	ティグラト・ピレセル3世（744—727、第108代）
722	シャルマネセル5世（726—722、第109代）がイスラエル王国を滅ぼす
714	サルゴン2世（721—705、第110代）がウラルトゥ遠征
713	ドゥル・シャルキン造営
710	バビロニア遠征
704	絶頂期
701	ユダ王国のヒゼキヤ（728—697）の反乱
701	センナケリブ（704—681、第111代）のラキシュ攻城戦

	イバル・ピ・エル2世（1779―1765）エシュヌンナ
	ジムリ・リム（1775―1762）マリ
	サムス・イルナ（1749―1712）バビロン
1761	この頃、ハンムラビがアッシリアを征服
1740	カニシュでのアッシュル商人の活動終わる
	「海の国」第1王朝（1740―1475）
	ヒッタイト王国（17―12初）
	ヒッタイト古王国（17―16）
	ハットゥシリ1世（17後あるいは16前）
	ムルシリ1世（16前）
	エジプト第18王朝（1550―1292）
	トトメス1世（1502―1492）
	トトメス3世（1479―1425）
	トトメス4世（1397―1388）
16中	中バビロニア時代（―1026）
16末	ミタンニ王国（―14後半）
1500	中アッシリア時代（―1000）
1500	カッシート王朝（―1155）
1500	プズル・アッシュル3世（第61代）バビロニアと国境協定締結
1500	アッシリアがミタンニ王国の属国となる
16末	アッシュル・ベール・ニシェシュ（1407―1439、第69代）バビロニアと友好条約締結
	ヒッタイト新王国（14中―12初）
	シュッピルリウマ1世（14後）ヒッタイト
	トゥシュラッタ（14前）ミタンニ
1353	アッシュル・ウバリト1世（―1318、第73代）によるアッシリアの復活
	ブルナ・ブリアシュ2世（1359―1333）バビロニア
	アメンヘテプ4世（1351―1334）エジプト
1340	ヒッタイトがミタンニを征服
	ツタンカーメン（1337―1333）エジプト
	カラ・ハルダシュ（1333）バビロニア
	アダド・ニラリ1世（1295―1264、第76代）
1286	カデシュの戦い
	エジプト第19王朝（1292―1186／85）
	ラメセス2世（1279―1213）
	シャルマネセル1世（1263―1234、第77代）がミタンニ

アッシリア史略年表

年代	アッシリア
7000後	ハッスーナ文化期（—6000前）
7000末	サマッラ文化（—6000前半）メソポタミア中部で灌漑。農耕採用
6000	ハラフ文化（—5000／4500）
4300	ウバイド文化（5500—3500）がメソポタミア北部に伝播
4000	ガウラ期
	ニネヴェ５期
	ウルク文化期（3500—3100）
	エラム王国（4000末—640）
	ジェムデト・ナスル期（3100—2900）
	エジプト第１王朝（3000—2828）
	デン（2916—2869）
	シュメル初期王朝時代（2900—2335）
	アッカド王朝時代（2334—2154）
	サルゴン（2334—2279）
	マニシュトゥシュ（2269—2255）
	ナラム・シン（2254—2218）
	ウル第３王朝時代（2112—2004）
	シュルギ（2094—2047）
	アマル・シン（2046—2038）
2004	古バビロニア時代（—1595）
	ラルサ王朝（2025—1763）
	イシン第１王朝（2017—1794）
2000	古アッシリア時代（—1600）
	アッシュルなどが独立
1970	エリシュム１世（—1930、第33代）
1910	カニシュ、カールム第２層（—1830）
	「マリ文書」（19—18）
	バビロン第１王朝（1894—1595）
	リム・シン１世（1822—1763）ラルサ
1811	シャムシ・アダド１世（1813—1781、第39代）がエカラトゥムを奪取、その後アッシュルを征服
1793	シャムシ・アダド１世がマリを支配
	ハンムラビ（1792—750）バビロン
	ダドゥシャ（1790—1780）エシュヌンナ

【ら・わ　行】

【た 行】

【さ　行】

【か 行】

索　引

＊索引のページは本文、各章扉の説明文、本文中の図版説明文から抽出した。

【あ　行】

小林登志子（こばやし・としこ）

1949年，千葉県生まれ．中央大学文学部史学科卒業，同大学大学院修士課程修了．古代オリエント博物館非常勤研究員，立正大学文学部講師，中近東文化センター評議員等を歴任．日本オリエント学会奨励賞受賞．専攻・シュメル学．

主著『シュメル―人類最古の文明』（中公新書，2005）
『シュメル神話の世界』（共著，中公新書，2008）
『文明の誕生』（中公新書，2015）
『古代オリエントの神々』（中公新書，2019）
『古代メソポタミア全史』（中公新書，2020）
『古代オリエント全史』（中公新書，2022）
『古代メソポタミアの神々』（共著，集英社，2000）
『5000年前の日常―シュメル人たちの物語』（新潮選書，2007）
『楔形文字がむすぶ古代オリエント都市の旅』（日本放送出版協会，2009）
など

アッシリア全史《ぜんし》
中公新書 *2841*

2025年1月25日発行

著　者　小林登志子
発行者　安部順一

本文印刷　三晃印刷
カバー印刷　大熊整美堂
製　　本　小泉製本

発行所　中央公論新社
〒100-8152
東京都千代田区大手町1-7-1
電話　販売　03-5299-1730
　　　編集　03-5299-1830
URL https://www.chuko.co.jp/

Published by CHUOKORON-SHINSHA, INC.
Printed in Japan　ISBN978-4-12-102841-9 C1222